大学图书馆学科知识服务
能力理论与实践

宋姬芳　著

海洋出版社

2015 年 · 北京

图书在版编目（CIP）数据

大学图书馆学科知识服务能力理论与实践/宋姬芳著. —北京：海洋出版社，2015.6

ISBN 978 - 7 - 5027 - 9142 - 1

Ⅰ.①大…　Ⅱ.①宋…　Ⅲ.①院校图书馆－图书馆服务－研究　Ⅳ.①G258.6

中国版本图书馆 CIP 数据核字（2015）第 089265 号

责任编辑：杨海萍　张　欣
责任印制：赵麟苏

海洋出版社　出版发行

http：//www.oceanpress.com.cn
北京市海淀区大慧寺路 8 号　邮编：100081
北京旺都印务有限公司印刷　新华书店发行所经销
2015 年 6 月第 1 版　2015 年 6 月北京第 1 次印刷
开本：787mm×1092mm　1/16　印张：15.5
字数：251 千字　定价：52.00 元
发行部：62132549　邮购部：68038093　总编室：62114335
海洋版图书印、装错误可随时退换

主编弁言

由海洋出版社出版的《新型图书情报人员能力培训丛书》历时一年多的策划、组织、撰写，终于与广大读者见面了！

近些年来，由于信息技术和信息环境的飞速变化，图书情报工作也面临着许多的困难、压力和挑战。读者到馆的人数在下降，图书外借和参考咨询量也在下降，图书情报人员的职业形象受到严重影响。图书情报机构似乎从未遭遇如此的寒冷期，似乎越来越被边缘化，甚至到了生存危机的程度。

同时，我们也应该看到，信息技术和信息环境的变革带来的冲击和影响不仅仅波及图书情报机构，而是整个社会，是对社会各行业提出了新的应变要求，也带来了全新的发展机遇和生存空间，图书情报机构同样如此。如果传统的图书情报工作模式、机制、能力不主动适应变革，那只能被边缘化，只能死路一条。相反，如果我们主动应变，敢于创新，大胆探索，将图书情报业务与新的技术、新的需求、新的能力紧密结合，就有可能走出一条新的道路，走向新的辉煌。

为此，《图书情报工作》杂志社自 2012 年开始每年组织"新型图书馆员能力提升培训班"，旨在动员业内学者专家的力量，通过系列培训的形式，根据图书情报工作新的业务生长点和当前与未来的发展要求，对图书情报人员在新的形势和环境下所应具备的能力进行培养，在业内产生了良好的反响。同时，我们又感到，仅仅靠培训，影响的面是有限的，更需要系统地总结和凝练，编撰出版相应的专业教材，为从业人员提供自学的工具。

这一想法与海洋出版社一拍即合。出版社还专门成立了由我牵头的图情图书出版专家委员会。这套丛书就是通过专家委员会一起讨论、策划、组织的结果。第一辑共 10 本，将于 2014 年陆续出版，第二辑也已初步策划完成，正在组织专家撰写，年内和今后陆续地推向市场。

这一丛书将涉及图书情报机构转型变革和图书情报工作创新发展的方

方面面，从理论到技术，从资源到服务，从实践到应用，从方法到案例，动员了全国多个图书情报机构的业务骨干和专家学者。我们力求注重丛书的实用性和前瞻性，理论联系实际，强调务实和可操作性，以便对当前各级各类图书情报机构的业务工作具有一定的指导和推动作用。

这是一项比较庞大的工程，自第一本出版到最后一本，也许不知要延续多少年。但我们坚信，凭借这些专家的专业智慧和对图书情报工作未来发展的领悟，对于图书情报机构转型和创新发展一定会起到应有的作用。图书出版并不是目的，我们的期望是通过图书出版，能为图书情报工作未来发展提供启迪和参考，对推动图书情报机构转型变革有所助益。

海洋出版社出版图情类图书已有多年的历史，对图情学科和实践一直有着重要的贡献。在此，特别感谢海洋出版社能再次慨允出版丛书，为图情理论与实践助力。感谢为丛书的策划与组织付出辛苦的多位专家学者。当然，特别感谢为每一本书撰写内容的每一位作者，他们所付出的汗水，我们作为读者也都能感受得到。

因为所有的作者都在从事教学、科研或图书情报实际工作，撰写图书都是在业余时间完成的。时间紧、任务急，而且很多方面都是探索性的，其难度也是很大的。如果有不足也在所难免，诚望专家和广大读者批评指正。

期待这套丛书在推动图书情报机构转型发展中发挥积极的作用。

初景利
《图书情报工作》杂志社社长、主编、博士生导师
2014 年 1 月 26 日 北京中关村

前　言

在当今知识经济和信息化社会环境下，科学技术飞速发展，随着信息载体的数字化、智能化以及信息传输的全球化、网络化，人们获取信息的途径和手段发生了巨大变化，大学图书馆面临着严峻挑战，必须改变传统的服务功能和服务方式，以应对挑战，满足学校师生教学科研对知识信息的需求。将学科服务与知识服务理念有机结合起来，开展学科知识服务，是大学图书馆服务发展的方向和目标。正如美国专业图书馆协会（Special Library Association，简称 SLA）原会长 Guy St. Clair 认为的："我们已经从追求信息的时代步入到了追求知识的时代，在共享知识和知识发展成为一切事情和交流的基础时，学科知识服务就理所当然地成为了信息使用的有效管理方法"。

学科知识服务的开展，成为大学图书馆转型的促动因素，更是大学图书馆未来发展的核心竞争力，是大学图书馆可持续发展的一项长期战略。但目前大学图书馆学科知识服务的现状并不乐观，其学科知识服务能力未能完全形成并充分发挥出来，与大学学科建设及创建一流大学的目标需求还有一定差距。笔者以大学图书馆转型背景下学科知识服务能力研究为选题，理论结合实际，进行了较为深入系统的研究。

本研究首先从大学图书馆的兴起、任务以及传统大学图书馆功能上的局限，引出大学图书馆现代转型的必要性，进而探究转型过程中大学图书馆资源和技术环境的变化，以及图书馆功能的演变，并进一步说明学科知识服务是大学图书馆转型的促动因素。又通过对大学图书馆学科知识服务能力相关理论的研究，阐释了学科服务、学科知识服务及学科知识服务能力等概念，进一步提出大学图书馆学科知识服务能力的建构，即：学科知识服务能力包括基础服务能力和服务运作能力两大类。基础服务能力包括主观要素能力（学科馆员的知识和技能）和客观要素能力（知识资源能力、技术资源能力和组织管理能力）；服务运作能力包括学科知识获取能力、学科知识组织能力、学科知识创新能力、学科知识服务提供能力和学科知识服务评估能力。另外，本研究将理论与工作实践相结合，对目前我国大学图书馆学科知识服务能力的现状进行分析。从学科服务需求、学科服务到知识服务的演变、学科知识服务方式等方面探讨了当前大学图书馆学科知识服务的变化和现状，以及服务存在问题及解决办法，进一步说明学科知识服务能力的重要性正在凸显。

　　本书研究的重点是大学图书馆学科知识服务主观要素能力和客观要素能力的建构。学科知识服务主观要素能力，即学科馆员的学科知识服务能力，是学科馆员从事学科知识服务所需的知识和技能。目前，对学科馆员学科知识服务能力的研究大多限于部分能力的研究，学科馆员全谱段学科知识服务能力，学界鲜有研究。本研究在笔者多年从事学科知识服务工作的实践基础上，将理论研究与实证分析相结合，综合运用图书馆学、情报学、管理学和社会学等相关理论和方法，归纳提出了大学图书馆学科馆员从事学科知识服务的 9 个方面 22 项知识和技能要求，对每一项知识和技能进行详细论述，全面描述了学科馆员的学科知识服务能力。同时，对学科知识服务客观要素能力也做了全面描述，并且通过对国内"985"院校和部分"211"院校进行走访或网络、电话调研，了解各大学图书馆客观要素能力情况，提出客观要素能力提升的措施。

　　最后，本书进一步提出了大学图书馆全面实施学科知识服务能力的保障措施。从服务的机制与规范、服务的持续发展等方面论述了大学图书馆如何落实学科知识服务能力，分析了影响大学图书馆学科知识服务能力提高的因素，并辅以国内外大学图书馆开展学科知识服务的案例加以说明。

　　在研究及写作阶段，笔者有幸得到了中国人民大学信息资源管理学院卢小宾教授和中国科学院文献情报中心初景利教授的悉心指导，在此深致谢意！另外，也非常感谢调研过程中各兄弟院校图书馆同仁给予的帮助与支持！

　　由于著者水平有限，不足之处，欢迎斧正。

宋姬芳于人图新馆
2015 年 1 月

目　录

第1章 绪论

早在二十世纪九十年代末，就已有学者开始关注并探讨大学图书馆转型，认为从二十世纪八十年代中期，伴随全球信息一体化浪潮，计算机信息技术应用于图书馆，我国大学图书馆开始进入转型期①。借助信息技术的推动和支持，大学图书馆的资源建设和用户服务工作发生了巨大变化，用户服务实现了从传统书刊阅览服务到学科信息服务的转变，至今我国图书馆学科服务工作已走过十余年历程，经过这些年的积累发展，很多大学图书馆已经将学科服务作为其核心服务之一。

图书馆一直在摸索如何提供更高水平的用户服务，特别对大学图书馆而言，满足学校教学科研方面的信息需求是其主体任务，体现了图书馆作为学校知识服务中心的价值所在。在学科服务基础上，开展更加符合教学科研需求的学科知识服务，无疑是大学图书馆提升服务水平的最佳途径和选择。

在此背景下，展开对大学图书馆学科知识服务能力相关问题的研究探讨，并结合学科知识服务实践，将理论研究与工作实践相结合，将有助于图书馆学科知识服务的发展和深化。

1.1 大学图书馆转型与学科知识服务

早在 1998 年，胡立耘在"大学图书馆转型简论"中就提出了大学图书馆转型问题，引发了业内对图书馆转型的关注。1999 年，任俊为发表"知识经济和图书馆知识服务"② 一文之后，"图书馆知识服务"也很快成为图书情报界理论研究的热点，并且研究不断深入，十余年来有千余篇相关学术论文发表，在图书馆知识服务研究的各个方面都取得了很大进展。

---

① 胡立耘. 大学图书馆转型简论［J］. 上海高校图书情报学刊, 1998（4）：10－13
② 任俊为. 知识经济与图书馆知识服务［J］. 图书情报知识, 1999（1）：128－30

1.1.1　大学图书馆转型的战略意义

1998 年，胡立耘撰文"大学图书馆转型简论"，提出了大学图书馆转型问题。作者认为：随着信息技术的发展，信息化高科技引入图书馆，图书馆开始进入转型时期，图书馆从提供传统、单一、被动服务逐渐开始进入提供现代化、多功能、主动服务的阶段。八十年代中期，图书馆开始使用计算机来进行系统处理，这一举措转变了图书馆的工作模式，图书馆开始转型；九十年代，特别是 1994 年后，随着网络技术和电子技术在图书馆的逐渐应用，图书馆的运作模式发生了一系列转变，信息技术的普及扩大了图书馆服务领域，改变着图书馆的服务方式。到二十一世纪，大学图书馆转型速度最快，因为此类图书馆拥有人员、技术等方面的优势，这些优势促使大学图书馆走在了这一转型大趋势的前列[①]。

进入二十一世纪，对图书馆转型的探讨具体到图书馆业务工作方面面。2001 年，俞芙蓉在"传统图书馆转型的思考"一文中，思考了转型带给图书馆体制、组织结构与业务流程、人力资源管理等方面的问题，提出：在网络环境下，期刊、报纸有了电子出版形式，基于网络的信息服务更加注重信息的内容和价值，愈加贴近人类信息利用的本质。同时又认为，传统图书馆要实施变革，实现转型，实现馆员向信息专家的转型，使图书馆的服务质量在总量不变的条件下有质的飞跃[②]。2006 年，陈雪芳撰文"现代信息技术条件下高校图书馆的转型与对策"认为：在现代信息环境下，高校图书馆机遇与挑战并存，必须进行改革，全面满足教学和科研对文献信息的需求，以促进图书馆的持续发展[③]。

特别是 2012 年 1 月，中国科学院文献情报中心与《图书情报工作》杂志社共同召开了一场名为"知识服务的现在与未来"的专家研讨会，与会专家学者、图书馆领导及实践者，如中科院图书馆张晓林馆长、中国人民大学卢小宾教授、中科院图书馆情报部主任冷伏海教授等，对知识服务推动图书馆转型形成诸多共识，认为："传统图书馆以文献服务和信息服务为基础，当今和未来图书馆则要把知识服务作为自己的核心竞争力。"同时认为：当今，知识服务的研究分析，必定要结合图书馆的实践和转型，如果仍然只讲知识服

①　胡立耘. 大学图书馆转型简论［J］. 上海高校图书情报学刊，1998（4）：10 – 13
②　俞芙蓉. 传统图书馆转型的思考［J］. 图书馆论坛，2001（3）：15 – 17
③　陈雪芳. 现代信息技术条件下高核图书馆的转型与对策［J］. 图书与情报，2006（4）：73 – 75

务，就还是图书馆传统的一套，不会有真正意义上的知识服务。"知识服务是图书馆转型的一个基点，是新型图书馆有别于传统图书馆的重要标志"①。

1.1.2　学科知识服务推动大学图书馆的转型

学科知识服务有机融合了学科服务与知识服务的理念，是大学图书馆服务发展的方向和目标。美国专业图书馆协会（Special Library Association，简称 SLA）原会长 Guy St. Clair 认为："时代已经从追求信息发展到了追求知识，当知识共享成为一切事情和交流的基础时，学科知识服务则顺理成章地成为了有效管理和利用信息的方法"②。J. G. Marshall 等认为："开展学科服务是专业图书馆的发展趋势，而对图书馆员来说，通过理解专业知识、共享专业知识为用户提供学科知识服务，是其应该具备的专业能力之一"③。

学科知识服务凸显了现代大学图书馆的服务优势，体现了图书馆自身的核心竞争力。高校相同学科领域的教学和科研人员，他们的知识结构、研究内容和信息需求等，有很多相同之处，对学科知识服务的需求相对集中。因此，大学图书馆的服务举措必须与学校的学科发展和建设紧密结合，以开展专业化的学科知识服务形式，展示大学图书馆作为知识服务中心的功能和价值，最大限度地发挥大学图书馆的优势。

1.1.3　学科知识服务能力决定着图书馆知识服务的水平

E‒science 和 E‒research 的迅速兴起，在一定程度上加快了图书馆知识服务变革的步伐。随着图书馆多元化功能的显现，大学图书馆学科知识服务的能力备受重视。

大学图书馆学科知识服务能力的高低受多种因素影响，有来自学科馆员自身能力的因素，也和大学图书馆的综合服务能力有密切关系。大学图书馆的学科知识服务能力至关重要，其能力高低体现着图书馆的总体服务能力。大学图书馆非常有必要建成一套自己的知识服务模式，由技术作为支撑，这样才能适应世界范围内图书馆知识服务的发展趋势，提高学科知识服务水平。

---

① 《图书情报工作》杂志社. 知识服务推动图书馆转型——2012 知识服务专家论坛纪要［J］. 图书情报工作，2012（3）：5‒11

② St Clair C. Knowledge services：Your company's key to performance excellence［J］. Information Outlook，2001，5（6）：5‒8

③ Marshall J G. Competencies for special century［EB/OL］. http：//www. sla. org/pubs / compet. pdf. 2013‒08‒03.

随着计算机技术和网络技术的发展，建设学术图书馆、引入嵌入式知识服务备受重视，图书馆和学科馆员需要具备较高的能力素质才能完成好学科服务工作。当前的图书馆需要扮演好双重角色。一方面，要具备较高的学科知识与信息素养，充当着教师"授人以鱼"及"授人以渔"的任务；另一方面，又需要不断向院系教师和学生学习，以应对和补充不断发展的学科知识、提升学科服务能力。只有扮演好教师与学生双重角色，图书馆方能在新信息时代提升学科服务水平，更好地为用户服务。

在 2013 年 6 月举办的 2013 中国高校图书馆发展论坛上，中科院图书馆孙坦副馆长在《学术图书馆与嵌入式知识服务》的报告中，总结概括了图书馆当前和今后五年内越来越受重视的几方面技能和知识，主要包含学科专业方面的知识、信息检索方面的技能、信息素养方面的技能、文献管理技能、服务宣传推广能力和科研辅助能力等等①。可见，图书馆高水平的学科知识服务方式对学科馆员的能力水平和素质等方面提出了更高要求。

在当今信息环境下，大学图书馆需要不断学习新技术、新应用，充分利用信息技术和专业人才，不断满足用户各种新的需求变化，只有这样才能更好地做好学科知识服务工作。

1.1.4　大学图书馆学科知识服务现状

这些年来，大学图书馆在学科知识服务方面的意识明显增强，学科知识服务工作已经展开并取得初步成效。许多大学图书馆针对所在院系教学科研的实际情况尝试推出有特色的知识服务，与此同时，在新技术的应用、服务方式的革新等方面也越来越完善，让用户在获得服务时得到了更好的个性化体验。

然而我们应该清醒地认识到，整体上看，我国大学图书馆的学科知识服务情况仍然不容乐观，还有一些图书馆存在学科知识服务意识不足、满足于基础性服务工作的开展，学科知识服务揭示与开展情况不佳等现象。更为严重的是，目前大学图书馆普遍缺乏对学科馆员服务能力的全面要求，同时图书馆整体实施学科知识服务能力的有效举措也较为欠缺。

鉴于此，本研究定位于大学图书馆学科知识服务能力，希望通过对大学图书馆现代转型促动因素的分析，以及学科服务到学科知识服务演变等方面问题的分析，提出大学图书馆学科知识服务能力的基本架构，并对主要服务能力的建构进行探讨，尝试提出大学图书馆全方位实行学科知识服务能力的相关措施。

---

① 孙坦．学术图书馆与嵌入式知识服务［R］．长春：2013 中国高校图书馆发展论坛，2013，6

1.2　国内外研究现状

1.2.1　国外研究现状

在国外，学科馆员、学科服务能力是图书馆学、教育学、文化学、社会学界十分关注的话题，尤其是对学科馆员概述、学科馆员制度等方面，学者进行了长期研究。最早设立学科馆员的是美国内布拉斯加大学（University of Nebraska）图书馆，该馆于 1950 年在各分馆配备了学科馆员。20 世纪 70 年代中后期，大学的学科发展势头强劲，推动了学科馆员制度的形成，学科馆员由图书馆采编人员担任转为由具备某一学科背景的资深参考咨询馆员担任。1981 年，美国卡内基梅隆大学（Carnegie Mellon University）图书馆率先开展针对教学和科研的信息跟踪服务，随后美国、加拿大以及西欧的一些研究型大学相继推出"网络化馆员免费导读服务"（Network librarian and free guide）等服务形式。对学科馆员的称谓也是五花八门，低调些的称学术联系人（Academic Liaison Librarian）、联系人（Liaison Librarian），专业一些的称为学科专家（Subject Specialist）、学科馆员（Subject Librarian，Faculty Librarian），或者研究支持馆员（Research Support Librarian）和学科咨询馆员（Subject Librarians）等。通常，图书馆要了解用户的需求特点和信息服务需要，把不同内容、不同类型及不同层次的知识产品或服务，通过知识服务平台或者服务系统提供给用户，帮助用户解决教学科研中遇到的问题①。

1.2.1.1　对学科知识服务发展的研究

从文献分析可以看出，国外学者对于学科服务、信息服务、知识服务的概念和发展都做了较多研究，对于了解大学图书馆学科知识服务的发展有很大帮助。

（1）学科服务的背景与概念

国外学者的研究一般实用性较强，因此该领域的研究以案例研究和研究型论文为主，在对学科服务进行论述之前多会简单介绍开展学科服务的背景，即在本校、本地区、本院系为什么实行这项服务。如理查德（Richard Biddis-

---

① Zahra AZ, George G. Absorptive capacity: A review, reconceptualization and extension [J]. Academy of Management Review, 2002, 27 (2): 185 – 203.

combe）认为为适应英国新的社会和教育发展趋势，聚合图书馆和计算机服务不断产生的情形下，图书馆学科馆员的角色正发生着变化①。而韩国学者 Eun - Ja Shin 认为，为适应二十一世纪新环境的要求，韩国学术图书馆必须着手重构其图书馆组织，以此解决面对的问题②。在澳大利亚拉筹伯大学，无法通过信息素养课程获得帮助或及时得到所需信息的学生越来越多，苏珊·波特（Susan Porter）认为虚拟参考咨询的存在一定程度上解决了这些学生的问题③。艾琳（Irene Doskatsch）进一步具体到南澳大学图书馆学术推广模式转变的原因，即学术交流正在发生变化，为确保图书馆满足大学战略重点，响应不断发展的信息和资源规划，必须对专业图书馆员进行定期的评估。不同国家的学者依据本地区的实际情况，提出了开展或改进学科服务的要求。

同时，也有部分学者对学科服务的概念进行了阐释，并随着实践的发展，将学科服务进一步概括为嵌入式图书馆员服务的重要部分。2004 年，Kearley 和 Phillips 首次使用了嵌入式图书馆员一词，即美国怀俄明州立大学参与学生在线课程实践的图书馆员。此后，该词频频出现在各文献中。赫恩（Hearn，2005）将嵌入式图书馆员定义为参与面对面课堂教学的图书馆员。Bartnik（2007）认为嵌入式图书馆员指的是将办公地点设在院系中的图书馆员④。Berdish 和 Seeman 则认为密歇根大学罗斯商学院的嵌入式图书馆员提供的不仅仅是指导和任务安排，而是针对目标提供及时、有效的信息服务⑤。2010 年，Drewes 和 Hoffman 对嵌入式图书馆员的概念进行了整理，认为嵌入式图书馆员指的是那些在物理或者虚拟环境中将自己嵌入到教师与学生工作学习中的图书馆员⑥。

---

① Richard Biddiscombe. Learning support professionals: the changing role of subject specialists in UK academic libraries [J]. Program: electronic library and information systems, 2002, 36 (4): 228 - 235

② Eun - Ja Shin, Young - Seok Kim. Restructuring library organizations for the twenty - first century: the future of user - oriented services in Korean academic libraries [J]. Aslib Proceedings, 2002, 54 (4): 260 - 266

③ Susan Porter. Chat: from the desk of a subject librarian [J]. Reference Services Review, 2003, 31 (1): 57 - 6

④ York A. C., Vance J. M.. Taking Library Instruction into the Online Classroom: Best Practices for Embedded Librarians [J]. Journal of Library Administration, 2009, 49 (1 - 2): 197 - 209.

⑤ Berdish L., Seeman C.. A Reference - Intensive Embedded Librarian Program: Kresge Business Administration Library's Program to Support Action - Based Learning at the Ross School of Business [J]. Public Services Quarterly, 2010, 6 (2 - 3): 208 - 224.

⑥ Drewes K., Hoffman N.. Academic Embedded Librarianship: An Introduction [J]. Public Services Quarterly, 2010, 6 (2 - 3): 75 - 82.

对学科知识服务的背景以及对嵌入式图书馆员定义的探讨和研究，是进一步对学科知识服务内容与未来进行讨论的基础。

（2）信息服务向知识服务的演变

一直以来，图书情报部门的功能定位在信息服务上，这样的定位是在其资源的基础上，表现出了资源的价值。可是，随着信息越来越多，信息超载、信息爆炸现象愈演愈烈，随之而来的是对知识的需求取代了对信息的需求。用户需求的这种转变决定了图书情报机构的价值定位，就是将信息服务与知识服务相融合。

Gold 等学者认为，图书馆知识服务战略就是通过某些特殊知识与技能的融合，如信息集成、数据挖掘、知识发现与获取、知识组织与整合、知识关联分析、知识评估、语义网构建、领域本体建模、知识传播、知识保护等知识与技能的融合，逐步构筑起支撑知识服务的能力体系，为用户的知识应用与知识创新活动，为社会的发展发挥其应有的作用①。

有学者指出，可以通过挖掘分析图书馆的用户信息库来了解用户的信息行为与特征，进而归纳总结出用户的使用模式和兴趣偏好，抽象出用户的需求模型，根据用户需求主动跟踪本地信息库和网络相关信息资源，收集用户所需信息，进行信息和知识的推送与反馈②。

1.2.1.2　对大学图书馆学科知识服务能力相关问题的研究

国外学者的研究主要集中在学科服务的内容以及服务的未来发展等方面，并多以案例研究的形式揭示。

（1）学科服务的内容

不同学校图书馆开展学科知识服务的具体内容是研究者的研究重点。国外学者在进行研究时，以所在机构、自身经验为例，分类阐述了学科知识服务的具体内容。

理查德（Richard Battersby，1996）认为学科服务应包括协助教学评估的一系列服务，如密切联系院系、更新图书馆宣传手册、设计特定专业图书馆

---

① Gold etc,. Knowledge Management：An Organizational Capabilities Perspective ［J］. Journal of Management Information Systems, 2001（1）：185 – 214.

② Trickey K V. Information Organization on the Web? It Is Basically About Respect and Trust ［J］. Library Review, 2008（2）：135 – 137.

指南等①。而塔米·苏格曼（Tammy S. Sugarman，2001）等则将创建学科导航纳入学科服务的范畴之中②。道格（Doug Goans，2006）等也认为学科导航是学科服务的重要组成部分，并利用 MySQL 和 ASP 系统重新设计了 30 个学科网络导航的内容管理系统③。阿拉比（Araby Greene，2008）等则利用 SQL 和 ASP. Net 设计了 50 个学科导航的管理系统，以便于学科馆员更好地为学科读者服务④。

　　同时，一部分学者认为学科知识服务必不可少的一部分是与教师合作，开设课程。其中较有代表性的有：芭芭拉·J（Barbara J，2003）提出的将信息素质教学与评估融合到相关课程中，部分课程由学科馆员讲授⑤。布伦达（Brenda L. Seago，2004）提出学科馆员参与医学专业学生课程的讲授和打分，并由医学院承担课酬，这样的学科服务可以称之为教育信息学家模型⑥。Ielleen R. Miller（2010）通过一项为期三年的项目证明了学科馆员与院系合办信息素养课程的必要性及重要作用⑦。Kobzina（2010）则更进一步将这种服务扩展到跨学科的、长期的图书馆员与来自不同背景的教师、学生合作的课程服务⑧。Kellam（2009）⑨ 和 Tumbleson（2010）⑩ 则认为学科馆员可以通

①　Richard Battersby. Teaching quality assessment: the role of the subject librarian［J］. Library Review，1996，45（5）：26－33

②　Tammy S. Sugarman，Constance Demetracopoulos. Creating a Web research guide: collaboration between liaisons，faculty and students［J］. Reference Services Review，2001，29（2）：150－156

③　Doug Goans，Guy Leach，Teri M. Vogel. Beyond HTML: Developing and re－imagining library web guides in a content management system［J］. Library Hi Tech，2006，24（1）：29－53

④　Araby Greene. Managing subject guides with SQL Server and ASP. Net［J］. Library Hi Tech，2008，26（2）：213－231

⑤　Barbara J. D'Angelo. Integrating and assessing information competencies in a gateway course［J］. Reference Services Review，2001，29（4）：282－293

⑥　Brenda L. Seago. School of Medicine CBIL librarian: an educational informationist model［J］. Reference Services Review，2004，32（1）：35－39

⑦　Ielleen R. Miller. Turning the tables: a faculty－centered approach to integrating information literacy［J］. Reference Services Review，2010，38（4）：647－662

⑧　Kobzina N. G. . A Faculty－Librarian Partnership: A Unique Opportunity for Course Integration［J］. Journal of Library Administration，2010，50（4）：293－314.

⑨　Kellam L. M. ，R. Cox，et al. Hacking Blackboard: Customizing Access to Library Resources through the Blackboard Course Management System［J］. Journal of Web Librarianship，2009，3（4）：349－363.

⑩　B. E. Tumbleson，J. J. Burke. When Life Hands You Lemons: Overcoming Obstacles to Expand Services in an Embedded Librarian Program［J］. Journal of Library Administration，2010，50（7－8）：972－988.

过 Blackboard 平台参与教师授课、学生学习过程之中，随时随地提供图书馆相关知识。通过参与实地或者网络授课，学科馆员真正融入到学生课堂之中，为学生信息素养提高、教师科研项目开展提供协助。

随着计算机技术发展和远程学生数量增加，面对面的参考咨询越来越难以满足学生和教师的信息需求，虚拟参考咨询应运而生，这方面的研究也相继诞生。苏珊·波特（Susan Porter，2003）提出利用 LivePerson 平台进行学科咨询，并对其使用效果进行了考察①。加里（Gary，2009）② 和 Wyoma van Duinkerken（2009）③ 等利用美国德克萨斯农工大学图书馆虚拟参考咨询的聊天记录，对此进行研究，明确了虚拟参考咨询在大型学术图书馆中的重要作用。而随着虚拟参考咨询使用数量急剧增加，设计出即时、有效的参考服务模型成为研究者的重要课题。2010 年，特蕾莎（Theresa S）阐述了学校应根据具体情况选择适合的参考服务模型，并向学生进行推广，定期审核④。这些研究表明，通过对馆藏数字、纸质资源的梳理，及时解答读者学科疑惑的学科参考咨询是学科知识服务的重要组成部分。

在创建学科导航的基础之上，学科馆员可以进一步参与到机构知识库的搭建。2005 年，芭芭拉·詹金斯（Barbara Jenkins）在《内容进来，内容出去：机构知识库中参考馆员的双重角色》（*Content in, content out: the dual roles of the reference librarian in institutional repositories*）一文中提出：当前机构知识库主要由学校行政和技术人员负责，参考馆员未发挥应有作用。参考馆员通常是具有联络责任的学科专家，他们对不同学科的专业研究需求和学术交流模式具有较强的了解，这能够推动机构库的增长⑤。同年，伊岚（Ilene F）提出学科馆员在机构知识库的开发、管理、传播和可持续性等方面具有独特、重要的作用，建议机构知识库的天然伙伴——学科馆员与教师、学生合作，

① Susan Porter. Chat: from the desk of a subject librarian [J]. Reference Services Review, 2003, 31 (1): 57 – 67.
② Gang (Gary) Wan, Dennis Clark, et al. Key issues surrounding virtual chat reference model: A case study [J]. Reference Services Review, 2009, 37 (1): 73 – 82.
③ Wyoma van Duinkerken, Jane Stephens, Karen I. MacDonald. The chat reference interview: seeking evidence based onRUSA's guidelines: A case study at Texas A& M University Libraries [J]. New Library World, 2009, 110 (3, 4): 107 – 121.
④ Theresa S. Arndt. Reference service without the desk [J]. Reference Services Review, 2010, 38 (1): 71 – 80.
⑤ Barbara Jenkins, Elizabeth Breakstone, Carol Hixson. Content in, content out: the dual roles of the reference librarian in institutional repositories [J]. Reference Services Review, 2005, 33 (3): 312 – 324

鼓励其分享研究和教学成果①。2012 年，丹尼尔（Daniel G. Dorner）等撰文
阐述了机构知识库这种信息资源对于学科馆员的重要性，强调学科服务要重
视机构知识库的搭建②。

　　2007 年，Springshare 公司发布专为图书馆设计的内容管理与知识共享平
台——LibGuides，它具有较为完备的浏览、检索、定制、咨询和评论等功能。
截止 2013 年 8 月 13 日，已经有 4 207 个图书馆的 59 613 名学科馆员创建了超
过 36 万个 LibGuides。基于此，有学者对 LibGuides 与学科知识服务进行了研
究，其中代表观点有：格拉斯曼（Glassman, N. R, 2010）等认为，基于网络
的 LibGuides 综合了以往的博客、维基百科等工具，使学科馆员开展学科服务
工作更加便利，它具有强大的用户基础及鼓励协作的特性③。除此之外，杰奎
琳·穆尼（Jacqueline Mooney, 2012）对学科馆员在 LibGuides 平台界面设置和
内容更新的授权管理进行了讨论，她认为这种设置的出发点是学科馆员自身还
是学科用户必须值得思考，同时 LibGuides 平台建设的目的有待进一步明确④。

　　综上，虽然对学科服务具体内容的阐述各有不同，但国外的学科知识服
务均具有一个共同的特点，即图书馆员、教师、学生间的合作，这是图书馆
协助学科评估、创建学科导航、合办信息素养课程、虚拟参考咨询、搭建机
构知识库、建设学科服务平台等的基础。

　　（2）学科服务的未来

　　新的时代环境下，图书馆馆藏、服务和读者需求等均在发生改变，学者
对学科服务的未来、学科馆员角色的转变等进行了研究。约翰·罗德威尔
（John Rodwell, 2001）认为：由于学科馆员缺少足够的培训、不能满足多学
科的需求、不能与图书馆整体组织机构和谐共处等原因，学科服务的未来难
以下定语。但未来的学科服务必须深刻理解特定用户需求，掌握丰富信息资
源，发挥专家优势⑤。Eun－Ja Shin（2002）则认为：未来学术图书馆开展的

---

　　① Ilene F. Rockman. Distinct and expanded roles for reference librarians ［J］. Reference Services Review, 2005, 33（3）: 257 – 258

　　② Daniel G. Dorner, James Revell. Subject librarians' perceptions of institutional repositories as an information resource ［J］. Online Information Review, 2012, 36（2）: 261 – 277

　　③ Glassman N. R., Sorensen K.. From Pathfinders to Subject Guides: One Library's Experience with LibGuides ［J］. Journal of Electronic Resources in Medical Libraries, 2010, 7（4）: 281 – 291

　　④ Jacqueline Mooney. Working with LibGuides: student or corporarte centre design ［J］. Reference Reviews, 2012, 26（1）

　　⑤ John Rodwell. Dinosaur or dynamo? The future for the subject specialist reference librarian ［J］. New Library World, 2001, 102（1）: 48 – 52.

学科服务工作是以用户为中心，学科馆员要努力为特定学科的特定用户提供服务，为用户所在学科提供参考服务、定题服务（Selective Disseminationof Information Service，简称 SDI）、数据库指导和图书遴选等服务①。约瑟夫·C·里索（Joseph C. Rizzo，2002）提出未来的大学图书馆应成为学校重要的会议中心，进一步发挥其丰富信息资源的优势②。2008 年，约翰·罗德威尔（John Rodwell）对学科服务进行了综述，提出大学动态的内外部环境正驱动图书馆学科服务进行革新，更广泛和密集的学科馆员服务出现③。詹妮弗·托马斯（Jennifer Thomas，2011）认为：图书馆的学科服务工作对网络研究活动有促进作用，未来所开展的学科服务工作应该更加发挥这种优势④。布兰克（Bracke，M. S，2011）⑤ 和米歇尔·R（Michele R，2012）⑥ 等提出未来的学科馆员可以进一步发展成农学、医学信息学家，图书馆应设立如临床研究图书馆员和基本生物学图书馆员等职位，寻找替代资金来推动部门发展，为图书馆用户发展规划、提供建议，强化图书馆在大学中的地位。

　　如以上所述，虽然该领域已经有了一些探讨，但多是围绕本馆实际工作展开讨论，并未充分揭示学科服务的未来和学科馆员角色变化。在时代变化和读者需求变化的情形下，学科知识服务涉及的范围越来越广、学科馆员的数量越来越多，对学科知识服务存在的问题、未来发展趋势等进行深入研究成为学者迫在眉睫的任务。

1.2.1.3　对学科馆员学科服务能力的研究

　　学科知识服务不完全等同于学科服务，目前虽然对学科服务所需能力已

　　① Eun - Ja Shin, Young - Seok Kim. Restructuring library organizations for the twenty - first century: the future of user - oriented services in Korean academic libraries ［J］. Aslib Proceedings, 2002, 54 (4): 260 - 266.

　　② Joseph C. Rizzo. Finding your place in the information age library ［J］. New Library World, 2002, 103 (1182, 1183): 457 - 466.

　　③ John Rodwell, Linden Fairbairn. Dangerous liaisons: Defining the faculty liaison librarian service model, its effectiveness and sustainability ［J］. Library Management, 2008, 29 (1, 2): 116 - 124

　　④ Jennifer Thomas. Future - proofing: the academic library's role in e - research support ［J］. Library Management, 2011, 32 (1, 2): 37 - 47

　　⑤ Bracke M. S.. Emerging Data Curation Roles for Librarians: A Case Study of Agricultural Data ［J］. Journal of Agricultural & Food Information, 2011, 12 (1): 65 - 74.

　　⑥ Michele R, et al. Changing the Face of Reference: Adapting Biomedical and Health Information Services for the Classroom, Clinic, and beyond Tennant ［J］. Medical Reference Services Quarterly, 2012, 31 (3): 280 - 301.

有部分研究，但对学科馆员开展学科知识服务所需能力所做的研究还较少，本文以对学科服务能力研究分析作为借鉴。

（1）学科馆员招聘与职责

不同学科的学科馆员职责描述不同，如米歇尔·R（Michele R，2005）认为生物信息学图书馆员主要是满足遗传学和生物信息学研究的教师、学生和职工的信息需求①。2009 年，Ramirose Ilene Attebury 对 313 则美国学术图书馆招聘广告进行了分析，并问卷调查了 52 所大学，总结出学科联络工作在图书馆整体工作中的地位及职责要求。在调查的 313 则招聘广告中，91 则提到了学科联络职责。在招聘广告中，美国学术图书馆一般不直接称之为学科馆员（liaison），而是在工作职责描述中提到"服务于'某某院系'的联络工作"，同时学科馆员的职责也多与采访、编目工作相关。而来自图书馆学学生的调查问卷显示，一些受访者在课堂上讨论过联络工作，那些已经对联络工作具有更多了解的学生更有信心成为成功的联络人②。凯勒（Keller，2012）认为学科馆员服务重心应从馆藏建设向用户服务转移，满足特定的读者群体的需求是学科馆员的职责所在③。

无论是特定学科的学科馆员，还是普遍意义上的联络馆员，图书馆管理机构必须明确工作描述，图书馆员必须明晰自身岗位职责，通过专业学习、在职培训等途径，获得开展学科服务所需的能力。

（2）学科馆员所需能力

学科馆员是否需要学科背景或者仅依靠一般的专业技能提供高质量的服务是一个历时已久的争论④。因此，对其讨论也一直在进行。约翰·罗德威尔（John Rodwell）认为澳大利亚的学科馆员应拥有学科参考咨询特长，为读者提供专业相关的支持，如数据库搜索能力、专业指导能力、专业馆藏建设等。过去的学科馆员强调学科背景或者在某一领域有过相关经验，以及相关的语言能力，新兴的学科馆员更应该具备跨学科、融入学科研究团队中的知

---

① Michele R. Tennant. Bioinformatics librarian: Meeting the information needs of genetics and bioinformatics researchers [J]. Reference Services Review, 2005. 33 (1): 12 – 19.

② Ramirose Ilene Attebury, Joshua Finnell. What do LIS students in the United States know about liaison duties [J]. New Library World, 2009, 110 (8, 9): 325 – 340.

③ Alice Keller. Subject Librarians in the United Kingdom: Shifting the Focus from Collections to Users [J]. Bibliothek, 2012, 36 (1): 11 – 23.

④ John Rodwell. Dinosaur or dynamo? The future for the subject specialist reference librarian [J]. New Library World, 2001, 102 (1): 48 – 52

识与技能。同时，学科馆员不仅仅要熟悉本馆馆藏，更要拥有搜索网络资源、数据库资源、开源资源等的技巧，并能通过适当的方式将这些资源提供给读者①。不仅如此，学科馆员应具备积极的应变能力、勇于承担责任，并能通过良好的沟通，参与到策略制定当中②。对当代图书馆员来说，个人素质和专业能力都很重要③。而教职工更看重图书馆员在深度学科知识、IT 技能、良好的沟通技能、提供版权问题方面的建议、协助机构知识库等方面的贡献④。

　　这些研究主要从两个方面进行了讨论：1）学科馆员所需学科背景、专业技能如信息检索能力等之间的关系。2）学科馆员开展学科服务的个人素质，如沟通能力、团队合作能力等。这些文献虽然较为全面地阐释了所需能力，但对这些能力的归类等并不清晰。2012 年 1 月，英国大学图书馆委员会玛丽奥克兰（Mary Auckland）完成的研究报告《重新确立支撑科研所需的技能（*Re - skilling for Reasearch*）》，较为系统地总结了当前和今后 2 - 5 年学科馆员所需要的 10 大类 32 个方面的技能和知识：1）与专业/学科相关的深度知识等；2）与研究过程相关的了解本单位当前和变化的研究兴趣等；3）与合作相关的沟通、协作意识等；4）与信息相关的娴熟的信息发现、文献检索技能等；5）与研究数据相关的具有良好的该学科/专业数据源知识等；6）与信息素质相关的技能等；7）与学术交流相关的提供学术成果咨询与保存等；8）与资助机构要求、评估和其他"合理"要求相关的开放获取、引文分析等；9）与元数据有关的使用、咨询等技能；10）与新兴和 Web2.0 技术有关的技能⑤。

　　（3）学科馆员培训与服务能力研究

　　关于学科馆员培训和服务能力培养，阿比·兰德里（Abbie Landry，2005）总结出新图书馆员的十条须知：了解任职和如何达到它；了解特定学校的要求；确定图书馆部门政策和程序；为成功的第一年做好准备；做好第

　　① John Rodwell. Dinosaur or dynamo? The future for the subject specialist reference librarian [J]. New Library World, 2001, 102 (1): 48 - 52

　　② Simmons M., Corrall S.. The Changing Educational Needs of Subject Librarians: A Survey of UK Practitioner Opinions and Course Content [J]. Education for Information, 2010, 28 (1): 21 - 44.

　　③ Julia Leong. Academic reference librarians prepare for change: an Australian case study [J]. Library Management, 2008, 29 (1, 2): 77 - 86.

　　④ Cooke L., Norris M., et al. Evaluating the Impact of Academic Liaison Librarians on Their User Community: A Review and Case Study [J]. New Review of Academic Librarianship, 2011, 17 (1): 5 - 30.

　　⑤ Mary Auckland. Re - skilling for Research. [EB/OL]. http: http: //www. rluk. ac. uk/content/re - skilling - research, 2013 - 8 - 14.

一份工作；学习美国图书馆协会的重要文件；学习大学与图书馆研究协会指南；熟悉研究、报告等的具体的文章；定期订阅报刊；熟悉国家图书馆出版物①。艾琳（Eileen Shepherd，2010）通过南非罗兹大学图书馆为在职馆员开设的培训课程的总结，认为对于图书馆馆员来说，这种职业发展项目非常有必要。项目显示馆员数据库搜索技巧较低、缺乏思考能力、IT 能力也需要得到进一步提升②。里卡多·安德拉德（Ricardo Andrade，2010）③ 和凡妮莎沃伦（Vanessa Warren，2011）④ 则将学科馆员培训纳入人力资源建设范畴，通过学科馆员岗位重组、设计新的人力结构等，更好地反映馆员能力，展现出更大的灵活性和能动性。

对于图书馆来说，要满足学科用户需求，就必须建立相应的资格认证，如英国从 1885 年起对图书馆员进行资格考试，日本从 1951 年起陆续对图书馆专业人员进行资格认定。而对于图书馆员来说，要成为学科馆员并不断提高自身能力，可以参加在职培训、岗位重组。

（4）相关著作对学科馆员能力的研究

在著作方面，早在 1992 年，艾琳（Irene Doskatsch）等编著《学科馆员：未来的道路？——1991 年 7 月 1 - 2 日南澳大学图书馆承办的研讨会论文集（*Subject Librarianship：The Future Way？：Proceedings of a Seminar Conducted by the University of South Australia Library 11 - 12 July 1991*）》⑤，阐述了当时对学科馆员角色理解、用户服务等多篇论文。1999 年，艾伦（Allan Mirwis）在《学科百科指南：用户指南，引文审读和关键词索引（*Guide to Subject Encyclopedias：User Guide，Review Citations and Keyword Index*）》中为各类型的图书馆员及读者提供了快速、一站式信息获取方法，作者认为本书能指导馆员推荐

①　Abbie Landry. Ten must reads for new academic librarians［J］. Reference Services Review, 2005, 33（2）：228 - 234.

②　Eileen Shepherd. In - service training for academic librarians：a pilot programme for staff［J］. The Electronic Library, 2010, 28（4）：507 - 524.

③　Ricardo Andrade, Raik Zaghloul. Restructuring liaison librarian teams at the University of Arizona Libraries, 2007 - 2009［J］. New Library World, 2010, 111（7, 8）：273 - 286

④　Vanessa Warren. Using workforce structures to enable staff retention and development：An academic library case study［J］. New Library World, 2011, 112（1, 2）：8 - 18

⑤　Irene Doskatsch. Subject Librarianship：The Future Way？：Proceedings of a Seminar Conducted by the University of South Australia Library 11 - 12 July 1991［M］. University of South Australia Library, 1992

专业书目，帮助学生获得特定主题的信息①。2006 年，彭妮·戴尔（Penny Dale，Matt Holland，Marian Matthews）等人出版了有关学科馆员方面的论文集《Subject Librarians：Engaging with the Learning and Teaching Environment（学科馆员：参与学习和教学）》一书，这本书的主要读者为高等教育机构的图书馆员和学术人员、信息管理和图书馆管理专业学生。随着英国高等教育的变革，学科馆员出现，作者认为学科馆员是教学团体和图书馆之间的纽带。然而，随着终身学习、信息学习和合作等的不断发展，学科馆员被赋予了更高的期望值②。而 2012 年艾莉森（Alison Brettle，Christine Urquhart）等出版的《改变健康图书馆和信息专业人士的角色和环境（*Changing Roles and Contexts for Health Library and information Professionals*）》进一步描述了图书馆界面临的变化，以及特定学科背景馆员未来的角色定位及如何适应这种角色③。除此之外，尚有部分著作介绍了图书馆员学科指南，如《馆员学科指南书籍：历史，旅游和描述（*The Librarian Subject Guide to Books：History，travel & description*）》④ 等三卷。

1.2.2　国内研究现状

本文中文相关文献资料来自对中国知网资源总库（CNKI）、万方数字资源系统、中文科技期刊数据库、国内相关图书馆及相关网站研究资源的收集、整理和筛选，以学术论文为主，辅以部分专著。

1.2.2.1　对学科知识服务缘起及概念的研究

任俊为 1999 年发表了"知识经济和图书馆知识服务"⑤ 一文后，图书情报界对"图书馆知识服务"的研究逐渐升温。

对于知识服务的概念，张晓林认为："知识服务以知识创新和服务能力为基础，针对用户的问题和环境，参与用户解决问题的过程，从而支持知识应

---

① Allan Mirwis. Guide to Subject Encyclopedias：User Guide，Review Citations and Keyword Index ［M］. Phoenix：Oryx Press，1999

② Penny Dale，Matt Holland，Marian Matthews. Subject Librarians：Engaging with the Learning and Teaching Environment ［M］. Vermont：Ashgate Publishing Company，2006

③ Alison Brettle，Christine Urquhart. Changing Roles and Contexts for Health Library and information Professionals ［M］. Londen：Facet Publishing，2012

④ Lionel Roy McColvin. The Librarian Subject Guide to Books：History，travel & description ［M］. University of California，2008

⑤ 任俊为. 知识经济与图书馆知识服务 ［J］. 图书情报知识，1999（1）：28 - 30.

用和创新"①。在此基础上，2001 年张晓林又主编了《走向知识服务》一书，这是国内第一部关于知识服务的专著，该书对知识服务的功能结构设计、知识服务的运营模式、知识服务的组织管理机制等问题进行了研究和探讨②。

近年来，业界对图书馆知识服务的研究不断深入。虽然很多层面都在关注高校图书馆社会化服务问题，但多数研究者认为，高校图书馆的社会化服务功能是为校内用户的教学、科研服务基础上的功能外向辐射，而高校图书馆提供服务的主方向必须始终定位于服务本校的教学和科研，这就表明了，面向学科专业的知识服务必定是高校图书馆发展的核心竞争力，开展学科知识服务是高校图书馆可持续发展的长期战略③。于是，2005 年，吴凤玉率先提出了"面向学科的高校图书馆知识服务"，并提出了全新的知识服务模式，即以学科馆员为主体，将实体部门与虚拟组织相结合形成团队开展学科知识服务。由此开始，图书情报学者们开展了大量针对"高校/大学图书馆学科知识服务"的研究，"学科知识服务"也渐渐成为人们对高校图书馆知识服务研究的一个特定角度，日渐受到研究者的关注。

"学科知识服务"的概念来源于"图书馆知识服务"概念，目前对于"学科知识服务"涵义的认识，学者们从不同角度提出了自己的观点。

盛剑锋认为：学科知识服务是一种以用户为中心，学科馆员为主导，针对学校的学科建设情况，利用先进的信息技术和网络技术，按学科专业组织服务人员和所需资源，是一种把知识服务与学科馆员制度相结合的全新服务方式④。梁瑞华的观点与之有相似之处，他认为：在高校图书馆中，学科知识服务是结合学科馆员制度按不同学科领域分别提供资源与知识服务，是一种面向学科带头人的专业化知识服务方式⑤。艾玲则通过对高校图书馆知识服务主、客体特点的分析，在图书馆知识服务概念基础上，对高校图书馆学科化知识服务做了内涵界定⑥。沈小玲⑦、夏秋萍⑧在相关论文中沿用了她的定义。

① 张晓林．走向知识服务：寻找新世纪图书情报工作的生长点［J］．中国图书馆学报，2000（5）：32－37.

② 张晓林主编．走向知识服务［M］．四川大学出版社，2001

③ 吴凤玉．面向学科的高校图书馆知识服务研究［J］．图书馆学研究，2005（8）：29－31

④ 盛剑锋．基于学科馆员制度的学科知识服务研究［J］．大学图书情报学刊，2009（5）：10－14

⑤ 梁瑞华．高校图书馆知识服务体系研究［M］．河南大学出版社，2010

⑥ 艾玲．高校图书馆学科知识服务模式建设分析［J］．知识经济，2009（7）：170－171.

⑦ 沈小玲．基于学科知识管理的高校图书馆学科知识服务情报探索［J］．2009（9）：119－121.

⑧ 夏秋萍．高校图书馆学科知识服务现状分析和发展研究［J］．现代情报，2010（1）：93－95.

何丹青则提出：学科化知识服务的宗旨是满足用户的知识需求，它集学科化、知识化、个性化为一体，提供的是增值的知识资源①。徐璟、郭晶认为：学科化知识服务是一种主动化、个性化、专业化和智能化的深层次服务，是一种增值的知识服务，有利于知识应用和科研创新，可以大大提升图书馆的服务水平②。范爱红则指出：从本质上讲，学科知识服务就是提供给读者一个环境，一个涵盖资源、服务和读者学科需求的信息环境③。

以上关于学科知识服务的定义，虽然观点各异，但总体反映了学科知识服务的两个重点：一是以用户的学科知识需求为中心和根本出发点，二是以学科馆员为主导和保障，强调学科馆员要在服务中有知识和技能上的投入。

1.2.2.2　对大学图书馆学科知识服务能力相关问题的研究

大学图书馆学科知识服务，其服务内容、服务方式和服务运作上，无一不体现出大学图书馆整体的学科知识服务能力，也引发了业内的相关探讨。

（1）学科知识服务的内容

学科知识服务研究的重点是对其内容的研究，很多学者都在论文中有过阐述。吴凤玉最早提出的高校图书馆学科知识服务的内容主要包括学科导航、定题知识服务、知识挖掘服务等，并特别强调了学科馆员的主体作用④；盛剑锋认为：学科知识服务的主要内容包括特色学科数据库建设，开展网络导航、参考咨询、专业化、个性化知识服务等⑤；何丹青以学科为切入点，认为学科知识服务包含五个方面的内容：第一，依据学校重点学科和优势学科情况构建学科知识服务体系；第二，建立可个性化定制的学科服务模式；第三，建立以学科馆员为核心的服务保障制度和介入科研活动全过程的实施保障机制；第四，建立按学科来开发和组织信息资源和服务的组织模式；第五，建立基于网络的学科服务工作模式和服务平台⑥。夏秋萍提出高校图书馆学科知识服务系统的构成包括学科知识服务用户、学科馆员、信息资源库、学科知识库、学科服务平台⑦。韩金、盛小平通过浏览"985 工程"院校图书馆网站，调查

---

①　何丹青. 高校图书馆学科化知识服务发展策略研究［J］. 图书馆工作与研究, 2010（1）：15 - 17.
②　徐璟, 郭晶. 高校图书馆学科化知识服务模式探究［J］. 图书情报工作, 2010（17）：14 - 18.
③　范爱红. 提供学科化知识服务, 构建学科化信息环境［A］. 图书馆服务的学科化与个性化［C］. 首都师范大学出版社, 2008
④　吴凤玉. 面向学科的高校图书馆知识服务研究［J］. 图书馆学研究, 2005（18）：29 - 31.
⑤　盛剑锋. 基于学科馆员制度的学科知识服务研究［J］. 大学图书情报学刊, 2009（5）：10 - 14.
⑥　何丹青. 高校图书馆学科化知识服务发展策略研究［J］. 图书馆工作与研究, 2010（1）：15 - 17.
⑦　夏秋萍. 高校图书馆学科知识服务现状分析和发展研究［J］. 现代情报, 2010（1）：93 - 95.

学科化知识服务在"985 工程"院校图书馆中的开展情况，结果发现：最常见的学科化知识服务项目从高到低依次是：学科导航、实时咨询、智能化检索、个性化定制和最新信息发布等①。

从 2007 年开始，对学科知识服务内容的研究还出现了两个新的方向，一是对于内容的研究更加具体，不再着重于学科知识服务内容的整体研究，而是从一个具体的内容出发，进行详细论述。对此，学界研究较多的是"学科知识服务平台"。相关论文有任树怀、高海峰、季颖斐的《基于图书馆 2.0 构建学科知识服务平台》（2007）②，杨勇的《高校图书馆自助式学科知识服务平台构建研究》（2008）③，陈恩满的《基于 CNKI 的学科知识服务平台构建与学科化服务研究》（2009）④，孙翌、郭晶的《基于博客的高校图书馆学科化知识服务平台实证研究》（2009）⑤，胡小丽的《国内图书馆基于 LibGuides 学科知识服务平台的应用调查与对策研究》（2013）⑥ 等；二是对于内容的研究朝着专业化的方向深入，如侯君洁的《高校图书馆学科知识服务需求调查与分析——以图书情报学科为例》（2012）⑦，王华伟、张然、任红超的《高校学科知识服务体系构建初探——以武汉理工大学材料学科为例》（2012）⑧，林晓华、林丹红的《基于用户信息需求的中医药学科知识服务实践案例》（2013）⑨ 等。

① 韩金，盛小平.基于网络平台的高校图书馆学科化知识服务调查分析—以"985 工程"高校为例［J］.图书馆，2013（1）：66 – 68.

② 任树怀，高海峰，季颖斐.基于图书馆 2.0 构建学科知识服务平台［J］.大学图书馆学报，2007（3）：58 – 62.

③ 杨勇.高校图书馆自助式学科知识服务平台构建研究［J］.情报科学，2008（12）：1844 – 1847.

④ 陈恩满.基于 CNKI 的学科知识服务平台构建与学科化服务研究［J］.图书情报工作，2009（15）：96 – 100.

⑤ 孙翌，郭晶.基于博客的高校图书馆学科化知识服务平台实证研究［J］.图书与情报，2009（5）：104 – 108.

⑥ 胡小丽.国内图书馆基于 LibGuides 学科知识服务平台的应用调查与对策研究［J］.图书馆学研究，2013（6）：81 – 86.

⑦ 侯君洁.高校图书馆学科知识服务需求调查与分析——以图书情报学科为例［J］.内蒙古科技与经济，2012（17）：126 – 128.

⑧ 王华伟，张然，任红超.高校学科知识服务体系构建初探——以武汉理工大学材料学科为例［J］.情报理论与实践，2012（9）：1 – 4.

⑨ 林晓华，林丹红.基于用户信息需求的中医药学科知识服务实践案例［J］.中华医学图书情报杂志，2013（2）：36 – 40.

（2）学科知识服务的模式

国内学者们从各自不同视角，提出了不同的学科知识服务模式。

夏秋萍根据高校图书馆学科知识服务系统的构成要素以及各要素的特点、相互关系，将学科知识服务模式分为"知识服务用户提出问题"、"学科馆员明确用户提问，确定用户需求"、"制定服务策略并选择服务工具，提供知识服务"、"知识服务用户的意见反馈"、"学科知识库的管理"等五个阶段①；吴吉玲、罗兰珍则根据信息服务流程及结构，将知识服务模式划分为初级模式、中级模式、高级模式，初级模式覆盖了知识的获取、组织、分布和共享的过程，中级模式与初级模式本质的区别是包含了基于知识利用的知识创新，高级模式是对中级知识服务的一种完善，它是在中级模式的基础上对知识的更新过程，利用用户反馈信息对知识产品进行修正、改进②；徐璟、郭晶从宏观上提出一套具有可行性的知识服务模式架构，借此来优化高校图书馆学科化服务，这个框架包括平台建设、学科点分布、用户群分类、学科馆员制度、服务内容确定五大要素构成③；陈鹤阳以信息共享空间为基础，构建了满足学科用户科研教学需求的新的学科化知识服务模式——学科知识共享空间（SKC 模式），并认为高素质的技术人员是 SKC 模式能否构建成功的关键④。

1.2.2.3 对学科馆员能力的研究

通过对学科知识服务的涵义、内容和服务模式的研究进行分析，可以发现，学科馆员在其中发挥着至关重要的作用，学科馆员的能力素质更是决定着学科知识服务的水平。

（1）对学科馆员能力重要性的研究

很多研究文献都提到了学科馆员的能力在学科知识服务中的关键作用，如盛剑锋认为，知识服务的能力以知识服务人员的智力资源为核心和灵魂，只有建设一支高素质的学科馆员队伍，才能为特定学科领域内的教学和科研用户进行知识创新提供服务保障⑤；吴凤玉提出：在高校图书馆学科知识服务组织机制中，学科馆员是主体，并进一步提出学科馆员应具备的能力，即强

① 夏秋萍．高校图书馆学科知识服务模式研究［J］．继续教育研究，2010（10）：171 – 172.

② 吴吉玲，罗兰珍．浅论高校图书馆学科化知识服务［J］．情报理论与实践，2009（7）：101 – 103.

③ 徐璟，郭晶．高校图书馆学科化知识服务模式探究［J］．图书情报工作，2010（17）：14 – 18.

④ 陈鹤阳．关于学科化知识服务新模式——SKC 的构建［J］．图书馆工作与研究，2013（1）：70 – 72.

⑤ 盛剑锋．图书馆知识管理与服务研究［M］．科学出版社，2012

烈的责任感与职业精神、较强的信息处理与信息检索能力、一定的学科专业背景知识、良好的人际沟通能力、较强的学习能力与学习愿望①；沈小玲认为学科馆员是学科知识服务的主体，论述了学科馆员的重要性，还提出了对学科馆员的个人素质要求②；夏秋萍指出，学科馆员参与学科知识服务的各个环节，学科馆员五个方面的能力素质是高校图书馆学科知识服务系统的组成部分③；何丹青则认为学科馆员的能力和素质不全面是制约学科知识服务发展的重要因素④；袁懿等也在著作《图书馆知识整合与知识服务研究：以西部社会科学院图书馆为例》中提到，馆员素质是西部社科院图书馆知识资源和知识服务的较为重要的制约因素⑤。

　　学科馆员能力的提高可以有效保障和推动学科知识服务，对此，学界多有论述。盛剑锋提出的高校图书馆提升学科知识服务的五项对策措施中，"加强学科馆员队伍的素质建设"列在了第一位⑥；夏秋萍也认为建立一支相对稳定并具有高素质、高水平、高效率的学科馆员队伍是发展高校图书馆学科知识服务的重要对策⑦；吴利萍将"提高学科馆员的素质和能力"作为促进高校图书馆学科化服务的一项发展对策⑧；任玉兰、江蓉星在阐述提升学科知识服务能力对策与建议时，也提出了"加强学科馆员的素质建设"⑨。

　　从以上两方面可以看出，学科知识服务开展的效果如何在于学科馆员的能力，学科馆员的能力在学科知识服务中发挥着至关重要的作用，要做好学科知识服务工作，对学科馆员能力进行研究是非常有必要的。

　　（2）对学科馆员能力要求的研究

　　国内业界对学科馆员能力的研究主要集中在以下几项能力方面：图书情报专业知识、相关学科知识、信息资源整合能力、掌握基本研究工具、沟通联络能力、"产品"营销能力、团队合作能力、知识更新能力、信息素质教育

---

① 吴凤玉．面向学科的高校图书馆知识服务研究 [J]．图书馆学研究，2005（18）：29 – 31.
② 沈小玲．基于学科知识管理的高校图书馆学科知识服务 [J]．情报探索，2009（9）：119 – 121.
③ 夏秋萍．高校图书馆学科知识服务模式研究 [J]．继续教育研究，2010（10）：171 – 172.
④ 何丹青．学科化知识服务的动因分析与机制研究 [J]．情报理论与实践，2009（4）：26 – 28.
⑤ 袁懿．图书馆知识整合与知识服务研究：以西部社会科学院图书馆为例 [M]．社会科学文献出版社，2012
⑥ 盛剑锋．基于学科馆员制度的学科知识服务研究 [J]．大学图书情报学刊，2009（5）：10 – 14.
⑦ 夏秋萍．高校图书馆学科知识服务现状分析和发展研究 [J]．现代情报，2010（1）：93 – 95.
⑧ 吴利萍．高校图书馆学科化服务的影响因素及发展对策 [J]．现代情报，2009（3）：100 – 103.
⑨ 任玉兰．中医药高校图书馆提升学科知识服务能力对策与建议 [J]．中国中医药信息杂志，2013（4）：6 – 8.

能力和科研能力等。

大多数文献对学科馆员的能力或图书馆员的知识服务能力内容的研究比较零散，缺乏系统性，多是能力内容的罗列，并没有完全理清各项能力之间的内在联系。梁瑞华、展晓玲等将这些能力进行了简单的归类，是研究上的进步。梁瑞华将其归为职业素质、基本知识结构素质、创新素质、信息挖掘和加工能力四类①；展晓玲则将其归为基本能力、专业技术能力、现代信息技术能力三类②。与之相比，王贵海和吴琦的研究思路则更值得借鉴。王贵海将学科馆员的各种能力划分为：知识 & 技能、资源 & 管理 & 应用、营销 & 教学、评价 & 发展四个方面，下设九个能力层次，建立了学科馆员"能力云"模型③；吴琦则借鉴营销理论中的 4C's 理论，提出了高校图书馆学科馆员为更好地完成其职责所必须具备的四种能力：科研能力、决策能力、文献传播能力和协作能力④。这两篇论文对能力内容研究的系统性加强了，理清了各种能力之间的逻辑关系。

相关著作对学科馆员能力也有一些论述。盛剑锋在《图书馆知识服务与管理》一书的第五章第三节"图书馆知识管理的人力资源管理"中专门论述了馆员从事知识服务需要的六种能力，即高尚的思想职业道德，敏锐的信息反映和处理能力，良好的外语应用能力，熟练的信息技术应用能力，系统的学术研究能力和精湛的人际沟通能力⑤；郭晶主编的《图书馆学科化服务研究与进展》第九章"学科馆员团队建设"第二节的内容即是"学科馆员资质及能力要求"⑥；梁瑞华也在著作《高校图书馆知识服务体系》中，专门针对高校图书馆知识服务的团队的个体素质进行了论述⑦。

（3）对学科馆员能力建设的研究

目前学界从不同角度对学科馆员的能力或图书馆员的知识服务能力建设进行了研究。在这些研究中，人力资源开发与管理是加强学科馆员的能力和图书馆员的知识服务能力建设的一个重要角度。卢盛华等的《图书馆知识管

①　梁瑞华. 高校图书馆知识服务体系研究［M］. 河南大学出版社，2010
②　展晓玲，高兴国. 数字图书馆的服务转型［M］. 甘肃民族出版社，2008
③　王贵海. 学科馆员能力云及能力云模型的设计与应用［J］. 图书馆学研究，2013（10）：87 –93.
④　吴琦. 基于4C's理论的学科馆员能力［J］. 贵图学刊，2009（1）：12 –13.
⑤　盛剑锋. 图书馆知识管理与服务研究［M］. 科学出版社，2012
⑥　郭晶. 图书馆学科化服务研究与进展［M］. 上海交通大学出版社，2013
⑦　梁瑞华. 高校图书馆知识服务体系研究［M］. 河南大学出版社，2010

理与知识服务》①、徐克谦的《网络环境下高校图书馆的建设与服务》②、梁瑞华的《高校图书馆知识服务体系研究》③、盛剑锋的《图书馆知识管理与服务研究》④ 四部著作都提到了从人力资源开发的角度来进行馆员能力建设，祖芳宏、杨文华也从人力资源开发的角度进行了研究，强调学科馆员工作中人岗匹配，力求通过岗位的调适，有效地发挥学科馆员潜能，促进其能力提升⑤。

其他比较有代表性的研究有：郑立新、肖强认为能力进化是循序渐进的，学科馆员的知识服务能力建设可分为初级阶段建设、中级阶段建设和高级阶段建设等三个阶段，并且提出了各个阶段的知识服务愿景和建设方法与途径，认为学科馆员能力建设的最终目标是要打造学者专家型或复合型馆员，实现各学科、各领域知识的重组⑥；于丽、张勇提出学科馆员的专业能力建构可以通过信息获取、信息吸收和信息利用三个方面展开，并在此基础上从建立学科馆员专业能力评价系统、营造与用户互动氛围、构建多学科交叉研究平台、用户信息需求驱动、建立持续创新的学科运行机制等五个方面对学科馆员专业能力的培养途径进行了探索⑦。

1.3 学科知识服务能力建设的意义

1.3.1 理论意义

学科馆员制度最早出现于美国和加拿大的研究型图书馆。1998 年清华大学率先将这一制度引入国内，之后有很多高校也先后建立学科馆员制度，以不同形式开展学科化服务工作，到目前为止，学科馆员制度已经成为大学图书馆提升和拓展图书馆服务职能的重要举措。随着学科服务的开展，学科馆员制度得到不断完善，开展学科化知识服务成为满足高校用户深层次和专业

① 卢盛华等. 图书馆知识管理与知识服务 [M]. 吉林文史出版社，2009

② 徐克谦. 网络环境下高校图书馆的建设与服务 [M]. 人民教育出版社，2002

③ 梁瑞华. 高校图书馆知识服务体系研究 [M]. 河南大学出版社，2010

④ 盛剑锋. 图书馆知识管理与服务研究 [M]. 科学出版社，2012

⑤ 祖芳宏，杨文华. 学科馆员制度与参考咨询人力资源开发 [J]. 图书馆学刊，2005 (3)：98 - 99.

⑥ 郑立新，肖强. 图书馆员的知识服务能力建设 [J]. 情报探索，2011 (4)：17 - 19.

⑦ 于丽，张勇. 学科馆员专业能力及培养途径探析 [J]. 现代情报，2013 (2)：137 - 139.

化信息需求的必然选择，同时学科知识服务工作的开展也对学科馆员的服务能力提出了新的要求。

检索中国知网（CNKI）上所发表的论文，以"学科 * 知识服务 + 学科知识服务"为检索式在题名途径进行检索，共检索到论文 123 篇（检索时间为2014 年 1 月）。通过对这些论文分析得知：一是学界对"学科知识服务"的研究始于 2005 年；二是所发表的 123 篇论文的研究对象主要是"高校图书馆"，这些数据表明研究"高校图书馆知识服务"的一个特定研究角度是"学科知识服务"，目前来说是高校图书馆所特有的；三是发表的研究论文数量呈现上升趋势，尤其是从 2009 年开始，发文数量有一个大幅度的提高，这说明"学科知识服务"逐渐受到图书情报领域关注。不过，总体发文数量也仅有 123 篇，对"学科知识服务"的研究还亟须深入。这些论文对学科服务能力或学科馆员能力的论述体现在：对学科服务能力重要性的研究较多；对学科馆员能力或图书馆员知识服务能力内容的研究比较零散，局限于某项能力或某专门能力的研究；对图书馆学科服务能力建设方面的研究基本是单一方面建设内容和方法的论述，缺乏系统性。

本研究定位于大学图书馆转型背景下学科知识服务能力，希望在系统研究学科服务需求、学科服务到知识服务的演变、学科知识服务模式的基础上，理清当前大学图书馆学科知识服务存在问题，提出解决办法，在此基础上进一步展开对大学图书馆现代转型背景下学科知识服务能力的研究。一方面，在分析研究数字图书馆知识服务能力基础上提出大学图书馆学科知识服务能力的架构；同时，重点研究和描绘学科馆员从事学科知识服务的全面知识和技能，以及图书馆开展学科知识服务的客观要素能力，并且进一步提出大学图书馆全面落实学科知识服务能力的措施。这些研究，不再是对单一学科馆员某项能力的研究，也不是对大学图书馆开展学科知识某一举措的研究，是从学科馆员个体和大学图书馆整体两个角度，对大学图书馆学科知识服务整体能力的研究。这些研究在将一定程度上丰富并完善大学图书馆学科知识服务的理论研究体系。

另外，本研究的重点是学科馆员的学科知识服务能力，即学科馆员从事学科知识服务所需的知识和技能，是一个全新的概念，学界鲜有研究。它既不同于学界一直以来关注的"学科馆员的能力"，也与学界近年来研究的"图书馆员的知识服务能力"有所区别。与前者相比，它更侧重学科知识服务中对相关学科专业知识进行搜集、分析和重组，为高校用户提供其所需知识和知识产品的服务能力；跟后者相比，它则更强调学科化、专业化的服务能力。

本研究通过理论研究、实证分析，综合运用图书馆学、情报学、管理学科和社会科学等相关理论和方法，全面描述了大学图书馆学科馆员学科知识服务能力，建构了全谱段学科馆员学科知识服务能力，其研究内容具有创新性。

1.3.2　实践意义

大学图书馆开展学科知识服务的成效取决于图书馆和学科馆员两个方面能力的发挥，学科馆员的学科知识服务能力是主观要素能力，在服务中起主导作用；图书馆的相关能力，如客观要素能力等，是使主观要素能力更好发挥作用的支持和保障因素。因此，本研究对大学图书馆的学科知识服务实践具有重要指导意义，并且能够促进提升大学图书馆的核心服务能力。其实践意义主要体现在：

学科馆员学科知识服务能力的确定和培养方面。本研究融汇、集成了学科馆员从事学科知识所需要的各方面的知识和技能，对学科馆员提出了全方位的能力要求，使大学图书馆在建立学科服务制度时，能够从更科学、更专业的角度对学科馆员提出能力要求，设定学科服务工作内容；使学科馆员对自身能力的提高有明确的目标，有更加长远的自身发展规划。

大学图书馆学科知识服务能力建设和落实方面。大学图书馆学科知识服务工作的开展是一项系统工程，本研究提出了大学图书馆的学科知识服务能力的组成，并进一步分析出大学图书馆开展学科知识服务的各项措施，是对大学图书馆学科知识服务工作开展的具体指导，使其在已有基础性学科知识服务工作基础上，全面统筹规划，从工作机制、工作方式和可持续发展等方面着手，系统实施相关举措，提高服务能力，实现基础学科服务到学科知识服务的全面提升。

1.4　本书总体设计

1.4.1　研究思路及方法

本研究的思路为：分析问题、发现问题、论证问题、提出解决方法、阐释解决方案，指出选题研究的局限性和未来拓展研究的大致设想。

为了实现上述研究思路，本研究采取了理论分析与实证研究相结合的方法，并且结合具体研究和深入分析，融会各种分析方法。主要采用了以下几种方法：

（1）文献综述。为了探索本课题的研究，广泛收集和阅读国内外相关文献，从已有研究成果中获取必要的背景资料和事实依据，并借鉴其研究方法。这些文献对本研究的选题和分析提供了理论基础，同时也指导形成了本选题的研究方法。

（2）访谈分析与问卷调查。为了提供研究的理论和事实依据，本研究采用访谈和问卷调查相结合的方式，选取在京的 985 院校和部分京外 985 院校图书馆进行了电话访谈和问卷调查，并通过对调查内容进行分析，归纳出本研究的结论及实施依据。

（3）定性分析和定量分析相结合。定性分析方面，通过借鉴大量相关文献的理论分析，确立学科馆员从事学科知识服务工作所需要的各种知识和技能指标，以及大学图书馆其他各项学科知识服务能力；定量分析方面，在理论分析的基础上根据这些能力指标设计出学科知识服务能力调查问卷（针对学科馆员和学科服务管理人员），在广泛调研的基础上，借助相关软件对调研结果进行统计分析，全方位描述学科馆员及图书馆的学科知识服务能力，并进一步对能力的实施进行论证和实证应用研究。

（4）案例分析：选取国内外开展学科知识服务的大学图书馆，对其学科知识服务能力的研究和实施进行分析比较，以形成对本研究的实证支持。

1.4.2 全书架构

第一章 绪论。简明扼要地对选题背景进行介绍，对本选题国内外研究现状进行综述，指出研究意见，提出研究思路、研究方法等。

第二章 大学图书馆的功能转型。对大学图书馆的兴起和任务进行论述，论述传统大学图书馆在资源建设、读者服务和技术应用方面的特点，进而提出大学图书馆在现代转型环境下的功能演变及转型，引发出学科知识服务是促动其功能转型的重要因素。

第三章 学科知识服务能力的基本理论。论述大学图书馆学科知识服务能力直接相关与借鉴的理论，对研究涉及的主要概念如学科服务、学科知识服务、学科知识服务能力等进行阐释，提出大学图书馆学科知识服务能力的建构，论述学科知识服务能力及其构成要素，以及学科知识服务能力的形成条件。

第四章 大学图书馆学科知识服务能力的现状分析。从学科知识服务的作用、学科服务到知识服务的演变、学科知识服务的主要方式等方面论述当前大学图书馆学科知识服务的现状，进而论述学科知识服务存在问题及解决办法，引出当今大学图书馆开展学科知识服务时，学科知识服务能力的重要性正在凸显出来。为后续的研究和论述提供实践依据。

第五章　大学图书馆学科知识服务主观要素能力建构。首先论述建构的动因和原则，在此基础上，提出了大学图书馆的学科馆员从事学科知识服务 9 大方面 22 项知识和技能要求，对每一项知识和技能进行详细论述，并辅以问卷调研定量分析，提炼出最为重要的能力进行排序，为全谱段学科馆员能力的提出提供科学合理的依据。

第六章　大学图书馆学科知识服务客观要素能力建构。提出大学图书馆学科知识服务客观要素能力，论述客观要素能力的重要性，在此基础上，通过问卷调查及专家调研，了解并分析大学图书馆的客观要素能力现状，并且进一步阐述提升大学图书馆学科知识服务客观要素能力的措施。

第七章　大学图书馆学科知识服务能力的支撑与保障。从服务的机制与规范、服务的持续发展等方面论述大学图书馆如何落实学科知识服务能力，并分析影响大学图书馆学科知识服务能力提高的因素和改善措施。

第八章　案例研究。国内外图书馆开展学科知识服务调研情况，对有代表性大学图书馆的学科知识服务案例进行分析，进一步论证本研究的结论。

第九章　研究结论与展望。

第 2 章　大学图书馆的功能转型

本章从对大学图书馆的兴起、任务以及传统大学图书馆功能上的局限研究入手，引出大学图书馆现代转型的必要性；从转型过程中大学图书馆资源和技术环境的变化，分析和发现图书馆功能的变化。研究表明：在大学图书馆，学科知识服务扮演着非常重要的角色，大学图书馆转型离不开学科知识服务。

2.1　大学图书馆的发展

大学图书馆，也称为高等学校图书馆。在很多国家，师资、教学设备、图书资料被视为学校的三大支柱。从古至今，大学图书馆伴随高等教育的出现而产生，随着高等教育的发展而发展。

2.1.1　大学图书馆的兴起

大学图书馆是随着大学的形成而出现的。对图书馆的演化过程而言，大学出现的直接结果是导致了大学图书馆的产生。早在十二、十三世纪，欧洲就出现了大学图书馆，如牛津、剑桥、巴黎等大学当时都设有图书馆。

2.1.1.1　西方国家大学图书馆的产生和发展

西方国家早期的大学没有图书馆，教授一般都有自己的藏书，学生只能向老师借书，或者向书商买书。大学发展越来越规模化后，大学里或学院里有学生开始自发联合购买并使用相同的书籍，而在大学毕业后，也不断有学生捐赠图书，逐渐图书积累越来越多，慢慢形成了早期的西方大学图书馆。

大学图书馆初期的藏书大部分来自于捐赠。如巴黎大学的索邦学院图书馆（1257 年），就是在教父索邦捐献个人藏书的基础上建立起来的。此后，德国、意大利、英国、西班牙的许多学者也陆续捐款、赠书，还有许多作家把自己著作的原稿交给索邦学院图书馆保存，如此索邦学院图书馆便成了巴黎大学最重要的图书馆。同巴黎大学一样，牛津大学图书馆早期也建立在捐书基础上，它最初的馆藏就是英国著名私人藏书家理查德·伯里丰富的私人藏书。目前，哈佛大学图书馆是世界上建设规模第一的大学图书馆，在 1638 年建设之初，一位名为约翰·哈佛的牧师捐献了 400 册书给图书馆，这也是哈佛校名的由来。早期的大学图书馆主要靠捐款和资助方式维持，一般规模很小，直到书籍可以大量印刷开始，西方大学图书馆有了突飞猛进的发展。二战后，逐渐出现了耶律、芝加哥、哈佛、牛津等一批世界顶尖大学图书馆。

2.1.1.2　我国大学图书馆的兴起

我国古代，最有名的学校图书馆是当时的书院图书馆。书院图书馆大多是为了书院教学目的而兴建，最早称之为"图书馆"的是北京通艺学堂。1909 年期间，我国开始受到西方科学的影响，极大地促进了文化、教育的飞速开展，开始出现了一大批非常有影响力的大学图书馆，比较有代表性的是：建于 1909 年的北京大学图书馆的前身——京师大学堂藏书楼，建于 1908 年的上海沪江大学图书馆和武昌文华大学公书林，建于 1909 年的北交大图书馆，建于 1910 年的华西协和大学图书馆，建于 1915 年的南京高等师范学校图书馆和金陵女子文理学院图书馆，建于 1916 年的私立福建协和大学图书馆，以及建于 1917 年的北京高等师范学校图书馆和武昌高等师范学校图书馆等。

新中国成立后，我国的大学图书馆发展较为曲折，但所幸八十年代后大学图书馆的发展得到了党和政府的支持，发展势头迅猛。

2.1.2　大学图书馆的主要任务

《普通高等学校图书馆规程（修订）》对我国大学图书馆的性质表述为："高等学校图书馆是学校的文献信息中心，是为教学和科学研究服务的学术性机构，是学校信息化和社会信息化的重要基地。高等学校图书馆的工作是学校教学和科学研究工作的重要组成部分"①。在该规程中对大学图书馆任务也有明确说明："作为高等院校的文献信息中心，大学图书馆是为教学和科研提供知识服务和信息保障的学术性机构"②。

按照上述规程的要求，大学图书馆要根据学校教学科研工作的发展和建设需求，实行科学管理，充分利用现代信息技术，大力提升服务水平，最大限度地满足师生的信息需求，切实保障学校教学科研工作所需的文献信息。

---

① 教育部．普通高等学校图书馆规程（修订版）．2002 年 2 月 21 日颁发
② 教育部．普通高等学校图书馆规程（修订版）．2002 年 2 月 21 日颁发

具体任务主要可概括为以下几方面：

（1）文献资源建设。建设馆藏实体资源和网络虚拟资源，并对资源进行科学加工整序和管理维护。

（2）文献资源服务。充分利用文献信息资源，开展文献信息服务，如书刊借阅、资源传送和参考咨询等。

（3）信息素质教育。在学校里，面向全校读者开展信息检索等方面的教育与培训。

（4）组织学校文献资源建设。在经费和学科资源布局方面统筹协调，使校图书馆和院系分馆、资料室的文献资源建设更加合理。

（5）资源协作。大学图书馆间需积极加强协作，进行文献资源保障体系建设，加速图书馆事业全面协调发展。

我国的大学数量很多，一般认为分成四种不同类型：研究型大学、教学研究型大学、教学型大学和社区服务型大学（主要指高职高专学院）。研究型大学以高水平学术为主要目标，学校一般设有研究生院，或可以授予博士学位。教学研究型大学，研究生数量大约是本科生数量的三分之一，这种大学可以授予少量博士学位，同时可以授予硕士学位。教学型大学一般指普通本科院校，以培养本科毕业生为主。社区服务型大学主要是指高职高专教育，即高等职业技术教育学校和高等专科教育学校两类①。

大学图书馆，从根本上说，是一个学术性的服务机构，要服从学校教学安排需要。根据学校性质、专业设置和培养目标的不同，各类型大学图书馆也会有各具特色的工作任务。同时，随着整个社会信息大环境的发展和变化，以及学校不同发展阶段教学和科研任务要求，大学图书馆的任务也在适时进行调整。

2.2 传统大学图书馆

吴慰慈在《图书馆学概论》（1985）中提出："图书馆是搜集、整理、保管和利用书刊资料，为一定社会的政治、经济服务的文化教育机构"②。这个定义反映了二十世纪 90 年代以前人们对图书馆的认识，它是对传统图书馆本质的概括。传统大学图书馆主要指的是一个物理实体，一般是指拥有独立馆

---

① 刘广明. 大学类型与教师智能结构的发展［J］. 高校教育管理，2007（1）：54 – 58
② 吴慰慈. 图书馆学概论［M］. 北京：北京图书馆出版社，1985

舍和丰富藏书、由工作人员管理并提供服务的场所。从某种程度上讲，它是收集、整理、保存、传递纸质文献的社会文化教育机构，通过大学图书馆的工作人员，利用各种馆藏书刊，为本校师生提供服务，服务的具体方式主要有以下几种：图书的外借服务、书刊的阅览服务、咨询服务等。

业内通常所说的传统大学图书馆，是相对而言的，主要是区别于借助于网络的数字图书馆、电子图书馆，泛指以提供印刷型文献服务为主的手工图书馆和自动化图书馆[①]。

2.2.1 资源建设

2.2.1.1 特点

大学图书馆的馆藏文献资源内容专深、学科性强，外文书刊资料的比重较大，与其他类型图书馆的馆藏资源截然不同。它以学校的专业设置、教学计划、教学大纲、科学研究计划、师资培养计划为依据，基本遵循专业文献全面系统收藏，一般文献适当收藏的原则。

图书馆是建立在馆藏资源的基础上，一个图书馆规模及发展的好坏，一定程度上是由其馆藏资源决定的。馆藏资源建设上，传统大学图书馆有以下特点。

（1）馆藏以纸质印刷文献和部分实体文献为主

各大学图书馆根据本校的专业设置，重点收藏与本校专业、课程设置及科研有关的专业文献信息资源，选择性地收藏各种必备的业余与课外阅读用文献信息资源。这一时期，大学图书馆主要以纸质印刷文献和部分实体文献为馆藏主体，极少电子资源，极个别有光盘文献收藏。

以前判断图书馆优劣主要是通过馆藏量多少来判断，这样的判断标准会出现一些弊端，如图书馆一味追求馆藏数量，而忽略了馆藏空间有限，或购书经费不足等问题，有些图书馆盲目追求馆藏，而忽略了利用率问题，导致图书无人阅读，反而影响了馆藏质量[②]。

（2）文献采编方式较为封闭落后

多年来，传统大学图书馆基本通过征订新书目录的方式进行图书资料采购，即通过对新书书目进行分析、比较、判别，选定需要采集的图书，然后

---

① 俞芙蓉. 传统图书馆转型的思考［J］. 图书馆论坛，2001，Vol. 21（3）：15 – 17.
② 沈蓉. 网络环境下高校图书馆传统服务方式的转变［J］. 科学咨询，2006（8）：38 – 39

通过新华书店或图书进出口公司渠道购得图书。另外还通过参加一些相关类型的图书展览会来收集所需文献资料。其程序繁琐，需要投入很大精力及人工劳动才能完成。

对到馆文献资料的登记、整理、加工也大多是在封闭状态下采用手工操作方式，缺乏标准和规范，工作难免随意性。图书的分类和编目受工作人员个体水平影响较大，时常会有同类图书因人而分到不同类别的现象。另外，编制和打印卡片目录占据较大分编工作量，每本图书分编投入的人工成本较大。

（3）尚未形成各馆资源联合采购规模化局面

图书馆资源联合采购，虽古已有之，但由于意识形态还处于较为落后的状态，所以还没有形成各大学图书馆资源大规模联合采购的局面，各馆还是习惯于各自为政。

购书经费虽然每年有所递增，但始终不抵文献数量和图书价格上涨的速度。在经费有限条件下，各大学图书馆资源建设的基本原则大都是以重点学科图书或期刊作为馆藏重点。这样做的后果是各图书馆均集中购买其中某些图书或期刊，造成重复馆藏、少藏、缺藏等问题[①]。

传统大学图书馆的馆藏资源建设是在不同的教学科研需求中积累基础上发展起来的，因而不同的大学图书馆馆藏各具特色，各有重点。

2.2.1.2　存在问题

（1）资源购置经费不足

教育部对高校图书馆经费比例有相关规定，但现实是却很难达到这种经费比例。大多数高校的资源购置经费增长幅度缓慢，甚至多年经费一成不变；而文献出版数量却在与日俱增，书刊价格也在逐年大幅度上涨。经费不足直接导致了大学图书馆资源采购量减少，更为严重的是，随着文献资源逐渐老化，图书馆的文献保障率也随之大大降低。

（2）各大学图书馆间缺乏资源采购协调

曾经有一段时间，我国高校图书馆的文献资源建设各自为政，各馆仅仅考虑到自我资源的保障，和其他学校图书馆之间的横向联系极为有限，各馆的馆藏协调长期处于一种局部、松散、不稳定的状态，缺乏统一的分工协调和有组织的整体化建设。

---

① 王哲．网络环境对我国高校图书馆的影响与对策［J］．改革与开放，2012（12）：189

信息技术的飞速发展及文献信息量的迅猛增长，任何一所大学图书馆都无法把出版的各学科文献收集齐全，其弊端日渐严重。一方面是经费短缺而文献资源重复购置，另一方面由于文献保障率和馆藏利用率逐年下降，教学科研人员认为图书馆无法满足其教学和科研所需文献资源，出现了"远离"图书馆的现象。

（3）资源采访体制落后

传统的采访体制一直在多数大学图书馆延续，采访部门按文献或载体类型设置采访人员，图书、期刊、电子文献分别由不同的采购人员负责。

如此一来就割裂了学科信息，导致了采访人员把握学科信息不完整、不准确。面对海量的文献资源，这种采访模式容易造成顾此失彼局面，出现某些学科、专业"有书无人读或要读没有书"的资源保障失调。这种包揽式的采访模式难以实现文献资源建设的完整性和专业性，不利于形成完善的学科文献保障体系①。

（4）馆藏文献资源利用率偏低

虽然大学图书馆的文献资源在数量上不断增加，但由于文献资源的质量不稳定，以及图书馆在计算机等各方面的发展跟不上，这也使得大学图书馆的文献资源利用不起来。

这样表现为：一方面，无法满足师生的各种文献需求，纷纷抱怨图书馆书刊陈旧、没有专业文献，远离本校图书馆，或到其他信息机构寻找资源；另一方面，本校图书馆的资源利用率低，花钱购置的资源得不到有效利用，少人问津，造成浪费②。

2.2.2　读者服务

大学图书馆的读者服务主要在本校范围内进行，是利用图书馆的资源为本校读者提供信息资源及文献资源的服务行为。长期以来，传统大学图书馆的服务工作一直是一种面向资源的服务，它围绕着馆藏而展开，提供的是以馆藏资源为主体的文献实体，服务方式多是被动的封闭式服务，服务主要是书刊的借还、实体文献的查检、简单的参考咨询等形式。

---

①　曹醒东．对当前高校图书馆文献资源建设的思考［J］．科学之友（B版），2007（9）：81－82
②　宋玉艳，衣健铭．高校图书馆文献资源建设中存在的问题及对策［J］．吉林师范大学学报（人文社会科学版），2010（2）：106－108

2.2.2.1　特点

传统大学图书馆馆藏主要以纸质文献为主,在图书馆实体内通过纸质载体文献进行文献提供服务,服务对象基本是本校师生员工,服务观念较为陈旧,服务模式相对单一,服务方法简单。这一时期的服务主要有以下几个特点①:

(1) 服务对象单一,服务范围狭窄

传统大学图书馆的服务对象主要是学校的师生员工,图书馆通过提供图书资料及其他载体信息及各种设备为其服务。

由于传统大学图书馆在发展过程中与社会接触较少,并受到所属大学管理体制的严格限制,处于一种相对封闭状态;加上购书经费有限,资源基本按本校教学科研需求购置。故而服务对象和范围都受到限制,不能无节制地满足非本校读者的需求。

(2) 服务方式被动

传统大学图书馆提供的基本服务主要包括:书刊借阅、阅读辅导、参考咨询、用户教育等,由于大学管理机制、购书经费、工作人员业务水平及技术设备的因素的限制,服务有许多局限性。

这一时期的服务是以图书馆提供为主,服务范围主要是控制在图书馆内,以图书馆所收馆藏来提供服务,大多是坐等读者上门的被动服务方式。久而久之,图书馆的服务就欠缺了主动精神。

(3) 服务层次和水平偏低

传统大学图书馆以收藏、加工、保存纸质载体为主,服务基本是为读者提供一次文献,包括图书、报纸、期刊等。很少做文献信息深加工服务,仅偶尔提供专题文献,只能解决读者一般性的咨询问题。

(4) 文献管理方式落后

传统大学图书馆的工作人员从书刊的采访、编目、加工到入库、排架、管理大都采用手工操作方式,工作内容琐碎,多为重复性、大强度劳动。而判断服务工作的好坏,是以处理图书的借还数量为主要标准,这种落后的文献管理方式很大程度上制约了高层次服务的开展。

---

① 唐晓应. 现代高校图书馆服务职能研究－以高等职业院校为例 [D]. 长沙:湖南师范大学,2007

2.2.2.2　基本服务方式

传统大学图书馆的服务基本围绕着纸质文献和图书馆馆舍展开，被动等待读者上门寻求服务。通常有以下服务方式：

（1）馆内阅览服务

图书馆建立阅览室为读者提供图书阅览服务，然后通过对藏书进行分类整理，读者可以到阅览室内进行阅览，是传统大学图书馆最基本、最常规的服务方式。在阅览室内，陈放各种书刊资料、书目索引和参考工具书，可为读者提供良好的阅读环境和设备，方便读者使用各种书刊资料。

以读者阅览时所接触文献的形式不同，阅览方式可分为闭架、半开架、开架三种。一个阅览室采用何种阅览方式，主要由阅览室的特点、文献类型、读者需求及图书馆组织管理等方面决定。此外，阅览室的种类很多，有其特定的作用，根据读者不同需求设立各类阅览室，如工具书阅览室、期刊阅览室、库本阅览室等。

（2）书刊外借服务

在传统类型大学图书馆当中，外借服务是满足读者将部分藏书借出馆外自由阅读的服务，这是最基本和最普遍的工作方式。凡是大学正式注册的本专科生、研究生，正式在编的教职员工都可以正常办理借书证，同时，在外文文献的藏书库也可以选择所需要的外文文献借出利用。

借阅书刊服务是图书馆最基础的服务，对用户提供了加大的方便，受到广大读者欢迎。大学图书馆的外借服务由于读者身份不同，外借书刊的数量和时间也会有所不同；学生一旦离校，其借书证自然失效。

（3）文献复制服务

复制服务是以文献复制为手段，提供流通和使用文献资料的一种服务方式。如今，大学图书馆内大都设有复印室，读者查找到所需文献资料，办理借出手续或获得允许，到文献复印室进行文献复制。遵照相关版权法的规定，图书馆不允许读者整本复印文献。

文献复制服务是图书馆向读者直接提供书刊资料的一种方式，开展此项服务，提高了大学图书馆馆藏文献的利用率，开发了文献利用深度，满足了读者对特定文献的需求。

（4）阅读辅导服务

无论新老读者，都不能完全知晓图书馆的资源和服务情况，这就要求图书馆能为读者开展一些阅读辅导服务，以帮助读者顺利查找所需文献，充分利用图书馆馆藏资源，支持其教学和研究。

传统大学图书馆的阅读辅导主要包括：一是辅导读者利用图书馆，向读者介绍图书馆的借书规则、方法等；二是辅导读者使用图书馆目录、参考工具书等；三是阅读指导，包括阅读内容的指导和阅读方法的指导。

（5）参考咨询

参考咨询是图书馆在读者查找和利用文献方面提供的帮助服务，图书馆主要以协助检索、解答咨询、专题文献报道和信息检索等方式向读者提供事实、数据和文献线索，它是传统大学图书馆非常重要的日常服务工作。

参考咨询服务经常处理的问题包括：图书馆使用过程的问题；读者工作学习中遇到的如统计资料、历史事实、人物、事件等。处理这类问题时，馆员往往需要在很短时间内，迅速从浩如烟海的各类文献中查出读者需要的信息，并加以分析综合后提供给读者；有些图书馆也承担一些较复杂的文献查询或调研任务，如具体课题的文献检索和文献综述等。

（6）读者教育

读者教育是大学图书馆开发利用文献资源，实现其教育职能而开展的一项重要工作。读者教育的主要目的是培养读者的信息素质，提高读者的信息意识和信息能力，以及对图书馆的认知，帮助读者有效利用图书馆的信息资源。

读者教育的主要形式有参观图书馆、图书馆基本知识和基本检索技能培训、开设专题讲座、开设文献检索课等。开展读者教育服务可以帮助读者提高学习研究能力，从某种程度上体现了图书馆的教育职能，还可以提高图书馆的业务工作水平。

2.2.3　技术应用

信息技术是图书馆发展不可或缺的要素之一，有人甚至认为信息技术是推动图书馆进步的根本力量。信息技术的发展变化，导致了图书馆的产生，也必然导致图书馆的革命。信息技术，尤其是新技术的应用，是图书馆界普遍关注的问题。

在急剧增长的文献数量以及读者迫切对知识信息渴求的状况下，传统手工操作服务方式已经无法适应工作的需要，图书馆引进并应用相关新技术迫在眉睫。

2.2.3.1　电子计算机及自动化技术

传统大学图书馆从书刊的采访、编目、加工到入库、排架、管理，大都靠工作人员手工完成，工作繁琐，效率低下、重复性高。随着文献资源的不断增长，这种手工操作方式越来越不适应工作的要求，也无法及时、有效满足读者的信息需求。解决这种情况迫切需要一种新兴技术，能大大提高工作效率和工作质量，把图书馆工作人员从繁琐、枯燥的劳动中解放出来。电子计算机技术正是这样一种可以大幅度提高工作人员效率的新兴技术。

电子计算机技术在图书馆现代技术中处于主导和核心地位。计算机技术引入图书馆，使得图书馆业务工作中的文献采购、编目、流通、检索、出版物管理等工作，都可通过计算机操作实现，不同程度地摆脱了手工操作方式，极大地提高了各项业务工作的效率和质量。

这一时期，许多大学图书馆纷纷在不同程度上将计算机应用于图书的采、编、流通及行政管理等方面，逐渐形成一套完整的图书馆自动化管理系统。计算机对图书馆工作中的信息、人、技术、资金等进行统一、综合、集约化管理，避免了大量重复劳动，方便了读者和馆员。如读者可以直接从计算机终端检索到图书馆的馆藏信息，而不必像过去那样手工检索大量卡片目录，节约了检索时间，提高了检索效率①。

2.2.3.2　存储技术

随着网络技术的发展，用户的信息需求越来越高，文献信息演变成图书馆主要的采购存储信息，图书馆必须通过为读者提供类型更加多样、质量更高的馆藏来满足读者的多种需求。而传统大学图书馆的馆藏以印刷出版物为主，有容量小、出版速度慢、占物理空间大等缺点，无法适应发展的要求。这就要求图书馆找到存储容量大、性能稳定、价位合适的载体来承载高速增长的信息数量与要求。

存储技术具有大容量、高速度和价格低廉等优点，成为图书馆资源的新型载体，达到了图书馆要求的存储数量大、功能全等要求。存储在磁盘、磁带和光盘上的电子出版物是突破传统模式的出版物，如录像带、录音带、激光声像盘和缩微品等，逐渐成为图书馆的新馆藏。可以说，存储技术扩大了图书馆的信息存储量，并大大节约了存储空间，提高了文献的输出、输入和检索速度。

2.2.3.3　多媒体技术

新技术革命的发展，大学图书馆传统模式以印刷和手工服务为主的服务

---

①　陈喜沾.论现代信息技术对图书馆的影响及对策［J］.大众科技，2005（9）：231－233

体系很难再应付现代图书馆用户的真正需求。同时，电脑和网络服务与图书馆的编目、采访、流通、咨询检索的结合应用，大大加强了大学图书馆网络智能化办公。但是，电脑网络也有一定的局限性，图书馆用户使用网络化操作却失去了其最自然和最习惯的感觉和方式。

图书馆用户在使用网络时，传统的单一性文字表述显得比较单调，在网络的条件下，可以在文字基础上加以视频和图片，使得图书馆提供的资源信息更加多维化，形声并茂地描述准确的信息，同时，用户也充分感受到了信息内容，更容易记忆和理解，并带有娱乐性。多媒体技术融合了音频、视频和通信等技术于一体，在计算机环境下，充分显现出知识内容，图书馆用户全方位体验到信息服务，这种模式尤其受到年轻用户的欢迎[1]。

总之，新传播方式的使用对图书馆服务模式的进步有着重要影响，原来的传统印刷及手工服务模式等一些机械化手段已经不再完全适用现代用户的需求，计算机网络应用于图书馆，采访、编目、流通和参考服务等图书馆业务工作则实现了自动化的运作。在未来，相信会有更先进的新技术和新方法应用于图书馆业务工作当中[2]。

2.3　大学图书馆的转型及功能演变

以互联网为代表的现代信息技术的出现，数字馆藏、虚拟馆藏已成为一些传统图书馆的现实选择，并且被许多人认为是传统图书馆转型的标志[3]。但传统大学图书馆的变革，不仅是馆藏资源类型的改变和网络信息技术的简单应用，而是图书馆核心服务理念的转变，这种变革是全方位、多层面的，促使传统大学图书馆全面转型。

2.3.1　大学图书馆的转型

大学图书馆转型有其客观现实的要求和相关历史背景，同时，转型也为大学图书馆带来了更多发展机遇。

2.3.1.1　转型的因素

大学图书馆作为高校的辅助机构，主要定位于为教学与科研服务，基本

①　范青. 图书馆与多媒体技术［J］. 图书与情报，1995（3）：45–46，41
②　高洁. 传统图书馆在数字图书馆冲击下的生存与变革［J］. 津图学刊，2002（1）：20–21
③　俞芙蓉. 传统图书馆转型的思考［J］. 图书馆论坛，2001，Vol. 21（3）：15–17.

功能包括信息的生产、储存与传播以及教育功能等，且在其发展的不同历史时期，这些功能都没有实质性的变化①。但是在当今知识经济和信息化社会环境下，科学技术飞速发展，随着信息载体的数字化、智能化以及信息传输的全球化、网络化，人们获取信息的途径和手段发生了巨大变化。诸多因素，既是对大学图书馆的挑战，也在很大程度上推动了大学图书馆的发展与转变。

（1）信息技术在图书馆广泛应用

传统图书馆从资源的采购、加工到提供服务，主要依赖手工方式提供读者服务。以计算机技术为核心的现代信息技术的发展极大地促进了图书馆的转型。随着信息技术的发展，计算机及自动化技术普遍应用于图书馆，实现了图书馆资源采购、编目和阅览服务的自动化，在提高工作效率的同时，更是极大地实现了读者服务的便捷性。更进一步，一系列信息技术，诸如存储技术、多媒体技术、数据挖掘分析技术和版权管理技术等的应用，使得图书馆在传统服务功能基础上，焕发出新的活力，能够实现功能拓展和创新。

（2）互联网飞速发展

传统图书馆信息收集、加工和服务的职能，也因互联网的出现和发展出现重大变化。互联网的发展，使用户获取信息的场所和渠道从实体图书馆馆舍，扩展到无线广域的互联网世界，这一变化，一方面使得大学图书馆的信息服务有了更为便捷通道，同时也促进了图书馆的信息交流和资源共享，使图书馆能够实现从资源收藏馆到信息传播中心的转变。

（3）其他信息机构冲击

现代信息技术的日益成熟和互联网的迅速普及，使我国信息产业迅速崛起，涌现出一批商业化的信息服务机构，凭借强大的资金和高素质的人才，在信息服务领域形成较大优势，渐渐融入了社会和生活的各个领域，其信息产品对图书馆的信息服务造成不同程度冲击。在此环境下，大学图书馆如果不能自我变革，在信息产品和服务方式上及时调整发展策略，就会有被商业信息服务机构弱化的危险，"图书馆消亡论"也可能不是危言耸听。

（4）学校教学科研的发展需求

从二十世纪九十年代开始，随着我国在高等教育政策的调整和投入的增加，高等教育整体水平有了显著提升，高校以"与世界一流大学接轨"为发展目标，更加注重和强化学科建设和科研工作。面对学校在教学科研等方面的发展变化，大学图书馆传统的"守候式"服务理念已不再适应学校教学科

①　李海兰.高校图书馆功能转型探析［J］.中国成人教育，2008（9）：78-79.

研工作的需求，其服务功能、组织结构和运行机制等都面临着挑战。

挑战与机遇并存。面对挑战，大学图书馆面临选择：是继续依靠学校基本经费拨付、维持满足教学基本需求的传统服务；还是充分利用信息化大环境的变化，顺应时代要求，创新服务理念，切实为教学科研服务，实现大学图书馆的真正转型。答案是显然的，面临着严峻的挑战，大学图书馆必须要改变传统的服务方式和服务功能，满足教学科研对知识信息的需求。正如柯平教授所指出："传统图书馆由于其体制、软硬件条件、工作内容与方式的不适应无法实施知识管理，转型是一种必然趋势"①。

2.3.1.2　转型产生的变革

随着现代信息技术的迅猛发展，全球化网络化浪潮的兴起，一个以计算机技术、网络通讯技术为主要信息传输载体的社会基础设施新环境已经在我国形成。大学图书馆发展所面对的社会环境发生了巨大变化，随着以 CD - ROM 为代表的电子出版物、以 Internet 为代表的计算机网络信息资源出现并在图书馆各项工作中广泛应用，大学图书馆的传统功能受到严峻挑战，发生了深刻变革。

（1）资源建设的变革

计算机网络带来的变革对图书馆的资源建设产生了巨大的影响，同时也伴随着问题和新的挑战。

1）馆藏结构发生了改变

随着网络的飞速发展，大学图书馆的馆藏结构发生了巨大的变化，从以静止的固定的物理实体，逐渐发展成为提供数字化、虚拟服务的馆藏结构。在这种情况下，电子信息资源的使用愈发受到重视。

2）资源采购来源增多

图书馆的采购途径从传统的采买扩展到网络购买，购书网站和商业公司纷纷涌现，使得大学图书馆的资源采购渠道大大拓宽。

3）信息资源实现共享

网络环境下，图书馆购买的资源可以实现共享合作，形成互为补充的信息资源保障体系。除了资源采购的协调和合作，还可在网上实现信息检索、传递，使得各图书馆的馆藏资源得到充分利用，馆藏资源价值得到最大体现。

---

① 柯平．图书馆知识管理的发展方向［J］．图书情报工作，2010（9）：5 - 8，13

4）资源购置经费使用效益得以提高

多年来，大学图书馆一直面临购书经费短缺的难题。在馆藏资源建设中，各图书馆即要满足读者对常用文献的大量需求，也要考虑读者偶然的特殊需求，入藏那些较少使用的资源，经费的使用总是捉襟见肘。在网络信息环境中，这种状况得到了极大改善。借助网络技术，图书馆可以便捷地从世界各地获取或共享信息资源，馆藏资源建设不必再求大而全，只需将有限的经费购置本馆最常用、最符合学科需求的资源即可，其他信息需求则通过网络资源或资源共享方式得到满足，这就大大提高了资源购置经费的使用效益①。

（2）信息服务的变革

1）主动服务取代被动服务

传统类型的大学图书馆服务是被动的，没有现代化的推送服务，等待用户上门图书馆，然后根据用户要求为其提供借阅服务，内容主要是纸质的文献资源。但经常因为纸质资源的馆藏复本量不足有拒借现象出现。

网络信息资源的出现，改变了图书馆的馆藏资源结构，用户对服务的需求更是发生巨大的变革。通常状况下，用户更加喜欢网络化资源，他们需要图书馆能够帮助查找或者推荐符合需要的网络资源。显然，传统的资源类型和服务方式已经落后于时代的变化，无法满足用户对信息资源的深层次需求。面对变化和挑战，图书馆必须从根本上改变服务机制和运转方式，变被动服务为主动服务，以新的服务方式满足用户新的需求，只有这样才能生存和发展下去。

2）服务范围拓宽，服务形式多样

传统大学图书馆受制于物质条件和自身体制，受到传统文献传递范围的制约，在现代网络下，资源经过采集、加工、组织到提供服务，都以新的方式组织、选择和管理，形成了辐射型的开放服务系统。大学图书馆的服务范围由局限于馆内向远程发展，用户在网上可以获得多个图书馆的服务。服务的形式也多种多样，如联机目录查询、馆际互借、远程检索、远程登录、网上咨询等，传统的服务范围和方式得以大大拓展。

3）服务内容增加，提供深度服务

我国大学图书馆的服务工作有了长足进步，逐渐转移到以知识开发为主、向用户提供知识信息的服务②。大学图书馆始终将用户作为服务重点，从根本

① 王哲．网络环境对我国高校图书馆的影响与对策［D］．长春：东北师范大学，2007
② 王哲．网络环境对我国高校图书馆的影响与对策［D］．长春：东北师范大学，2007

上克服传统服务方式的限制，进一步拓展服务内容，对信息进行深化加工，开展深层次服务，如代查找、代检索、代翻译、专题服务等。

（3）业务管理工作的变革

2000 年以后，随着网络化的迅速发展，大学图书馆改变了传统的服务模式和服务内容。对大学图书馆而言，业务工作越来越离不开计算机及相关信息设备的辅助，传统大学图书馆呈现出了网络化、信息化、智能化和社会化的特征。

在新的发展环境下，很多大学图书馆在网络技术推动下，对馆藏书刊回溯编目建立书目数据库，促成图书馆自动化管理的实现，完成了书刊采、编、用的自动化。国内大多数图书馆采用统一标准的编目格式，为数据资源共享提供了基础，用户可以在网上查找各馆的书目信息等。同时，还利用图书馆自动化管理系统提供网上预约借书、催还图书和推荐新书等服务，使流通服务工作更加便捷、更具人性化。

相较于传统的人工方式，信息技术改善了大学图书馆的工作流程，改进了大学图书馆的业务管理。

2.3.2　大学图书馆的功能演变

大学图书馆的服务范围、服务对象和服务环境在发生变化，其功能正发生着深刻而迅速的演变，正在朝着多元化方向发展。

2.3.2.1　知识信息中心

大学图书馆已成为学校的信息中心，随着学校学科建设的深入，得高校师生已经不再满足于图书馆简单的书刊借阅和文献提供服务。大学图书馆纷纷利用现代化技术手段，在信息资源的建设与开发、信息产品的研制和加工、信息服务方法的运用、用户需求的挖掘和满足等各个方面进行创新，根据师生在获得知识、进行知识创新时的信息和知识诉求，辅助他们检索、组织、解析所需知识，实现由信息资源提供向知识产品提供的演变。

大学图书馆在资源、技术、人员、专业性和科学性、知识传播的可靠性和无偿性等方面的优势，是其他机构无法比拟的。随着数字化馆藏的普及、电子阅览室的建立、数字化服务、网络咨询服务的开展，大学图书馆在发挥传统功能基础上，拓展新功能，实现了向知识信息传播中心的重要演变。

2.3.2.2　学习中心

大学图书馆作为学校重要的教辅部门，在提供信息服务的同时，也积极为学生创造良好的学习环境，同时配合教学部门提高学生的自主学习能力。信息技术和设备在大学图书馆的广泛应用，恰好为图书馆利用现代技术为学生创造良好学习环境，开展自主学习提供了良好条件。

近年来，高校对图书馆馆舍硬件的投入力度加大，新图书馆已经成了各大学的特色建筑，馆内设施设备更是愈加完备，为师生提供了各种学习空间。图书馆成了学生选择学习场所的首选。

同时，大学图书馆的网络学术资源及电子出版物不断增加，加上各馆自建特色数字资源及传统文献资源的数字化，数字资源已逐渐成为大学图书馆的重要资源。电子资源内容丰富，易于检索，较之纸质资源的一项优势就是，任何校内用户都可以通过图书馆网页方便地实现资源检索和获取，这给自主学习提供了极大的方便。网络环境下，大学图书馆的主页就成了满足用户自主学习的最佳途径。同时，图书馆进一步加强对用户的信息素质教育，通过制定系统的教学计划，针对用户利用图书馆的问题安排培训内容，开展各种形式的培训，使用户熟练掌握中外文数据库和网络资源的获取方法。

2.3.2.3 文化艺术中心

与传统图书馆主要以藏书为主不同，现代图书馆更强调以人为本的发展理念。现代大学图书馆从设计到布局再到服务举措，都在积极增加图书馆的艺术功能、文化功能，着力将图书馆的纯物理空间转化成为文化艺术空间，通过举办展览、文化沙龙、艺术鉴赏、休闲品读等活动，展现图书馆更加人文、人性化的一面。

近年来，很多大学图书馆都非常注重组织和营造馆内文化艺术氛围，体现图书馆"以人为本、多元服务"的理念，增加图书馆对读者，特别是青年学生的吸引力，引导当代大学生建立健康有益的艺术鉴赏能力，增强文化修养，提高综合素质。

2.3.2.4 科研辅助功能

信息资源在科技创新中起到举足轻重的作用，创新主体对信息的依赖程度也越来越高。大学图书馆是高校重要的文献资源与信息服务平台，拥有科技创新的大量基础性资源，能够通过知识和信息资源的供给激发高校科技创新。同时，大学图书馆在提高科研创新能力方面作用显著，提供的相关服务可以对教学科研起到支持作用①。

同时，近年来大学图书馆积极参与到高校维护学术诚信、防治学术不端行为的工作中，并发挥了重要作用，开展了很多辅助学校进行科研成果考评的工作②。例如：为教师及科研人员提供科技查新服务；为教师及科研管理部门提供可疑科研成果鉴别、检测服务；为教师及科研管理部门提供科研论文剽窃检测服务；为教师及学校科研管理人员提供学科专业数据库及其他资源的检索利用培训；积极开展学术道德教育讲座、主题活动等等。

2.3.2.5 社会服务功能

大学图书馆是高等教育资源的重要组成部分，也正在逐渐成为社区信息服务中心。除了发挥大学图书馆的基本功能外，还增加了很多其他功能。首先，大学图书逐渐融入社会化的网络教育环境，发挥高校知识资源优势，支持知识传播，建设学习型社会。其次，在智能网络教育平台的环境下，大学图书馆为知识型社会提供了大量知识储备③。

大学图书馆提升社会服务功能不仅是时代和社会发展的需要，也是自身可持续性发展的需要。大学图书馆服务功能的拓展，一方面有助于充分发挥大学图书馆的信息资源优势，另一方面也有助于实现社会的信息资源共享，提高全民族整体文化水平，为建设民主和谐社会作出贡献。

2.4 大学图书馆的变革

转型中和转型后的大学图书馆，其功能和角色发生了诸多演变；同时，数字资源环境、泛在知识环境和云服务技术等也对大学图书馆产生了重要影响，使图书馆悄然之间发生诸多变化。

2.4.1 数字环境下的大学图书馆变革

随着现代通信技术、信息技术的快速发展，传统图书馆开始进入到网络化、数字化的新阶段。数字化环境下，大学图书馆有了全新的发展目标，努

① 晁蓉. 高校图书馆对高校科技创新支持功能的资源内涵 [J]. 现代情报, 2007, 27 (11)：173-175.

② 崔林. 防治学术不端 维护学术诚信——网络时代高校图书馆功能的新拓展 [J]. 图书馆建设, 2010 (8)：67-70.

③ 李海兰. 高校图书馆在社区教育中的功能定位 [J]. 中国成人教育, 2008 (2)：75

力通过实施一系列创新服务提高图书馆的服务能力。

2.4.1.1　向复合图书馆方向发展

1996 年由美国图书馆学家苏顿（S. Stltton）最早提出了复合图书馆的概念，他在《未来的服务模式与功能的融合：作为技术人员、著作者和咨询员的参考馆员》文章提出，图书馆的发展经历了传统图书馆、自动化图书馆、复合图书馆和数字图书馆等四种形态。同时他认为：复合图书馆可以实现传统馆藏与数字馆藏的并存①。此观点迅速得到同行的认可，之后国内外学者对复合图书馆的研究和讨论逐渐形成共识：复合图书馆能够很好地将传统图书馆和数字图书馆结合，为用户提供一体化服务。传统型和数字型图书馆融合势在必然，复合型图书馆是今后的发展趋势②。

当今的大学图书馆，其馆藏资源已基本达到实体馆藏（包括纸质文献、缩微品、视听资料、电子出版物等）和虚拟馆藏（主要包括网络数据库或网络信息资源）1：1 的比例，同时，借助先进信息技术开展了集多种传统服务和现代信息服务优势的多元化服务。可以说，在数字环境下，大学图书馆的发展已开始进入复合图书馆阶段。

2.4.1.2　要构建图书馆核心竞争力

图书馆核心竞争力这一概念是从企业核心竞争力引申出来的，它是维持图书馆长久存在和保障图书馆发展的独特能力，主要包括四个要素：资源、能力、管理和核心专长。

随着现代信息技术快速发展，数字化信息越来越丰富，用户可以通过多种渠道获取所需的信息，对图书馆的依赖逐渐减弱，图书馆与其他信息服务机构的竞争加剧。在这种形势下，大学图书馆需合理配置馆藏资源，提高自身的核心竞争力，实现资源的可持续发展。

大学图书馆核心竞争力的基础是其拥有丰富独特的文献信息资源，优势在于拥有相对稳定和封闭的用户群（高校师生）和高水平的服务队伍。

构建大学图书馆的核心竞争力可从如下方面入手。

（1）不断丰富和积累馆藏资源。大学图书馆要提高核心竞争力，需具有与众不同的、特色的馆藏资源。建设特色信息资源，要做到人无我有，人有

---

① Sutton S. Future service models and the convergence of functions: the reference librarian as technician, author and consaltant [M]. New York: Haworth Press, 1996.

② 初景利等. 复合图书馆理论与方法 [M]. 上海：上海交通大学出版社，2009

我精，由图书馆服务对象、大学特点、专业设置等，定位馆藏重点。

（2）以创新能力打造大学图书馆核心竞争力。大学图书馆的创新包括：服务理念创新（增强服务理念，创新服务意识）、管理创新（制度创新、组织创新等）、技术创新（将计算机技术、网络技术、多媒体技术等应用于图书馆加以创新）[①]。

（3）开发建设专业的人才队伍。核心竞争力属于知识范畴，而知识作为一种特殊的资源，人是其重要载体。大学图书馆核心竞争力的关键因素是拥有掌握知识的高素质人力资源，这是大学图书书馆建立自身优势的重要保障。因此，大学图书馆需要重视人才培养，图书馆服务的不断提升需要确保人力资源的有效开发利用。

（4）改善和优化管理制度，构造现代大学图书馆管理模式。先进的管理体制、科学的管理模式是实现管理创新并籍以提升大学图书馆核心竞争力的有力保障；确立恰当的服务理念并准确定位、建立健全学科馆员制度、开展学科知识服务等则是具体实施措施。

2.4.1.3　要实现服务创新

数字化技术、信息技术的发展日新月异，使得数字化信息环境也在不断变化，高校师生的工作、学习和生活方式都发生了重大改变，用户自我服务的意愿和能力不断提高，信息需求也随之在不断变化，希望图书馆能够开展更具针对性的个性化服务，以及提供高质量、深层次的信息服务。以上种种变化要求大学图书馆必须建立新的管理与服务理念，不断创新，提高服务水平。

（1）开发特色资源。可通过建设特色馆藏数据库、学科专业数据库，完善网络信息资源导航等方式实现。

（2）提供个性化学科信息服务。通过多种途径了解用户教学和科研的信息需求及研究方向，有目的地为用户提供咨询服务，并开展重点课题和研究项目的跟踪服务。

（3）提供深层次信息服务。要在提供传统文献服务的基础上，针对学校的专业设置和教师、学生等用户的特定需求，开发"综述"、"述评"、"研究报告"等深层次信息增值产品，尽可能以知识信息满足教学科研的需要。

---

① 李仲良. 数字化环境下如何打造高校图书馆的核心竞争力 [J]. 情报理论与实践, 2009, 32 (2)：75 – 78.

2.4.2　泛在知识环境下的大学图书馆变革

泛在知识环境一词是 2003 年召开的"后数字图书馆的未来"研讨会上提出。泛在知识环境是指一个普遍的、无处不在的数字资源环境。未来的数字图书馆，将朝着能为用户提供泛在的知识环境方向发展，在学术传播方面起到越来越大的作用①。

2.4.2.1　泛在知识环境对大学图书馆的影响

泛在知识环境影响下，图书馆的资源建设和用户服务都发生了较大变化。

（1）整合泛在化的数字资源

信息服务在大学图书馆得以开展的基础就是资源。泛在知识环境下，图书馆能够形成一个融数字资源、开放存取资源和网络资源为一体的资源保障体系②。同时充分利用网络工具，建立检索平台和资源导航，为用户提供使用者在全方位的服务。

（2）提供多样化学科服务

泛在知识环境下，用户的信息需求多样化、广泛化，图书馆则要提供更加多样性和开放性的服务。同时打破时空限制，随时随地满足用户的信息需求。泛在知识环境下的学科服务，可以把学科馆员的整理工作、信息收集工作、分析及优化工作融入到使用者的教学科研工作之中③，使服务融入科研教学一线，无处不在。

（3）实现泛在服务

泛在知识环境要求图书馆服务也是无处不在。随着移动技术的发展，各种便携式移动设备（智能手机、PAD、MP3 等）被广泛使用，电信部门的移动泛在业务更是对图书馆的服务内容及服务手段产生了深刻影响。大学图书馆可以充分利用移动图书馆平台，实现学科服务泛在化，课题检索、科技查新服务泛在化，利用手机的定位服务功能开展定向信息跟踪服务（DITS，directional information tracking service）④。

---

① 郭瑞芳. 泛在知识环境下高校图书馆信息资源的构建［J］. 情报资料工作，2010（4）：55-58
② 杨灵芝. 泛在环境下图书馆服务创新研究［J］. 情报科学，2012（3）：347-351
③ 刘小景. 泛在图书馆理念下的图书馆移动信息服务研究［J］. 图书情报，2011（5）：72-74
④ 陈雅，李文文，郑建明. 泛在知识环境下我国高校数字图书馆集成服务平台构建［J］. 情报科学，2011，29（11）：1605-1607，1120

2.4.2.2　学科服务的嵌入式发展

泛在知识环境下，大学图书馆有两种存在行式，一种是物理实体馆舍，另一种是网络虚拟空间。借助这样的环境，大学图书馆可以开展多种形式的嵌入型学科服务①。

（1）依托实体空间的嵌入式服务

第一种是信息共享空间（Information Commons，简称 IC）。信息共享空间具有各种各样的形式，包括信息咨询台、小组学习室、电子阅览室等。用户利用信息共享空间可以独立开展学习活动，也可以和学科馆员一起进入空间并得到相关优质服务，从而提高其检索、获取信息资源的能力。目前，大部分"985"或"211"大学图书馆和港台大学图书馆都提供有不同形式的信息共享空间。

第二种是信息共享空间和创新社区（Information Commons/Innovation Community，简称 IC^2）。IC^2 是在构建创新型图书馆理论思想下，建立在信息共享空间上，结合"创新社区"而创建的有吸引力的智能化学习环境。IC^2 在"信息共享空间"和"创新社区"结合之后，实现了人、资源、环境和服务的集成，形成更加理想和有效的以用户为中心、激发创新的服务理念和发展模式。目前，上海交通大学图书馆在 IC^2 服务模式方面做了很多有益的探讨②。

第三种是学习共享空间（Learning Commons，简称 LC）。IC 在 LC 的包含之中，LC 实质是一站式的服务，内容有参考咨询、信息技术和现场交流。另外，它主要方面在于支持协同学习过程、支持小组交流、指导和协作，以用户为中心，积极主动地参与到用户的学习和科研中，并为其提供所需服务。

第四是学科信息共享空间（Subject Information Commons，简称 SIC）。它合并了 IC 以及学科服务两要素，主要建立在用户的需求上，在分学科服务的基础上，对图书馆空间和资源进行整合，在这样的环境中，学科馆员也可以更容易对客户的学习和研究提供服务，帮助客户的科研工作更加顺畅。

（2）虚拟空间提供的嵌入式服务

首先是工具栏。工具栏是一种软件，它与网络浏览器集合，用户在使用

_____

① 曹静仁，李红．泛在知识环境下的图书馆嵌入式学科服务 [J]．图书馆论坛，2011，31（3）：117 - 119.

② 郭晶，陈进．IC2：一种全新的大学图书馆服务模式 [J]．图书情报工作，2008（8）：115 - 118

网络搜索时，可以快速访问并使用特定软件功能。工具栏把数字图书馆的网络建设与其特色资源和服务结合到一起，为用户借助工具利用图书馆的资源与服务提供便利，并可实现图书馆网站与其他网站之间进行切换。

第二种是移动图书馆。目前国内主要有两种移动图书馆服务形式：一种是以 SMS 短信的形式，主要提供借还书信息、图书超期提醒、专题讲座信息、公告通知等服务；再者是 WAP 网络方式，使用者可以操作手机等移动设备访问图书馆网页，随时随地查询馆藏目录和检索数字资源等。

第三种是知识社区。图书馆知识社区是一个基于网络、利用各种交互工具（如 BBS、E - mail、Blog、Wiki、RSS 等）构建的虚拟的社会组织形态，具有互动、交流、协作等功能，实现知识的创造和传播。对于高校图书馆学科服务，图书馆知识社区中的知识管理以及知识学习十分重要。

第四种是学科服务平台。学科服务平台是一个向用户提供学科资源和服务的平台。双方可以通过这个平台进行交流和互动。用户可以利用这一平台，根据信息需求定制个人信息，从而形成 My Library 个性化信息环境。

2.4.3　云服务理念下的大学图书馆变革

云服务主要指基于云计算的各项服务。从功能的角度来看，云服务包括三种类型：即基于资源的服务，基于软件平台的服务和基于动态数据的服务。

2.4.3.1　云服务在图书馆的相关应用

2008 年，"云图书馆员"（Cloud Librarians）的概念被首先提出，在概念中，云图书馆员最重要的职责是在技术成熟时将其应用于服务[1]。图书馆界的研究热点一直是信息系统的应用，在云环境下，进一步对服务的拓展更是势在必行。

（1）云计算的应用

首先，云计算为数据的存储和管理提供了无限空间。云计算存储数据安全，不易丢失，不易感染病毒，同时，用户将自己的数据放在"云"中，在接入互联网的条件下可以根据需要随时存取，十分方便可靠。

其次，云计算能够最大程度地实现信息资源的共享。在云计算模式下，数据被保存在"云"端，通过互联网可以同时访问、使用同一份数据，可借助云计算，共享不同位置、不同地区、不同存储终端间的数据。此外，云

---

① 张正禄. 我国图书情报界云计算研究述评 [J]. 国家图书馆学刊，2010（3）：74 - 96.

计算的超强运算能力可抗衡超级计算机，发出请求后可迅速获得响应，对图书馆来说能够以低成本获取高效益，同时也解决了服务器访问限制的制约和处理速度不及时等问题①。

（2）云存储的应用

云存储的应用不仅节约了图书馆的数据存储空间，而且降低了维护和管理成本，图书馆能够以较低投入为用户提供所需的数据服务。

云存储服务还可以给图书馆提供更多更丰富的内容，例如在大学图书馆提供的 My library 服务中，图书馆可以借助云存储针对个体用户开辟网络磁盘、在线文档编辑和在线网络工具等新型服务②。

2.4.3.2　云服务在图书馆的应用实例

图书馆界有一些比较有代表性的云服务应用先例，较有代表性的是 OCLC 的 "Web 级合作型图书馆管理服务" 以及美国国会图书馆和 DuraSpace 公司共同启动的 DuraCloud 项目。

（1） OCLC 的 "Web 级合作型图书馆管理服务"

由 OCLC 启动的 "Web 级合作型图书馆管理服务" 是云服务应用于图书馆的一个重要标志性事件。这一项服务旨在降低图书馆费用、促进图书馆共享资源、协同合作，具体方式是在 First Search、World Cat 等这些服务的基础上，实现网络传递、集成采购，通过这些措施，减少中间环节费用，逐步实现用 Web 级合作性图书馆服务代替图书馆已有的集成系统③。

根据云服务的分类，目前 OCLC 提供的云服务属于基于动态数据的云服务。

（2）美国国会图书馆和 DuraSpace 公司的 DuraCloud 项目

美国国会图书馆和 DuraSpace 公司于 2009 年 7 月宣布启动的 DuraCloud 试点项目，为时一年左右，是云服务在图书馆中进一步应用的实例，主要目的是检测云技术在维持数字内容永久访问上的性能④。该项目通过云计算，不需要本地构建技术基础设施，以云服务为支撑，提供数据存储和访问服务，为

---

① 孙坦，黄国彬. 基于云服务的图书馆建设与服务策略 [J]. 图书馆建设，2009 (9)：1 - 6.

② 比尔·盖茨. 云存储会比云计算更流行 [EB/OL]. http：//www. enet. com. cn/article/2008/1020/A20081020374890. shtml，2008 - 10 - 27/2013 - 09 - 25.

③ 陆颖隽，郑怡萍，邓仲华. 美国图书馆的云服务 [J]. 图书与情报，2012 (3)：16 - 21.

④ OCLC. OCLC announces strategy to move library management services to Web scale [EB/OL]. http：//www. librarytechnology. org/ltg - displaytext. pl? RC = 13925，2013 - 09 - 25

需要文化、科技资源的用户提供可有效实现保存与访问的解决方案①。

2.5 学科知识服务与大学图书馆转型的关系

大学图书馆功能的转型，对图书馆服务能力的提升提出了新的更高要求，学科知识服务正逐渐在大学图书馆服务中占据核心地位。一方面，在大学图书馆从传统到现代的转型进程中，学科知识服务发挥了强大推动作用。同时，在一定意义上开展学科知识服务是大学图书馆转型的目的和方向。

2.5.1 学科知识服务是大学图书馆转型的重要推动力

在数字化、网络化的社会背景下，用户的信息需求正发生着巨大的变化，而传统的服务方式难以适应这种变化，因此，搭建图书馆和用户之间有效沟通的桥梁，面向学科和科研人员的专业需求，融入到教学、科研和学习工作的全过程，并随着用户需求变化而持续演进，按照专业特点和用户需求设计服务的方式、流程、内容，开展融入教学科研的嵌入式学科知识服务，主动提供专业化学科服务，这既是时代的需要、用户的需要，也是大学图书馆持续发展的必经之路。

大学图书馆学科知识服务的目标是根据用户的信息需求，在泛在环境中，筛选和提炼信息内容，丰富信息的表现形式，通过各种智能手段满足用户不同的需求。学科知识服务注重图书馆和用户之间的交流，注重对图书馆馆内外信息资源的深入挖掘、积累和管理。它不仅是图书馆的一项服务内容，借助学科知识服务的开展，图书馆还能优化馆藏建设，建立适应学科发展水平和发展方向的馆藏结构，从学科角度评价图书馆馆藏建设的质量。学科知识服务是一项全方位、多层次、开拓性的图书馆主动参与的服务方式，这项服务的开展，使大学图书馆的功能发生了根本变化，实现了从传统到现代功能的巨大转变，可以说，学科知识服务的开展促动了大学图书馆从传统到现代的转型。

2.5.2 大学图书馆转型的重要目标是学科知识服务

转型后的大学图书馆功能发生了根本变化，从主要单一纸本资源收藏到

---

① 王红霞．WorldCat Local 资源整合与服务集成及其启示［J］．现代情报，2010，30（3）：45－47，54.

多类型资源共存，同时借助先进的信息技术和设备，从被动服务到主动服务成为学校的知识信息中心、师生的学习研究中心、文化艺术中心，更进一步参与到教学科研过程，开展科研评价，这些改变均要求大学图书馆实现服务创新、管理创新，实现转型。大学图书馆转型，则是图书馆管理和服务上的创新举措。要在图书馆管理中融入知识管理和知识服务的思想，让知识管理不单停留在理念上，更要演化为服务的手段和方法。传统大学图书馆主要以文献服务和信息服务为主，而当今和未来，大学图书馆则必须将学科知识服务作为自己的核心竞争力。

　　信息环境的变化和知识获取方式的变化，使得用户对大学图书馆服务的需求发生了根本变化，用户不需要每天来到物理实体图书馆，甚至在需要资源时首选互联网搜索引擎，同样能满足基本的资源需求。是他们不再需要图书馆吗？答案是否定的。用户所需要的图书馆，正如张晓林教授指出的："信息环境发生根本性变化的今天，读者不再需要传统的图书馆，需要的是更能适应读者新的需要的新型图书馆"①。因此，大学图书馆必须要转变职能，能够顺应用户需求和信息环境的变化，将知识管理和知识服务的思想落实到服务工作创新上，开展学科知识服务，将开展学科知识服务作为转变职能的目的与方向。转型后的大学图书馆承担了多元化的功能和角色，而学科知识服务工作的开展将能够保障这些功能和角色的实现和到位。学科知识服务不仅是大学图书馆转型的促动因素，更是图书转型的目的与方向。

2.5.3　学科知识服务能力关系到大学图书馆转型的成败

　　成功学专家陈安之曾说过：技巧和能力决定胜负。一件事情的成败，能力起了决定性作用。学科知识服务是大学图书馆转型的促动因素，而学科知识服务能否顺利开展实施，与大学图书馆的学科知识服务能力紧密相关。

　　大学图书馆的转型过程中，虽然在资源建设、信息服务和业务管理上具备了相当的条件，但这个变革过程还相当艰难，需要重组和改变，甚至一些传统图书馆业务在萎缩，很多传统的能力被快速淘汰。如果不发展出新的能力，可能图书馆的某些功能就会慢慢消失。改变是以"新我"代替"旧我"，而不是简单的消亡。要放弃阻碍自身发展的"旧我"，转化为具有新精神、新

---

　　①　知识服务推动图书馆转型——"2012 知识服务专家论坛"纪要［J］．图书情报工作，2012 （3）：5 - 11

元素的"新我"，才能获得新生①。

　　大学图书馆要获得新生，需借助于学科知识服务，提供新型服务方式，它不只是某个馆员或某个业务部门的事情，而是要依赖于图书馆各部门、各层次都做出响应，提高创新意识，及时做出调整，从整体上提高服务能力，进而形成一种新的服务能力——学科知识服务能力，这样才能够有可能实现这种创新性的学科知识服务。学科知识服务能力是大学图书馆在创新服务体系下产生的一种新能力，这种能力与水平的高低，直接影响着大学图书馆学科知识服务举措能否顺利实施并发挥效益，从而决定了大学图书馆能否成功转型。

---

①　李秀娟. 尼奥式突围：转型中的图书馆——基于哈佛图书馆重组的思考［J］. 图书馆，2013（6）：13－15

第3章 学科知识服务能力的基本理论

数字化、网络化社会背景下，用户的信息需求发生了巨大变化，迫切需要在图书馆和用户之间搭建能够有效沟通的桥梁，使图书馆的服务融入到师生的教学、科研和学习工作全过程，按照专业特点和用户需求设计服务的方式、流程、内容，主动提供专业化学科服务，并随他们需求的变化而持续演进，这既是时代的需要、服务的需求，也是图书馆转型、发展必须坚持的道路。因此，对大学图书馆学科知识服务及其能力的研究和关注就显得非常必要。

3.1 学科服务

学科服务在大学图书馆已开展了几十年，经历了从无到有，从基础到深入的发展过程。

3.1.1 概念

学科服务，也称学科化服务，是在新技术环境下，图书馆推出的针对学科专业的主动式信息服务，可按照学科专业的不同，或具体的课题内容，来进行信息的检索、组织、传递等，使信息服务更加个性化、更加贴近学科发展的需要，是图书馆的一项的创新服务[①]。

学科服务将图书馆的服务从以馆舍为基地转变到以用户为中心，体现了大学图书馆的管理创新，实现了对用户提供个性化信息服务的愿望。学科服务为图书馆注入了新的活力和生机。一方面，学科服务是针对不同用户提供其需要的信息服务方式，是一种图书馆与用户良好沟通的、较为理想的模式。同时，在和用户的沟通联系中，图书馆又通过吸收用户的反馈意见，补充和修正学科资源构成。图书馆的学科服务工作是集专业性与层次性于一体的服务方式，它的出现是图书馆创新精神和个性化服务特征的具体体现。

---

① 范广兵，初景利. 泛在图书馆与学科化服务［J］. 图书情报工作，2008（1）：105－108

3.1.2 服务特点

不同于传统的服务，学科服务有以下几个特点。

3.1.2.1 主动服务

学科服务要求学科馆员主动多与用户联络交流，尽可能弄清用户的信息需求情况，主动为其提供感兴趣的信息，向用户提供更具有个性化、有针对性、高质量的服务，全面满足用户的服务需求。

3.1.2.2 动态服务

图书馆在学科服务中不仅要随时掌握用户的信息需求，还要了解其所在专业的发展情况和动态，及时捕捉、发现学科的相关信息，向用户推送学科前沿动态，满足用户个性化、专业化信息需要。

3.1.2.3 增值服务

学科服务有三个层次：第一层次是帮助用户解决问题，第二层次是为用户提供解决问题的方案，第三层次是直接为用户解决问题。学科馆员对大量馆内外信息资源进行加工、筛选和提炼，提供给用户的终极信息知识含量大大增加，使原有馆藏资源获得增值，对用户的知识创新活动产生较大影响，从而显现服务的价值所在①。

3.1.3 从学科服务到知识服务的发展

学科化服务起源于二十世纪 50 年代美国的大学图书馆。1950 年，美国内布拉斯加大学图书馆率先设立学科馆员制度，并配备了学科馆员。D. Beagle 认为"学科服务是一种围绕综合的数字环境而特别设计的组织和服务②。"美国图书馆协会（American Library Association，简称 ALA）前主席 N. Kranich 认为"信息资源的开放获取使得学科服务更有利于整合资源、信息导航"③。

在我国，1998 年最早清华大学图书馆制订了学科馆员制度，随后东南大学图书馆、西安交通大学图书馆先后推出学科服务，进入新世纪后，又分别

---

① 徐锐. 我国高校图书馆学科化服务的实践和策略研究 [J]. 图书情报工作，2011 增刊（1）：124 - 12

② Beagle D. Concetualizing an information commons [J]. Journal of Academic Librarianship, 1999, 25（2）: 82 - 89.

③ Kranich N, Schement J R. Information commons [J]. AnnualReview of Information Science and Technology, 2008, 42: 547 - 591.

有北京大学、武汉大学和中国人民大学的图书馆也相继开展学科服务①。随后，各高校图书馆相继建立学科馆员制度，学科服务逐渐开展起来。

二十世纪下半叶，伴随着电脑和互联网的出现普及，人类社会迈入信息社会，并逐步进入到知识经济时代，随着"知识服务"这个新概念提出，学者给予了普遍关注。2000 年中国科学院张晓林教授在《走向知识服务：寻找新世纪图书情报工作的生长点》一文中提出："知识服务即以信息知识的搜寻、组织、分析、重组的知识和能力为基础，根据用户的问题和环境，融入用户解决问题的过程之中，提供能够有效支持知识应用和知识创新的服务"②。

随着新兴信息技术不断涌现，知识环境有了巨大变化，高校和科研机构的用户对知识信息的渴求越来越强烈。如此，就要求图书馆将知识服务的理念融入学科服务工作中，对学科馆员制度进行相应的革新，实现学科服务从基础服务到学科知识服务的提升。

3.2　学科知识服务

在知识服务大环境下，学科服务经历了文献服务到信息服务，再到学科知识服务的发展，这是大学图书馆适应信息环境的变化，满足信息用户学术性、研究性、学科性等信息需求而做出的积极探索与有益尝试，是图书馆服务发展的方向和趋势。

3.2.1　概念

学科知识服务是指图书馆在信息提供过程中，为向用户提供更完备的具有学科特点的知识，按馆员专业特长的不同，运用知识工具，搜集、组织、分析相关学科信息，为用户提供增值的知识和知识产品的服务。它将图书馆知识服务理念和学科馆员制度相结合，按照学科专业组织服务人员和信息资源，旨在提供学科化、专业化的知识服务。

学科知识服务不同于图书馆传统的信息服务，它不再按照文献工作流程来组织服务，而是按照学科发展对信息的需求规律来组织服务工作。其目的是通过专业化、学科化的知识信息，加大支持用户科研创新和任务解决等方

---

① 王磊. 国内图书馆学科服务现状可视化分析 [J]. 图书情报工作, 2013 (2): 136 - 142

② 张晓林. 走向知识服务：寻找新世纪图书情报工作的生长点 [J]. 中国图书馆学报, 2000 (5): 32 - 37

面的需求。如今，学科知识服务的地位越来越重要，已经成为图书馆信息服务的重要支撑，不可或缺。

在大学图书馆，学科知识服务已成为教学科研活动的有力支撑之一。大学图书馆的学科知识服务，以学科馆员制度为基础，以用户为中心，依托图书馆内外丰富的文献资源和较强的信息技术支持，通过学科馆员的知识和技能，面向各个院系、课题组和师生，在提高大学师生信息获取能力的目的下，为学校教学科研的创新提供有力的信息保障[①]。

3.2.2　服务特点

学科知识服务在传统的学科服务的基础上，对学科服务进行了深层次的挖掘，其服务内容更专深。不同于基础性的学科服务，学科知识服务如下方面的特点。

3.2.2.1　智能化的专业服务

学科知识服务需分析用户的知识需求，向用户提供符合需求的、经智能化处理的知识产品。此外，学科知识服务的出发点是解决用户专业问题，需要对信息内容进行辨别分析，之后再提供给用户，这个过程融入了馆员的智力劳动，所以它是一种深层次的智力服务。再者，学科知识服务可以通过智能技术挖掘出隐性知识内容[②]。

3.2.2.2　主动的个性化服务

学科知识服务以用户需求为导向，与用户决策和解决问题的过程紧密结合在一起，并且要实时追踪用户需求的变化，是图书馆主动针对用户的个性化需求及特定的用户环境提供的以解决问题为目标的服务，体现出强烈的主动性和个性化特点。

3.2.2.3　增值的创新服务

学科馆员从杂乱无章的海量信息中提取出有价值的信息，并且对信息进行分析、提取、整合，使之成为增值的、高知识含量的知识信息，为用户知识创新提供基础。学科知识服务对用户的知识创新活动能够产生重大甚至是关键性影响，这种有效支持教学科研工作的知识应用和知识创新，充分体现

---

① 吴吉玲，罗兰珍. 浅论高校图书馆学科化知识服务［J］. 情报理论与实践，2009（7）：101 – 103，112

② 李坤，徐志明. 知识服务：现状、发展及未来的憧憬［J］. 图书馆建设，2009（6）：38 – 40

服务的增值和创新价值。

3.3　学科知识服务能力

　　能力，就是指顺利完成某一活动所必需的主观条件，通常情况下，它和知识、经验和个性特质等共同构成人的素质，成为胜任某项任务的条件。管理意义上的能力（competencies）大于行为心理学定义的能力范围，这种能力是指为了改进工作绩效而对职位提出的要求。服务能力，是指一个服务系统提供服务的能力程度。

3.3.1　概念

　　随着图书馆学科馆员制度的发展和信息服务的进一步深化，开展学科化知识服务成为了满足高校用户深层次和专业化信息需求的必然选择，同时也给大学图书馆学科服务能力带来了新的挑战。

　　学科知识服务能力是指图书馆利用自身的信息资源、信息技术和服务人员的优势，以有效满足学科用户的学科知识需求为目标，充分运用各种信息技术，有机整合各类学科资源和服务，以增值的学科知识信息，提供给学科用户，满足其教学和科研所需知识信息的能力。

　　学科知识服务能力决定着图书馆学科知识服务的水平，从开展学科知识服务的主客观条件及服务落实环节来看，包括主客观要素形成的能力以及服务实施中相关的能力等（详见 3.4.1.2）。

3.3.2　特征

　　大学图书馆的学科知识服务能力不同于其他服务能力，其形成和作用有其独特之处，致使该项能力具有如下特征。

3.3.2.1　能力要素不断变化

　　随着教学科研工作的发展变化，学科用户的信息需求也在不断变化，随之相应学科知识服务的内容和目标就要适时调整变化。为了完成变化的学科知识服务任务，图书馆和学科馆员都要在能力要求方面进行调整，增加或改变能力要求，以确保学科知识服务工作不受影响，顺利完成。

3.3.2.2　具有复合性

　　学科知识服务能力，不是单纯某一种能力，是多项能力的综合。无论对于学科馆员还是图书馆，都是汇集多种能力于一体的复合能力承担者，若使能力得到充分发挥，则服务效果超强。

3.3.2.3　产生创新服务效应

与图书馆传统的服务能力相比，学科知识服务能力可以满足高校教学科研对图书馆的信息需求，图书馆的学科知识服务能力越强，学科知识服务效果则越好[①]。图书馆能够凭借学科知识服务工作的开展，变被动为主动，不再是教学科研的附属机构，可以实现前所未有的服务创新。

3.4　大学图书馆学科知识服务能力建构

学科知识服务的最终目标是满足学科用户的学科知识需求，这种需求能否有效满足，与大学图书馆自身主客观的资源、技术、人员和组织管理等因素有关，也和图书馆对学科知识服务的提供和运作等因素有关。从学科知识服务开展流程不难发现，以上这些因素是构成图书馆学科知识服务能力的基础。

3.4.1　学科知识服务能力的形成

3.4.1.1　研究基础

随着大学图书馆知识服务的开展，对于图书馆知识服务能力的研究逐渐深入。比较有代表性的有以下学者的研究：

2009 年，吴新年撰文"图书馆知识服务能力体系机构及关键影响因素分析"，在文中，他提出了图书馆知识服务能力的基本体系结构。他认为：图书馆的知识服务能力包括基础能力和流程能力两类，二者相互作用、相互支持。基础能力的形成源自图书馆自身的技术环境状况、结构环境状况和文化环境状况，这三方面构成了图书馆知识服务的基础能力。流程能力主要包括：知识发现与识别能力、知识获取能力、知识组织能力、知识评估能力、知识转换能力、知识传播能力、知识保护能力等[②]。该观点认为能力体系的形成主要依据图书馆的基础设施、环境条件以及服务流程中所产生或需要的能力。

2010 年，张静等在"知识构建：数字图书馆知识服务能力的根本保障"一

---

① 任萍萍，任通顺. 嵌入能力理论的数字图书馆知识服务能力解析［J］. 情报资料工作，2013 (4)：78-82

② 吴新年. 图书馆知识服务能力体系结构及关键影响因素分析［J］. 图书与情报，2009 (6)：41-44，77.

文中认为，数字图书馆的知识服务能力非常重要，是图书馆发展的核心竞争力，体现了其能力，包括知识发现与获取能力、知识组织与整合能力和知识传播能力等①。这种观点，侧重从知识构建的角度，强调知识组织和传播方面的能力。

2012 年，刘佳等认为"数字图书馆知识服务能力是一种由个体能力、技术应用能力和业务实施能力等综合的组织能力"，包括基础资源能力和服务过程能力。其中，基础资源能力主要包括几方面的因素，有数字信息资源能力、技术能力、组织结构和图书馆文化等。而服务过程能力包括知识的获取能力、组织能力、开发能力以及服务提供能力等②。该研究比较充分地考虑了知识服务所需的各种资源、技术、人力等基础资源和服务过程等因素，但对基础资源，特别是人力因素的考虑略显简单。

2013 年，任萍萍等引入嵌入理论对数字图书馆的知识服务能力展开研究，将数字图书馆知识服务能力分成：要素载体层和不同功能层，要素载体层包括主体要素载体（知识、技能、特质等人力资源）和客体要素载体（信息资本、组织资本等）；不同功能层包括四项功能：采集获取、消化吸收、动态创新和服务运行。该研究强调各项能力必需要由具体的要素承载，特别提出了对个体能力要素的研究，认为个体能力要素可拆解为显性要素和隐性要素，其中隐性要素制约着人的主观能动性，在个人能力发挥中的作用也很关键，它蕴含多种知识和技能③。

3.4.1.2　能力的组成

上述学者主要是对"知识服务能力"展开的分析，研究视角主要集中在知识服务开展的基本条件、服务流程和服务过程等因素，是研究大学图书馆学科知识服务能力的重要参考。"知识服务能力"的研究，虽然也关注到了服务过程中人力资源的作用，但并未深刻认识到服务过程中服务人员能力的重要性。笔者认为，这源自"知识服务"和"学科知识服务"是有一定区别的。后者的服务目标更加明确——学科用户，更加强调图书馆提供的知识信息能否满足学科用户在学科研究和教学方面的需求，在资源的选择判断以及

---

①　张静，姜永常. 知识构建：数字图书馆知识服务能力的根本保障［J］. 情报理论与实践，2010（9）：28 - 31.

②　刘佳，李贺. 数字图书馆知识服务能力理论与实证研究［J］. 情报理论与实践，2012（9）：74 - 78.

③　任萍萍，任通顺. 嵌入能力理论的数字图书馆知识服务能力解析［J］. 情报资料工作，2013（4）：78 - 82.

与用户交流沟通中，则更强调参与的重要性。

　　大学图书馆的学科知识服务能力，从某种意义上讲是图书馆展现给学科用户的综合服务实力，能力的形成受图书馆自身客观条件、学科馆员主观因素以及服务开展过程中相关因素的共同影响。它既包括图书馆这个机构"整体"所产生或形成的能力，也包括学科馆员"个体"的服务能力。

　　在此认识基础上，本研究依据大学图书馆开展学科知识服务所涉及的主客观因素和服务运作因素，把大学图书馆的学科知识服务能力划分为基础服务能力和服务运作能力两大部分。

　　基础服务能力包括两部分，一部分是由图书馆自身客观要素，如知识资源、技术资源和组织管理等因素形成的能力，称为客观要素能力；另一部分是学科馆员在学科知识服务过程中需具备的能力，即学科馆员的学科知识服务能力，称为主观要素能力。

　　服务运作能力是图书馆实施学科知识服务的能力，服务运作能力一般来说包括这样几种能力：学科知识获取能力、学科知识创新能力、学科知识服务提供能力、学科知识服务评估能力等。

　　上述能力一起组成大学图书馆的学科知识服务能力。如图3-1为大学图书馆学科知识服务能力组成情况。

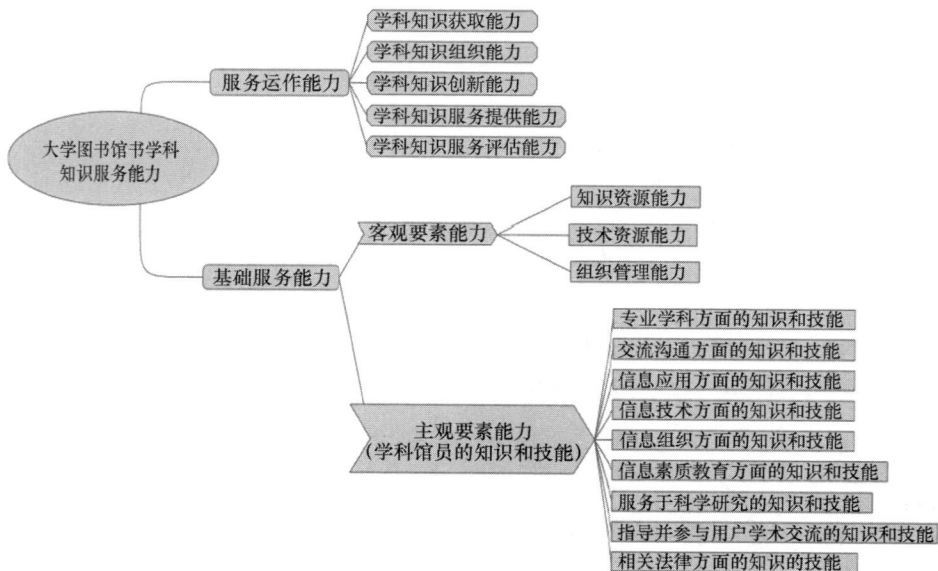

图3-1　大学图书馆学科知识服务能力组成

在基础服务能力中，学科馆员主观要素能力的形成，与图书馆客观要素有很大关系，图书馆客观要素能力为学科馆员主观要素能力的形成提供了资源和技术条件，同时又通过相应的组织管理机制促进主观要素能力的形成并敦促其发展。学科馆员主观要素能力是学科知识服务得以顺利开展的主要能力，是体现学科知识服务学科化、知识化服务宗旨的主观能动力量，能够完善图书馆各项客观要素能力。二者相互作用、相互支持，共同发挥作用，共同组成大学图书馆学科服务的基本能力。

服务运作能力是基础服务能力在学科知识服务实践中应用的体现，是基础服务能力的升华；基础服务能力是服务运作能力形成的基础和条件。两者互相融合与促进，共同构成大学图书馆的学科知识服务能力。

同时，基础服务能力是大学图书馆开展学科知识服务的先决条件，服务运作能力是大学图书馆顺利实施学科知识服务的有力保障。

3.4.2　学科知识服务能力构成要素

3.4.2.1　基础服务能力构成要素

如前所述，基础服务能力包括客观要素能力和主观要素能力，下面分别论述这两种能力的构成要素。

（1）客观要素能力构成要素

在大学图书馆学科知识服务过程中，客观要素主要指图书馆的知识资源、技术资源和组织管理等因素，所以客观要素能力主要包括知识资源能力、技术资源能力和组织管理能力等。

1）知识资源能力。是指大学图书馆为开展学科知识服务所能提供的各类资源，它是实现学科知识服务的基本保障，是其他能力产生的源泉。

2）技术资源能力。是指在学科知识服务中应用的一系列信息技术手段、技术设施与设备。

3）组织管理能力。主要是指大学图书馆在学科知识服务中的管理规范、工作职责、规章制度、考核评估等，是对学科知识服务工作体系和工作制度方面的要求。

上述各项能力，将在6.2部分详细论述。

（2）主观要素能力构成要素

在学科知识服务中，主观要素能力是指学科馆员的学科知识服务能力，是学科馆员从事或开展学科知识服务工作时应具备的专业、学科方面的知识及运用相关技术的能力。馆员的这些能力，有参与学科服务工作之前既已具备的，也有根据工作的要求和未来发展，需要在服务过程中掌握的。

主观要素能力包括对学科馆员专业学科方面的要求，也包括对他们在信息技术及应用、信息组织、信息素质教育、科学研究、学术交流及相关法律等方面所需知识和技能的要求，主要包括如下方面。

1）专业学科方面的知识和技能。是指学科馆员需要具备某个学科、领域的专业知识以及具备图书情报学专业知识，这是学科馆员的基本能力要求，也是学科知识服务达到学科化、专业化水平的根本保障。

2）交流沟通方面的知识和技能。是指学科馆员妥善处理学科服务过程中服务人员之间、服务人员与学科用户之间关系的能力，主要包括与用户良好交流沟通的能力、与学科团队成员沟通协作的能力、组织和管理学科服务工作的能力和推广学科服务的能力等。

3）信息应用方面的知识和技能。是指学科馆员对信息资源的灵活掌握和运用能力，包括娴熟的信息发现和文献检索技能、整理、分析和提炼用户所需学科信息的能力、熟练使用文献管理工具的能力和指导用户检索文献和管理文献的能力等。

4）信息技术方面的知识和技能。是指学科馆员对信息技术的掌握和应用能力，包括提供有关信息开发和利用技术咨询的能力和提供数字图书馆相关技术应用的能力等。

5）信息组织方面的知识和技能。是指学科馆员对信息资源组织的能力，包括元数据使用方面的能力和组织特色（学科）资源库或学科机构知识库建设的能力等。

6）信息素质教育方面的知识和技能。是指学科馆员对学科用户进行信息获取培训的能力，包括培养用户敏锐信息意识的能力和设计与实施用户信息素质教育的能力等。

7）服务于科学研究的知识和技能。是指学科馆员对学科用户科研工作的支持能力，包括获取本单位和目标单位科研动态的能力、跟踪所负责学科科研进程的能力和学科分析与评价能力等。

8）指导并参与用户学术交流的知识和技能。是指学科馆员参与学科用户学术交流活动的能力，包括向用户提供研究成果出版与传播方面相关信息的能力以及向用户提供研究成果长期保存方法咨询的能力等。

9）相关法律方面的知识和技能。是指学科馆员掌握相关供版权法和知识产权法，并向学科用户提供法律方面咨询的能力。

上述各项能力，将在 5.3 部分详细论述。

3.4.2.2　服务运作能力构成要素

服务运作的能力是大学图书馆开展学科知识服务活动所必需的，是图书馆的技术资源、组织管理资源以及学科馆员的知识和技能等在学科知识服务实践中的具体应用和体现，主要包括知识获取、知识创新、学科知识服务提供和评估等能力。

（1）学科知识获取能力

学科知识获取能力，是指大学图书馆根据不同用户要求获取相关学科知识资源的能力。图书馆不仅要能满足学科用户明确表达的显性知识需求，还要能发现用户的潜在需求；不仅能获取本馆资源，还要能够通过资源共享机制和规范获取馆外资源和网络资源。全面获取学科知识，是有效开展学科知识服务的前提和基础。

（2）学科知识组织能力

学科知识组织能力，体现了大学图书馆整合和组织学科知识的技术水平，是指图书馆在学科知识获取的基础上，借助智能检索、数据库挖掘等信息技术和手段，对获取的学科知识进行提取、优化的能力。对知识信息的组织要充分考虑学科用户的信息需求，要对用户利用知识的规律和模式做严谨分析，采用融合分析、归纳、推理等方法对知识进行分类整合和处理，有效解决由于知识分散给用户带来的使用不便，实现知识有序化。

（3）学科知识创新能力

学科知识创新能力，是指大学图书馆在学科知识组织过程中，运用创造性智慧，为学科用户提供新思想、新方法的能力。在大学图书馆的学科知识服务中，这种能力能够为学科用户提供问题的解决方案，能够将学科知识转换成新产品和新服务的设计，以及针对用户的有效服务战略和行动，为学科用户提供评价性和预测性知识等，是实现知识创新和知识增值的关键能力。

（4）学科知识服务提供能力

学科知识服务提供能力，是将形成的学科知识成品或服务推送给学科用户，并通过用户的教学科研活动使其得到正确合理应用的能力。要建立畅通有效的传送机制和渠道，开发学科知识服务平台或学科知识服务系统，实现学科知识和学科需求的快速准确对接，同时及时接收学科用户的使用情况反馈，催生新知识的产生和新需求的出现，最终实现图书馆学科知识服务的内在价值。

（5）学科知识服务评估能力

学科知识服务评估能力，就是对学科知识服务开展情况进行综合评定的能力，是大学图书馆对自身开展的学科知识服务进行的服务效果评价，主要包括对图书馆提供的学科知识的准确性、有用性、适用性、新颖性等的评价，以及对学科馆员服务能力和服务完成情况的考评等。图书馆要建立科学合理的评估指标体系，成立评估小组，对学科知识服务实施有效评估。通过评估，加强对学科知识服务工作的管理，提高学科知识服务水平。

3.4.4　学科知识服务能力的影响因素

对学科知识服务能力的影响，有来自于图书馆资源、技术、组织管理等方面的客观因素，也有来自学科馆员的主观因素，同时还有来自学科知识服务实施过程中的相关因素。

3.4.4.1　客观要素能力的影响因素

（1）影响知识资源能力的因素

影响知识资源能力的主要有图书馆学科资源建设经费及政策、资源建设馆员的专业水平等因素。

经费及采访政策。虽然教育部明文规定，图书馆资源购置费应与学校的教学科研需求相适应，并且根据学校发展情况逐年有所增加。但现实情况是：大部分高校图书馆的经费投入多年不变，图书馆有限的经费很难满足学校所有学科资源的购置需求，图书馆基本的采购原则是"力保重点学科，平衡非重点学科，短期集中支持新建学科"。如此，重点学科的资源基本得到了保障，而部分非重点学科资源的建设不容易形成完整体系。

馆员的专业水平。负责资源采购和资源整合加工的馆员的专业水平也会影响图书馆的知识资源能力，具有相关学科知识背景的馆员负责资源采购或资源整合工作，利于学科资源的选择和定位，能够在一定程度上保障学科知识资源的质量。大学图书馆还可以通过学科知识服务工作的开展，让学科用户参与到学科资源的选择工作中。

（2）影响技术资源能力的因素

技术资源能力主要受图书馆对信息技术的引进力度以及馆员对信息技术掌握水平等因素影响。

信息技术引进力度。在信息技术的促动和支持下，图书馆实现了资源采、编、借阅等业务工作的自动化，传统的读者服务工作发生了根本性改变。在社会大信息环境下，无论是参考咨询还是文献获取，每一项业务工作都无法离开信息技术的支持。图书馆只有持续不断关注信息技术的发展，并结合业务工作的需求大胆引用新技术，才能为用户提供高效率、智能化的服务。

馆员的技术水平。信息技术发挥作用的主观因素是馆员，馆员技术水平的高低直接影响到信息技术的选用和系统功能的深度开发。

（3）影响组织管理能力的因素

组织管理能力主要受大学图书馆决策层管理理念和制度化建设情况等因素影响。

决策层管理思想。启动学科知识服务是目前大学图书馆发展的大势所趋，图书馆决策层是否具有服务创新理念，能否认识到学科知识服务工作的重要性和必要性，会直接影响学科知识服务工作的组织安排和管理运行。

制度化建设情况。管理规范的大学图书馆，各项管理制度和工作制度都应该是健全完善的，能够从管理机制上保障各项服务工作顺利开展。没有健全的规章制度和工作规范，学科知识服务工作将失去主导方向。

3.4.4.2　主观要素能力的影响因素

主观要素能力主要是学科馆员的学科知识服务能力，其影响因素较多，主要与学科馆员自身的知识结构、自我学习能力以及图书馆的人文环境和工作要求等因素有关。

（1）自身的知识结构

学科馆员自身的学科专业背景和图书情报专业知识技能是其能力形成的基础，具有相关学科背景的学科馆员，能够较好地把握用户的信息需求，提供准确的学科信息资源。掌握图书馆情报专业知识和技能的学科馆员，在信息资源的检索和利用方面更有优势，能够在资源获取上给予用户更多指导。

（2）自我学习能力

学科馆员从事学科知识服务所需要的能力，虽然与其学科背景及图书情报专业知识和技能有很大关系，但其能力的形成并不完全依赖于此，特别是其能力的提升，与其自身的学习能力和主观学习意愿关系更大。学科馆员的服务能力很大程度是在工作中积累和提升的。

（3）图书馆人文环境

图书馆是否给学科馆员提供业务培训交流机会，是否在全馆形成良好的学习氛围，鼓励员工在职提高等等，都会影响学科馆员服务能力的再提高。

（4）严格的工作要求

学科知识服务是大学图书馆对学校教学科研工作最有力的支持服务，服务效果与打造图书馆全新服务形象直接相关，所以对学科馆员的能力要求应该非常严格，以保证学科知识服务高质量圆满完成。

3.4.4.3 服务运作能力的影响因素

（1）影响学科知识获取能力的因素

学科知识获取能力主要受图书馆对学科用户需求的了解程度、对知识资源的选择标准和相关的信息技术等因素影响。

对学科用户需求的了解程度。准确获知学科用户的信息需求是开展学科知识服务的前提，大学图书馆要通过学科馆员，加强与学科用户沟通互动，挖掘用户的显性需求和可能的隐性需求，完整、深入地掌握学科用户的需求情况。

对知识资源的选择能力。优质学科资源的选择是学科知识获取的保障，图书馆在学科资源选择时，要收藏权威性的高质量资源，并加强对特色馆藏资源的数字化建设，选择优质学科资源和特色学科资源满足学科服务需求。

相关信息技术。信息技术的应用，使知识资源的获取更加准确、及时，使知识资源的更新速度更快。没有信息技术的支持，知识获取能力和水平就无法大幅提升。

（2）影响学科知识组织能力的因素①

学科知识组织能力主要受知识资源加工质量、知识组织方式和相关技术等因素影响。

知识资源加工质量。通过知识资源加工，对学科知识内容进行分类标引，形成知识分类、聚类的依据。资源加工的深度是对知识信息资源细化程度的描述，资源加工的维度显示对信息资源描述的角度是否宽泛，通过这两项指标可以考量知识资源加工的质量。

知识组织方式。知识组织方式体现了知识关联能力，知识关联能把散在的知识多维组织在一起，加快知识信息检索速度，并且使检索定位准确。关联越强，关联形式越多，则知识组织能力越强，越能满足用户的需求。

相关知识组织技术。借助知识组织技术，能够提高检索效率，增强检索

---

① 刘佳，李贺. 数字图书馆知识服务能力理论与实证研究 [J]. 情报理论与实践，2012（9）：74-78.

功能，保证知识资源的检全率和检准率。在图书馆知识组织能力的形成中，相关技术，如数据挖掘、超文本技术、自动跟踪技术、智能代理、导航库和知识链接技术等，都是知识组织能力形成的最基础要素。

（3）影响学科知识创新能力的因素

图书馆知识创新思维、研究能力和创新技术等方面影响了学科知识创新能力。

创新思维。创新思维是创新服务的智慧之源，先进的服务理念引导图书馆突破传统思维方式的束缚，不断优化知识资源和技术资源，引进高素质人才，以实现创新性学科知识服务为目标。

研究能力。研究能力是探知未来事务，揭示其性质的能力。图书馆的研究能力在于对人才的使用以及在资源和技术上的投入力度，只有具备超强的研究能力，大学图书馆的服务才能更加贴近教学科研的需求，才能将创新思维付诸学科知识服务的实践。

创新技术。创新技术是学科知识创新能力形成的强大支撑，是服务创新最关键的条件之一。在学科知识服务中，所选用的创新技术和学科馆员的创新智慧因素缺一不可，如采用资源集成技术和资源发现技术对学科知识资源和学科服务进行整合，提供创新的智能化学科知识服务。

（4）影响学科知识服务提供能力的因素

从前面论述可以看出，学科知识服务提供能力主要受服务方式、服务平台和服务技术等因素的影响。

服务方式。从学科用户的角度讲，其需求具有个性化、专业化、多样化的特点，经常向图书馆提出其教学科研上的各种需求，如希望图书馆提供学科发展现状的分析，或提供专业文献，也有某个专业数据的需求。针对用户的这种需求特点，大学图书馆的服务方式要与之相适应，要能够提供多样化、深度的服务。

服务平台。它是大学图书馆服务体系中除学科馆员外最重要的部分，是开展学科知识服务的方法。其利用现代化的网络技术，组成了学科知识信息和多样化的服务模式，综合集成展示了图书馆综合服务实力，是学科知识服务向智能化服务发展的关键环节。

服务技术。信息技术伴随着学科知识服务的每一个环节，在向学科用户提供学科知识服务的环节就更离不开技术的支持。众多信息技术，如信息推送技术、移动服务技术、智能挖掘技术等，使大学图书馆的学科知识服务能够实现主动化、专业化、智能化和泛在化。

（5）影响学科知识服务评估能力的因素

学科知识服务评估能力主要受评估指标体系和评估组织程序等因素影响。

评估指标体系。无论对学科馆员的评估，还是对图书馆整体服务效果的评估，都应该有科学的评估指标作为依据，形成合理可操作的评估指标体系。如果指标设定缺乏科学性，不具有可操作性，评估结果就失去了意义。同时，完全量化评估也会出现问题，服务效果与学科用户的评价和感受很难用量化指标显示出来。

评估组织程序。在进行学科知识服务评估时，评估组织是否严谨，评估程序是否规范，同样也会对评估能力产生影响。要采用评估小组形式进行全面评估，也要引进第三方评估，进行客观评估，同时在程序上做到规范、客观、公正，使评估能力真正成为学科知识服务开展的刚性促动力量。

3.5 大学图书馆学科知识服务能力的形成条件

近年来，大学图书馆积累了丰富知识资源，引进了越来越多高素质的知识型馆员，同时各种先进的信息技术在图书馆业务中广泛应用，这些因素成为大学图书馆学科知识服务能力产生的基础和保障。

3.5.1 丰富的资源保障

丰富的知识资源是大学图书馆开展学科知识服务的资源保障。近年来，高校图书馆资源购置经费较之前有了大幅增加。以 2010 年为例，文献资源购置费排前二十的高校图书馆，其资源购置总经费及纸质资源、电子资源购置费等的比较分析如表 3 - 1 所示。

表 3 - 1　2010 年 20 所大学资源购置费比较①

序号	图书馆	文献资源购置费 （元）	纸质资源购置费 （元）	电子资源购置费 （元）
1	清华大学图书馆	39 317 756	26 203 430	13 114 304
2	复旦大学图书馆	32 963 040	21 770 000	10 976 000
3	北京大学图书馆	32 819 420	22 259 956	10 525 721

① 数据来源：《中国图书馆年鉴 2011》

续表

序号	图书馆	文献资源购置费（元）	纸质资源购置费（元）	电子资源购置费（元）
4	浙江大学图书馆	29 399 352	17 961 520	11 346 821
5	武汉大学图书馆	27 391 312	17 508 052	9 668 217
6	上海交通大学图书馆	27 079 774	11 267 082	15 679 950
7	南京大学图书馆	25 163 272	16 560 028	8 603 245
8	华中科技大学图书馆	23 729 762	12 532 288	11 059 400
9	东南大学图书馆	20 773 964	12 314 085	8 429 878
10	厦门大学图书馆	20 727 298	12 606 871	7 336 244
11	华东师范大学图书馆	20 591 828	11 707 085	8 842 000
12	山东大学图书馆	19 189 814	10 829 729	8 326 933
13	西安交通大学图书馆	17 658 966	10 518 104	7 107 861
14	首都师范大学图书馆	17 170 712	8 846 646	8 114 898
15	西南交通大学图书馆	15 283 621	8 395 549	6 884 900
16	四川大学图书馆	15 193 493	6 700 605.5	8 480 580
17	大连理工大学图书馆	14 868 850	4 175 837.75	10 693 012
18	河海大学图书馆	14 762 863	6 685 430.5	8 052 385
19	湖南大学图书馆	14 740 575	5 261 567.5	9 370 583
20	重庆大学图书馆	14 712 000	7 390 000	7 196 000

　　通过上表可以看出，近年来高校图书馆的文献资源购置经费较为充足，且电子资源购置经费呈增长趋势。

　　通过对文献资源购置费最高的三所大学图书馆的资源进行统计发现：截止 2011 年底，清华大学图书馆馆藏总量约有 419.7 万册（件），其中古籍线装书 22 万多册，中外文纸质期刊 5 043 种，博硕士论文 10 万余篇，缩微资料 2.8 万种，各类数据库 500 个，中外文全文电子期刊 6.5 万余种，中外文电子图书超过 246 万多册，电子版学位论文约 190.2 万篇。截至 2011 年底，复旦大学图书馆馆藏纸本文献资源约 512 万册，其中：线装古籍约 40 万册（包括善本 6 万册），民国时期图书 10 万册，中西文纸质期刊 6 491 种。另有电子图书 195.86 万种，电子期刊 4.6 万种（中文 1 万种，英文 3.6 万种）。截止 2011 年底，北京大学图书馆馆藏纸质文献总量近 800 万册（件），电子图书达到 276 万种，中外文数据库 500 个，另有音像资料 5.6 万余件，自建特色数据库近 20 种、超过 100 TB。这些丰富的馆藏纸质和数字资源无疑是开展学科知识服务最坚实的基础。

除了资源量的增加，每一所大学在长期的办学过程中，经过历史的积淀和自身不懈的努力，都形成了各自一些优势和特色学科，这些学科成为图书馆资源建设的基础和重点目标。大学图书馆在信息资源建设中，紧扣教学和科研需求，以学校的优势学科为发展重点，兼顾各种资源类型，注重资源整合，逐渐形成了具有学科特色、结构合理的馆藏资源体系。

3.5.1.1　重视数字资源建设，提倡联合采购

随着数字资源大量涌现，图书馆对数字资源建设的投入不断加大。然而，数字资源数量和种类繁多，不同数据库收录内容存在交叉重复现象，图书馆有限的经费不可能购入所有数字资源。近年来，大学图书馆根据长期以来形成的资源采购原则，在数字资源的采购上遵循专业性、特色化、经济性、连续性等原则，重点保障学科高质量专业数字资源的建设，并根据学科发展与需求随时调整采购策略。在充分进行用户需求调查的基础上，合理规划、审慎决策，建立严格细致的采购流程，在保障资源丰富、可靠、适用的基础上，尽可能减少重复。同时，对购买的商业数字资源进行使用情况评估，依据评估结果决定数字资源是否续订，使数字资源购置经费使用效用最大化，以能够负担的经费成本，尽可能多地满足师生教学科研对信息资源的需要。

近年来，联盟、集团性采购数字资源的比例增大。一方面，数字资源的出版量增大、用户需求的资源种类增多，使得图书馆资源建设的选择难度增大；另外一方面，数据库商将那些有品牌特色的数据库把持在手中搞"独家经营"，借此垄断资源，使得价格谈判余地越来越小，单个馆进行大型数据库采购谈判越来越难，更愿意通过联盟或集团采购争取到更多的优惠政策和服务保障。我国高校图书馆数字资源采购联盟（Digital Resource Acquisition Alliance of Chinese Academic Libraries，简称 DRAA）就在国外数据库的引进中发挥了重要作用，是数字资源建设联合发展的一个典范。该组织由中国部分高等学校图书馆联合发起，以规范化集团采购行为，开展数字资源的采购工作，通过联盟的力量为成员馆谋求最优价格和最佳服务，引进高质量数字学术资源。

3.5.1.2　保持纸本资源拥有率，提倡资源共享

随着数字资源的蓬勃发展，馆藏数字化几乎是图书馆发展的必然趋势，

而纸本馆藏直观性好、安全性强、权威性高，加之用户长期利用形成习惯等原因，在图书馆中仍将长期占有重要的地位。因此，大学图书馆在馆藏资源建设与保障中，都很重视保持纸本馆藏的拥有率，使之与数字资源相得益彰，充分整合，满足不同学科、不同深度、不同目的利用需求。

　　然而，单个馆的馆藏保障能力毕竟有限，各馆更加希望通过馆际合作，以共享的方式来提高文献保障率。文献资源保障最早起源于国外的馆际互借运动，如美国的 OhioLink 和 OCLC、英国的 BLDSC（British Leading Documents Supply Center）、澳大利亚的 Shorlink 等。我国的文献资源保障探索始于 20 世纪 50 年代，之后相继出现了各类规模和范围的文献信息保障体系。文献信息保障体系是以文献信息资源全面建设为基本，全面分享是目标，网络技术是手段，在一定区域内满足使用者对文献信息的需求①。高等学校最具代表性的是中国高等教育文献保障体系（CALIS）和中国高校人文社会科学文献中心（CASHL）等，它们坚持"共建、共知、共享"理念，成为全国高校文献资源共建共享的典范。

3.5.1.3　加强网络免费学术信息资源的采集和管理

　　网络免费学术信息资源，如开放仓储、学科信息门户、专业学术论坛、图书情报机构网站和搜索引擎等提供的资源，是大学图书馆资源建设的有益补充。特别是开放获取资源，它在很大程度上拓宽了电子期刊资源的来源和渠道，大大提高了电子期刊资源的利用率，从而能够减轻图书馆的经费压力。

　　网络学术资源时效性比较强，对比图书馆在其他类型信息资源方面的经费比例，在网络学术资源，尤其是免费资源的采集上，所需费用要少得多，已经成为图书馆资源建设的重要途径②。目前对网络学术信息资源的组织主要有建立学科导航、学科门户网站、虚拟信息服务体系等方式。图书馆过去在搜索、整理网上资源时往往需要通过手工采集，导致信息门户建设周期长、效率低、时效性差、难以持续发展。而今，图书馆广泛采用各种网络学术资源自动采集技术，极大地提高了建设的效率和水平。以 SpringShare 公司的学科导航工具 LibGuides 制作的学科指南数量统计为例，目前在全世界范围内已有 4 000 多个图书馆的 5 万多位馆员建成并发布 35 万多个指南，国内也已有

①　冉曙光.应用型本科院校重点学科文献资源保障研究［D］.东北师范大学，2011
②　肖希明.藏书发展模式的选择：拥有还是存取？［J］.图书馆论坛，2002（1）：56－59

74 个图书馆建成 700 多个指南①。

3.5.1.4　关注信息资源组织和信息资源整合

现代网络的普及使得信息大爆炸，图书馆资源建设的理念正在发生转变，从存储利用型转向开放利用型。也就是说，重要的不是图书馆拥有什么，而是用户通过图书馆能获取什么；不是资源占有数量，而是用户需求的保障率、资源对重点学科的覆盖比例、用户对文献提供质量情况的反馈、满足用户信息需求的能力②。

大学图书馆的服务始终向着学科化和资源服务形式多元化方向发展，充分利用各种信息技术，对不同类型和特点的资源进行整合、优化，集成在统一的 Web 页面，方便用户一站式检索，方便用户利用统一的检索表达式对馆藏各类资源进行同步检索，实现馆藏纸质资源、数字资源和网络学术资源的一站式获取③。

3.5.2　雄厚的技术支撑

大学图书馆除了拥有越来越多高素质的人员，在信息技术应用方面也突飞猛进发展，显示出巨大优势。不断进步的信息技术和不断普及的网络环境，不仅给图书馆带来了变革，也为其学科知识服务带来了硬件上的便利。信息技术的应用，使图书馆的服务正迈向现代化、学科化和知识化。

周倩等认为知识服务的支撑技术包括知识发现技术、数据融合技术、语义网技术和本体论等④。陈扬认为：数据采集与传播技术、网络技术和数据（知识）转化技术等是知识服务的基本技术⑤。另外，杨薇薇认为：导航库技术、推送技术、智能检索技术、智能代理技术和多语种信息发现技术等是知识服务的核心技术，聚类与分类、信息提供、信息存储、内容挖掘、人工智能、协同技术、智力基础工具、规范、标准等也是知识服务应用的相关技

---

① LibGuides Community. http：//libguides. com/community. php？ m = i&ref = libguides. com ［EB/OL］. 2013 – 6 – 12

② 鞠文红，辛希孟. 网络环境下信息资源建设的新理念及其实践和发展前景 ［J］. 中国图书馆学报，2001（4）：15 – 18.

③ 聂曼曼. 新信息环境下复合图书馆信息资源建设模式发展研究 ［D］. 河南科技大学，2012.

④ 周倩，刘勇. 图书馆知识服务理论与实践概论 ［J］. 情报理论与实践，2005（4）：379 – 382

⑤ 黄琛. 从信息服务到知识服务——论网络环境下我国图书馆服务模式的发展 ［J］. 科技情报开发与经济，2007（28）：31 – 33

术①。这些技术的出现和成熟是大学图书馆开展学科知识服务的技术支撑，下面概述几种基于网络环境应用的核心技术。

3.5.2.1　导航库技术

导航库是能够给予用户指引，让他们能够在指定地址获得信息的一种数据库。通过导航库，能够将网络上分布在不同节点的相同主题连接起来，可以用户利用为目的对资源进行揭示，指引用户便捷地查找到所需资源。建立导航库要利用已有搜索引擎，对众多有联系的资源进行检索、整理，形成索引，然后为用户提供可供查询检索的入口，形成友好的网络界面。在收到用户提交的查询要求后，导航库的查询服务即做出回应和反馈，并且还能根据实际情况不断自动更新信息数据，无需人工介入②。

导航库的查询服务具有与用户对话的交互功能，一方面 Web 服务器可以对用户提供不断更新的数据，另一方面，导航库可以接收并整理反馈用户信息。该项技术可应用于为高校教学科研建立互动式的信息提供平台，实现不同学科领域或不同群体的信息共享。

3.5.2.2　推送技术

推送技术是一种发布信息的技术，它通过某种技术或协议，从互联网信息源或者信息生产商那里获取信息，再通过固定频道向用户发布这些信息③。它是基于主动信息服务系统的一种信息服务技术④，主要有 Agent 推送、协同过滤推送和 RSS 推送等三种推送技术⑤，有四种推送方式：频道式推送、邮件式推送、网页式推送和专用式推送等。

信息推送技术是为解决网络信息源急剧膨胀而出现的一种新技术，可以从海量信息中获取用户所需信息，并将这些信息传送给用户。它是一种特殊的软件系统，能够按照用户个性化需求，主动搜索相关内容，进行筛选、分类和排序，再根据用户的要求传递到用户指定的地点⑥。

---

① 杨薇薇．近十年来国内图书馆知识服务研究综述 [J]．现代情报，2009（8）：221 – 225
② 刘崇学．高校图书馆开展知识服务探讨 [J]．图书馆学研究，2004（2）：82 – 83，33
③ 谷琦主编．网络信息资源组织管理与利用 [M]．北京：科学出版社，2008
④ 卢晓君．网络环境下图书馆知识服务体系构建研究 [J]．科技信息，2012（14）：416
⑤ 周朴雄，秦雷．基于 Agent 和 LBS 的移动信息推送服务研究 [J]．情报杂志，2012（6）：173 – 176
⑥ 朱芸．推送技术：网络个性化信息服务的关键技术 [J]．情报探索，2007（12）：58 – 59

3.5.2.3　智能检索技术

智能检索技术是指采用人工智能（Artificial Intelligence，AI）的信息检索技术。面对海量涌现的信息，要实现信息的精确检索就如大海捞针般困难重重。智能检索技术借鉴多个学科的研究成果，对文本、图像和视频信息等进行智能化处理，从而实现对信息的精确检索。如陆建江等在《智能检索技术》一书中所论述："智能检索技术包括基于本体的文本检索技术、基于内容的图像检索技术、基于视觉特征的图像检索技术、基于语义的图像检索技术、Web 图像的检索技术、基于内容的视频检索技术和语音识别技术等"①。

用户和信息管理系统对同一概念的表达形式不同，基于关键词的检索引擎只能从字面上来匹配检索提问，反馈给用户的信息包含大量无关信息；而智能检索能够在文献和检索词相关度基础上，进一步综合考查文献重要性等指标，对给出的检索结果进行排序，大大提高了检索准确率。

3.5.2.4　智能代理技术

智能代理技术又被称为智能体，是一种具有高度智能性和自主学习性的软件程序，它可以依据用户定义的准则，通过智能化的代理服务器，主动搜集用户最感兴趣的信息，然后利用代理通信协议，把经过加工的信息按时推送给用户②。也就是说，"如果用户自己不明确需求，代理技术也可以主动推断出用户的需求，代替用户处理如信息查询、筛选、组织等复杂的工作"③。

智能代理技术不需要用户监督，通过模拟人类的行为，能够自主运行和提供相应服务，是一种更加智能化、知识化和专业化的技术④。它的出现，极大地增强了图书馆网上信息服务的能力。

3.5.2.5　多语种信息发现技术

多语种信息发现技术指的是通过机器自动翻译，实现不同语种间信息的自动发现、收集、转换、组织的信息技术。这一技术应用在信息检索、人机交互、自然语言处理等领域，将大大提升大学图书馆开展知识服务的效率和质量。

———————————

①　陆建江，张亚非等. 智能检索技术［M］. 北京：科学出版社，2009
②　李伟超，牛改芳. 智能代理技术分析及应用［J］. 情报杂志，2003（6）：29－33
③　褚峻. 智能代理技术及其对图书情报工作的影响［J］. 情报理论与实践，2000（1）：62－64
④　初景利，邵正荣编. 图书馆知识服务战略研究［M］. 北京：北京图书馆出版社，2004：21－22

3.5.3　知识型馆员是根本

数字时代知识经济社会发展的现实要求下，大学图书馆要实现自身可持续发展，进一步做好信息服务，关键是要有一批高素质的人才。学科知识服务的目的是为用户提供个性化的学科知识产品，要为用户提供智力服务。因此是否拥有一批高素质的学科馆员、知识型馆员，是衡量学科知识服务质量和水平高低的重要标准。对图书来讲，丰富的馆藏资源固然重要，但如果没有知识型馆员，开展专业化的学科知识服务同样是空谈。只有拥有了专业化知识型服务人员，图书馆才能完成学科知识服务。

因此，知识型馆员对于大学图书馆至关重要。相对于公共图书馆，大学图书馆的工作人员大多具有某一专业学科的优势，对本校相关专业的资源较为熟悉，开展学科知识服务的基础较好。特别是近年来，大学图书馆人员在数量和质量都有了大幅度提高。表 3 - 2 是 2011 年总数排在前 20 位的高校图书馆人员统计。

表 3 - 2　2011 年 20 所高校图书馆工作人员数量统计表①

序号	图书馆	人员总数（人）	序号	图书馆	人员总数（人）
1	浙江大学图书馆	466	11	厦门大学图书馆	298
2	上海财经大学图书馆	422	12	毕节学院图书馆	295
3	南京大学图书馆	395	13	广西大学图书馆	293
4	山东大学图书馆	391	14	扬州大学图书馆	290
5	北京交通大学图书馆	379	15	华中科技大学图书馆	289
6	武汉大学图书馆	360	16	复旦大学图书馆	266
7	四川大学图书馆	360	17	重庆大学图书馆	264
8	深圳大学图书馆	333	18	同济大学图书馆	258
9	福建农林大学图书馆	327	19	海南大学图书馆	254
10	上海交通大学图书馆	322	20	浙江农林大学图书馆	252

在数量增加的同时，大学图书馆对人员质量的要求也在不断提高。以 2012 年 "985" 高校图书馆选留应届生条件为例，大多数高校均要求应聘者为重点高校（ "985" 、 "211" 院校等）硕士研究生及以上学历，如清华大学、

① 数据来源：《中国图书馆年鉴 2011》

北京大学、北京师范大学、中国人民大学、浙江大学、南京大学、西安交通大学、天津大学、东南大学、武汉大学图书馆等。仅有厦门大学嘉庚学院、复旦大学图书馆等少数大学图书馆要求应聘者为 211 院校本科及以上学历。以中国人民大学图书馆为例，2010 年选留博士 1 人，硕士 2 人；2011 年选留硕士 3 人；2012 年选留博士 1 人，硕士 2 人；2013 年选留博士 2 人，博士后 1 人。在大学图书馆的人员构成中，高学历人员所占的比例越来越大。以具有硕士研究生及以上学历的馆员所占比例来看，清华大学图书馆占到 46%，北京大学图书馆占到 45.2%，北京师范大学图书馆占到 57.6%。再从图书馆人员情况变化来看，以中国人民大学图书馆为例，2007 年全馆 169 人，其中博士 3 人，硕士 24 人，占馆员总人数的 16%；到了 2013 年，全馆 134 人，其中博士 6 人，硕士 38 人，占馆员总人数的 33%。五年之中馆员总数虽然逐年减少，但博硕士馆员的比例有了大幅提高。这些高学历的馆员，部分拥有图书情报专业背景，更多拥有学校相关专业学科背景，为学科知识服务的开展奠定了良好的人员基础。

除了知识型馆员，大学图书馆还拥有学校一大批从事教学科研的专家、学者，他们既是图书馆的用户，也图书馆知识信息的重要生产源。图书馆一方面为这些专家学者提供服务，另一方面也从他们那里吸收更多学科信息，补充了馆员学科专业知识的不足。这些专家学者也成为大学图书馆开展学科知识服务的坚实后盾。

3.6 以学科服务能力打造大学图书馆学科知识服务品牌

大学图书馆的建设与发展应该和学校的发展目标相一致，转型后的大学图书馆，作为大学公共服务系统的重要组成部分，承担了大学文献信息中心、学习中心和文化交流中心的职能。要想占据学校信息中心的核心地位，就要有颇具核心竞争力的服务，时刻以大学的教学和科研为服务目标和宗旨，特别要将满足大学师生的研究性、学术性、知识性的需求放在首要位置，为学校的教学科研开展创新性服务，把学科知识服务打造成大学图书馆的服务品牌。

第一，加强学术性资源的建设与保障。扩大研究型文献信息资源在馆藏文献中的比例；加强数字化资源、特色资源的建设，订购高质量的电子资源，并结合所在大学的学科发展特点和专业需求特点，建设有特色的专业学科资源，满足广大师生专业化、个性化的资源需求。同时，利用现代化信息技术，为师生提供便捷发现、利用这些资源的有效途径和方式。

第二，要拓展服务功能，使服务向多元化、多功能、深层次格局发展。为科研创新服务是大学图书馆发展的重要目标。为实现这一目标，需要拓展现有的服务功能，创造以用户为导向的集成化信息服务体系，围绕学校重点学科的发展与用户需求，以学科为目标，以先进信息技术手段为条件，从服务的组织、服务内容和服务方式等方面综合考虑，开展集成式、一站式、整合式的学科化服务，以满足用户专业性、前沿性、时效性的信息需求。同时，为了更好地服务于学校的学科发展、科研创新与人才培养，大学图书馆需要培养一支高素质的学术服务团队。这支团队除具有较强为教学科研服务的能力外，还需要具有较强研究能力。一方面可以更好地为学科建设和学术研究服务，另一方面也可以提升图书馆自身的学术研究水平，促进图书馆业务提升与进步。

第三，加强学术服务团队建设。为了更好地服务于大学的学科发展、科研创新与人才培养，大学图书馆需要培养一支高素质的学术服务团队。这支团队除了具有较强的为教学、科研服务的能力外，还需要具有较强的研究能力。一方面可以更好地为教学、科研服务，另一方面也可以提升图书馆自身的研究能力，使图书馆具有持续开展学科知识服务的能力。

上述在学科资源建设、多元服务和人才培养方面的探索和改变，是大学图书馆为满足学校学术性、研究性、学科性等信息需求进行的有益尝试，也是学科知识服务中较有代表性的工作，这些工作能够真正彰显图书馆服务于学校教学科研的实力，使图书馆逐渐成为学校教学科研不可或缺的信息支撑。正像某些教师感慨的那样："我的教学科研工作从未像现在这样离不开图书馆的支持。"从某种程度上说，学科知识服务正在成为大学图书馆"安身立命"之本，正在成为图书馆服务的一个品牌。

品牌的打造要靠实力。学科知识服务是否能成为大学图书馆的服务品牌，要依赖于大学图书馆学科知识服务能力的培养和发挥。正如 J. G. Marshall 等认为的："专业图书馆的发展趋势是开展学科服务，而专业图书馆员应具备的专业能力之一就是通过理解专业知识、共享专业知识为用户提供学科知识服务"①。

---

① Marshall J G. Competencies for Information Professionals of the 21st Century ［EB／OL］. ［2013－10－03］. http：//www. sla. org/pubs／compet. pdf.

　　大学图书馆要想把学科知识服务打造成一种服务品牌，就要从图书馆自身的建设和学科馆员能力建设两方面入手，一方面要从机构建制和制度保障方面重新规划和设计，从体制上为开展学科知识服务提供持续有力的保障；另一方面要悉心培养和完善学科馆员自身的知识和技能，使馆员的学科服务能力得到充分发挥，并且使馆员的个人能力与图书馆整体学科服务保障体制产生共鸣，形成大学图书馆学科知识服务的合力，共同打造大学图书馆学科知识服务品牌。

第4章 大学图书馆学科知识服务能力的现状分析

目前，我国仍有部分大学图书馆尚未开展学科知识服务，在已开展此服务的图书馆中，其服务能力和水平也各异，并不同程度存在一些问题。本研究将理论研究与实践调研相结合，通过大量文献研究，以及对国内部分"985"和"211"院校进行了网络、电话调研或走访，对目前我国大学图书馆学科知识服务能力的现状进行了分析，以期对后续大学图书馆学科知识服务能力的构建和提升提供实践依据。

4.1 学科知识服务的作用

作为学校的文献信息中心，大学图书馆是服务于教学和科研的重要学术性机构和信息化基地，是保障学校教学、科研工作顺利开展不可或缺的组成部分。信息时代的到来和知识经济的发展，引发了图书馆生存环境和用户信息需求的变化，这样一些变化促使图书馆要改变传统的信息服务工作方法，从学科研究和教学出发，发挥主动性和创造性，为用户提供学科信息资源，学科知识服务的重要性日益凸显。

4.1.1 社会环境的变化

二十世纪下半叶，随着计算机技术和网络信息技术的发展，网络资源数量激增，各类信息服务商不断涌现。图书馆作为学术中心的优势地位受到咨询公司、数据库商和专业搜索引擎的冲击。OCLC《用户对图书馆和信息资源的认知》报告中明确指出："用户已经将搜索引擎作为信息获取的首选[①]"。如此形势下，为了更好地生存与发展，图书馆不得不面对外界信息服务机构的严峻挑战。

---

① OCLC. Perceptions of Libraries and Information Resources（2005）［EB/OL］. http://www.oclc.org/reports/2005perceptions.htm，2013-05-13.

同时，用户越来越习惯于通过网络获取信息资源。尽管图书馆非常重视数字资源建设，采购了大量数字资源，试图尽最大可能满足用户对数字资源的需求，但仍有部分用户习惯利用谷歌、百度等搜索引擎检索相关信息。他们不知道图书馆有什么资源，能够提供何种服务，缺乏对图书馆资源的认知和对信息服务的认可，图书馆学术中心的地位有逐渐被用户弱化的现象。

在这种社会信息环境下，如果不能主动向用户推送图书馆的优质资源和服务，图书馆的价值就不能得到充分显现，生存也将受到挑战和威胁。如何将用户吸引回到图书馆，让他们充分利用图书馆的学术资源；如何主动为用户提供学术信息，使其越来越依赖图书馆，已成为图书馆人要思考和解决的问题。

4.1.2　用户信息需求的变化

在网络环境下，用户对图书馆的信息需求发生了很大变化。正如张晓林在《构建数字化知识化的信息服务模式》一文中提到的：用户的要求和行为习惯发生了变化，不仅"数字化、网络化获取、处理信息已成为一种基本要求和行为习惯"，而且用户对信息获取及相关服务提出了更高要求，希望能够在教学和科研过程中随时随地获取所需信息；另外，用户对获取信息的方式和信息内容也有了新要求，希望能够集成、发现式地获取信息，并且能够对信息内容进行挖掘，即由文献获取转变为知识发现①。

这种改变首先表现在用户对于信息资源的需求不再仅局限于纸质文献，更多倾向于能够方便、及时获取网络资源。其次，随着网络资源的爆炸式增长，面对良莠不齐的信息，用户不仅仅只满足于文献的查询和获取，更需要的是解决问题的方法和"为什么"，而不仅仅局限于"是什么"。另外，用户更加注重信息的有用性。尽管用户通过百度、谷歌等搜索引擎能查找丰富的信息资源，但是信息是否对用户有用、是否具有新颖性等需要用户花费大量时间进行辨别，而图书馆的学科服务能够弥补搜索引擎等检索工具的这一缺点，为用户提供更加准确、有效的信息和知识。在用户需求发生变化而搜索引擎在一定程度上不能满足用户需求的情况下，图书馆学科服务作用显得更为突出。

4.1.3　传统服务方式的局限

学科建设是大学发展的头等大事，这项任务要求图书馆能够支撑学科建

---

① 张晓林. 构建数字化知识化的信息服务模式 [J]. 复印报刊资料，2004 (3)：97 – 100.

设，充分发挥文献信息中心的作用。但是，图书馆的传统服务被动局限，需要用户走进图书馆才能享受服务，在一定程度上制约了图书馆为学科服务作用的发挥。忙碌工作在教学一线的用户，特别是教师，是否有充足的时间走进图书馆，是否全面了解本学科的资源情况，都成为他是否愿意和能够走进图书馆的因素。可见，传统坐等用户上门的服务方式限制了用户对图书馆的利用。

由于传统服务局限性的存在，大学图书馆的作用一直未能充分发挥出来。据研究发现：国内图书馆和各类情报所收藏的中文文献70%以上、外文文献90%以上长期未被利用，与此同时，重点学科的研究人员却要花费大量的时间和精力去查找和获取研究所需的相关文献①。这种状况的出现，反映出大学科研人员在研究过程中，并未通过图书馆这一渠道获取相关资源，图书馆的资源没有得到充分有效的利用，这不仅浪费了科研人员大量的时间和精力，也造成了图书馆资源的浪费，另一方面也反映出图书馆欠缺主动服务。学科服务的出现扭转了图书馆的被动服务局面，在为科研人员提供及时有效学科信息的同时，学科服务也有助于大学图书馆价值的实现和地位的提升。

4.1.4　与用户的关系从联络走向协同

面对数量庞大的信息资源，科研人员在查找、获取资料上花费大量的时间，迫切期待能够有专业人员协助他们搜集、筛选、整合有关的学科信息和知识，以节省花在找信息资源上的间和精力。学科馆员除了要具备图书情报专业知识，最好还能具有某一学科的专业知识，能够准确地理解用户的真实需求，消除图书馆和用户之间信息不对称的壁垒，告诉用户图书馆能提供哪些资源、哪些服务，保障资源在图书馆和用户之间有效传递与获取，在用户与图书馆间构筑一条顺畅有效的沟通渠道。

并且，随着与用户不断密切的联系，学科馆员加深了对用户教学和科研的深刻了解，能够更加精准地满足用户教学和科研的资源和服务需求。同时，用户在获得满意服务的同时，也开始逐渐参与图书馆的文献资源建设，对学科资源建设提出合理化意见和建议，并与学科馆员一起，共同建设学科资源。如此，双方由最初的简单联络发展到密切合作。

---

① 冯润玲．高校图书馆提高信息服务效益新探 ［J］．科技信息（学术研究），2007（2）：136，138

4.2　从学科文献信息服务到学科知识服务的演变

学科馆员制度是大学图书馆开展学科服务的前提和保障。学科服务依托具有一定学科专业背景，熟悉图书馆馆藏资源与利用方式，具有敏锐信息意识、较强信息组织、检索与处理能力的学科馆员，面向学科用户，是一项个性化、深层次和高水平的专业信息服务实践活动①。大学图书馆的学科服务依靠学科馆员制度，从起步到发展，又在知识服务理念指导下，深化和拓展服务内容和服务手段，直至发展到学科知识服务。

4.2.1　从文献信息服务到知识服务的变化

学科服务在我国已经有十余年的历程，从最初的以文献获取为主，到今天在知识服务理念下服务深度和服务内容的拓展，可以说，学科服务经历了文献服务、信息服务和知识服务三个发展阶段（或三个层次）。文献服务阶段，是以为用户提供文献信息为主，以提供纸质文献或文献目录为主；信息服务阶段，除了能够为用户提供纸质文献，还能够提供更加广泛的信息资源，特别是提供借助数据库和互联网获取的数字信息资源；知识服务阶段，是在满足用户纸质和数字资源需求基础上，从海量资源中找到真正满足用户需求的知识信息。

学科服务的三个阶段不是分割独立的，是图书馆学科服务发展的渐进过程，是服务内容随着学科服务的深化而不断发展、完善的过程。美国专业图书馆协会（SLA）原会长 Guy St Clair 认为："我们已经从追求信息的时代步入到了追求知识的时代，在共享知识和知识发展成为一切事情和交流的基础时，学科知识服务就理所当然地成为了信息使用的有效管理方法"②。将学科服务与知识服务的理念有机地融合起来，开展学科化知识服务将是现代大学图书馆服务发展的方向和目标。正如张晓林教授在《构建数字化知识化的信息服务模式》一文所说："学科化知识化服务是对以学科馆员为基础的学科信息服务模式的改革"③。

随着实践的发展，国外大学图书馆的学科服务也在不断发展和变化，服务

---

①　费晓炜. 高校学科馆员咨询服务工作初探［J］. 图书馆建设，2007（1）：77-80

②　St Clair C. Knowledge services：Your company's key to performance excellence［J］. Information Outlook，2001，5（6）：5-8

③　张晓林. 构建数字化知识化的信息服务模式［J］. 复印报刊资料，2004（3）：97-100

定位已由基础的资源建设保障和参考咨询逐步转到嵌入教学科研过程的信息服务方面，强调将学科服务融入学校教学科研过程以及用户的信息环境中，以提高用户的信息能力为目标，并且服务形式多样灵活。欧阳瑜玉通过对美国十所著名大学图书馆的学科化服务进行网络调查后发现：十所图书馆都提供细分学科主题、多途径书目检索、学科专家个别指导、课程支持与指导、详细学科研究指南、多种形式用户培训、各种书目管理软件等学科化服务[①]。不难看出，国外大学图书馆学科化服务有这样一些特点：是内容丰富、全面细致的立体化服务，是充满人文关怀的柔性服务和主动服务，是自主灵活的开放式自助服务；各种服务融入大学的专业课程教学，并积极融入科研活动，推动服务的发展和提升。

经过十多年的发展，我国大学图书馆的学科服务已经由过去以文献检索和获取为主发展到如今以向用户提供个性化及知识化信息为主，在服务内容、服务深度、服务手段和服务工具上也都有很大发展变化。

在服务内容上，初期学科服务的内容相对单一，主要集中于院系联络，推荐和选购学科专业书籍，进行简单的参考咨询，服务内容相对缺乏深度。随着服务的推进，学科馆员的核心服务转变为追踪用户的学术研究，按照学科进行信息整合，提供学科化知识服务。

在服务的深度上，学科馆员从最初的解答一般疑问、向用户推送本馆馆藏、搜集图书购买建议，扩展为搜集网络资源并对网络资源进行加工、整理，提供知识服务。另外，学科馆员还要深入到院系，融入教师的教学科研过程之中，借助多种技术与工具，整合各类信息资源，向他们提供各种解决问题的对策与方案。

在服务手段上，最初学科馆员的服务主要依靠图书馆的资源，而现在学科馆员需要走进院系、走进课堂了解用户的需求，推介学科资源，强调运用技术手段，如电子邮件、即时通讯工具、微博、博客等，与用户建立广泛联系，增加学科服务的时效性和精准度，增强沟通的及时性。

在服务工具上，近年来学科服务工具的建设和利用越来越受重视。如美国 Springshare 公司利用 Web2.0 技术开发的 LibGuides，就是一个专为图书馆设计的内容管理与知识共享平台，在美国、加拿大、澳大利亚等国外高校图书馆被广泛采用并得到好评。近年来国内高校图书馆也陆续引进 LibGuides，截至 2013 年 6 月，已经有 61 所大陆高校共发布 457 个指南[②]。

①　欧阳瑜玉．美国著名大学图书馆学科服务的特点［J］．图书馆建设，2010，12：73 - 76

②　LibGuides Community［EB/OL］．http：//libguides.com/community.php，2013 - 6 - 29

上述变化都深刻显示，目前在大学图书馆，学科服务已经发展到了学科知识服务阶段。

4.2.2　学科馆员工作职责和任职资格的变化

随着学科服务工作的发展、深化，服务条件和模式不断变化，学科馆员的工作内容在不断变化，随之对学科馆员的任职要求也在发生变化。按照学科馆员职能的转变，有学者将学科馆员划分为第一代学科馆员和第二代学科馆员，随之其工作职责和任职资格也有变化和发展。

4.2.2.1　第一代学科馆员时期

在学科馆员出现初期，即第一代学科馆员时期，这一岗位设置是为了促进与院系的联络和沟通，进行图书馆资源与服务的宣传。随着图书馆资源建设与联合编目工作的开展，学科馆员的职责开始扩展到资源采购、代查代检索等参考咨询服务、读者培训、院系联络等方面。可以看出，第一代学科馆员的主要工作职责是扮演图书馆和院系联络人的角色，承担学科资源建设、学科用户信息素养教育、提供面向学科的参考咨询服务等项工作。

以中国人民大学图书馆为例，这一时期其学科馆员的主要工作职责包括[①]：

（1）熟悉馆藏中对口院系所需资源的收藏、布局、使用情况；

（2）掌握对口院系教学、科研情况，如专业设置、学科带头人、博士点情况、科研课题等；

（3）定期编写资源和服务宣传资料，将图书馆新增各类资源和服务措施告知对口院系用户；

（4）定期或不定期为对口院系用户提供利用图书馆资源与服务的培训和辅导讲座，使其掌握信息检索方法与技巧；

（5）协助对口院系师生检索相关课题文献，逐步向为其教学和科研提供课题跟踪服务发展；

（6）通过上门、电话和网络等方式，及时为对口院系提供各类有针对性的咨询服务；

（7）负责征集对口院系的教学参考书、会议文献、科研文献和科研成果等；

（8）认真听取对口院系用户对图书馆购买资源、自建资源和剔除资源的意见和建议，并反馈给相关部门；

（9）定期收集整理对口院系用户对图书馆资源和服务方面的需求，为图书馆总体资源建设和服务举措的实施提供决策依据。

（10）负责宣传介绍对口院系承担的科研课题和重要科研成果，以扩大其影响。

---

①　来源于《中国人民大学图书馆学科馆员工作制度（2004 年）》

这一时期，对学科馆员任职资格的要求不慎严格，基本能承担联系和宣传任务即可。以中国人民大学图书为例，这一时期学科馆员的任职条件是①：

（1）具有较丰富的图书情报专业知识和较强业务能力

（2）具备人文社会科学某一学科专业的知识背景

（3）掌握对口院系所需资源的分布情况及获取方式

（4）具有敏锐的信息意识和较强的信息组织加工能力

（5）具有开拓进取和创新精神

（6）具有良好的人际沟通能力

4.2.2.2　第二代学科馆员时期

随着信息技术的发展以及网络在图书馆的应用，图书馆学科馆员的角色定位和职能也发生了变革和创新，这就产生了第二代学科馆员。第二代学科馆员提供服务的内容和方式更加多样化，要求他们能融入到教学科研一线、嵌入学科研究过程中。因此，为了解学科用户的需求，宣传推介学科资源与服务，学科馆员不仅需要走入院系，深入课堂，还要能够综合运用各种信息资源和技术工具，提供学科化专业化的知识服务。同时能够挖掘用户潜在的信息需求，辅助师生的科研工作。

举例来说，这一时期，中国人民大学图书馆学科馆员的工作职责如下②：

（1）学科信息联络。在图书馆与院系用户之间构建信息沟通渠道，与对口院系的定期联系；建立重点用户档案，主要针对教师和研究生用户，根据教学、科研需要，提供学科化、个性化服务；及时将图书馆的资源及服务信息传递给院系用户，并且收集用户对图书馆的意见与建议。

（2）学科资源建设。参与学科馆藏建设策略的制定；参与学科资源选择；每学年做出学科资源使用情况分析与评价。

（3）学科资源宣传。熟悉图书馆学科馆藏，并向学科用户进行宣传；对于新增资源，在 2 周内让学科用户知晓资源到馆信息；对于学科用户协助选择的资源，资源到馆后 1 周内告知用户。

（4）学科用户培训。定期对用户进行学科馆藏资源及服务利用方法培训；对于新购资源，在 1 个月内完成对学科用户的使用培训。

（5）学科信息导航。跟踪负责院系学科发展动向，了解院系的学科发展态势，收集、鉴别、整理、整合所对口院系的学科资源（包括馆藏资源及网络学术资源），以学科导航形式向院系推荐。

（6）学科动态跟踪。根据学科发展情况，为学科用户提供定题信息服务；提供投稿指南帮助；提供科技查新帮助；提供论文收录引用帮助。

---

① 来源于《中国人民大学图书馆学科馆员工作制度（2004 年）》

② 中国人民大学图书馆主页．http：//www.lib.ruc.edu.cn/webs/show/notice/53/8.html．2014 - 04 - 03．原始来源《中国人民大学图书馆学科馆员工作方案（2010 年）》

　　上述服务内容与之前相比增加了很多，体现了第一代学科馆员到第二代学科馆员的变化，从中不难看出随着学科服务工作的发展，工作内容也在不断拓展和深入。

　　当然，学科服务工作内容的改变使得学科馆员的任职资格也发生了变化。从单纯意义上的"学科联系人"，变成了熟悉馆藏建设、具有某一学科背景的"学科专家"，学科馆员的任职要求提高了，特别是研究型大学图书馆，学科馆员基本都要求具有硕士及以上学历，具有相关学科背景和图书情报专业知识。

　　还是以中国人民大学图书馆为例，这一时期其学科馆员的任职条件是①：

　　　　（1）研究生以上毕业或具有副高及以上职称，在图书馆工作一年以上，具有对口服务院系的学科或相关学科背景；可视部门人员情况及专业背景可适当放宽条件。

　　　　（2）拥有较丰富的图书馆学、情报学的基本理论知识，熟悉图书馆的馆藏结构、资源利用方式和手段，掌握网络信息资源检索技术，具备综合利用各类检索工具和检索系统帮助用户利用图书馆和获取文献信息的能力。

　　　　（3）具有较宽的知识面，特别是对口服务学科的专业知识，熟悉该学科的馆藏（包括纸本馆藏和电子资源）和网络资源，并了解该学科发展状况以及对文献信息的需求。

　　　　（4）具备一定的语言表达能力和中英文读写能力；有良好的公关能力和沟通能力，能独立开展工作。

　　　　（5）具备良好的用户服务意识，有敬业精神和团队协作精神。

　　对学科馆员学历和专业背景的要求，为大学图书馆进一步开展学科知识服务奠定了人才基础，使学科服务顺势发展到学科知识服务，进而使学科知识服务能力要求的提出具有可行性。

4.2.3　学科知识服务与大学图书馆业务体系的重构

　　作为大学图书馆一种新型服务形式，学科知识服务越来越受到图书馆重视，它打破了图书馆传统按部门划分业务工作的方式，按照学科专业的需要，横向、跨部门组织图书馆的业务工作，建立起一种新型的图书馆业务工作体系，并且正在成为大学图书馆业务工作的主导。

　　在按照文献流发展设置的传统工作体系下，图书馆很多业务工作难以顺利完成，而藉由学科知识服务方式则得以顺利开展。如学科资源建设、电子

---

　　①　宋姬芳，祝小静．打造高校图书馆专业化学科服务团队——中国人民大学图书馆学科馆员工作剖析［A］．杜晓林，杨剑平等主编．高校图书馆的创新与实践［C］．北京：科学技术文献出版社，2012．125－134．

资源评估、特色资源的数字化与整合、学科馆员工作的整体宣传推广、数字
图书馆技术和系统的选定等等，很难靠某一个部门的力量完成，传统的岗位
设置方式也很难囊括这样一些工作内容，需要调动全馆力量，投入多个相关
部门的人员才能完成，需要主管领导间的协调和相关部门间的协作，工作开
展颇费周折。在学科知识服务工作模式下，这种全馆协同性的工作却能够较
为顺利地实施。甚至，在学科知识服务理念下，已经开始有图书馆对传统业
务部门进行重组，从组织机构上适应学科知识服务的开展。

4.2.3.1　上海交通大学图书馆机构设置

上海交通大学（简称上交大）图书馆是我国开展学科服务较早的图书馆
之一，学科服务工作比较有特色。2007 年，上交大图书馆确立了创新型图书
馆的建设目标，在"资料随手可得，馆员走进学科"的主动服务理念指导下，
对图书馆的组织机构和业务流程进行了彻底改革，以读者服务为核心，将原
有机构设置进行了整合与重组，打破原有的部室设置，将 13 个部室整合为 3
个大部门，每个大部门下设若干分支部门，并且采用多分馆联合服务模式，
设立专门的学科服务岗位，使业务流程按照"前端推进，后台保障，全程宣
展"的模式运行。如图 4 - 1，为上海交通大学图书馆的组织机构图。

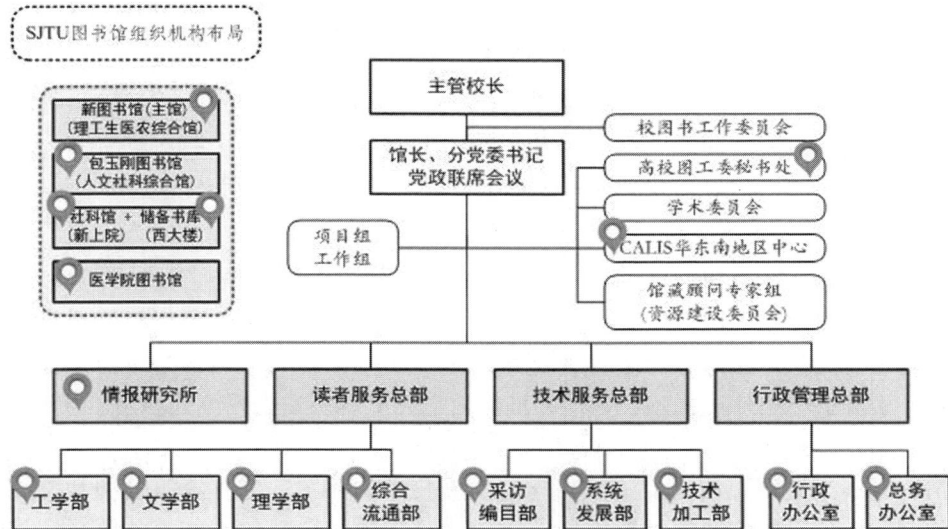

图 4 - 1　上海交通大学图书馆组织机构图①

---

①　上海交通大学图书馆新版主页. http：//newweb. lib. sjtu. edu. cn/，2013 - 12 - 29

　　在上交大图书馆的机构中，作为前端的"读者服务部"聚集了全馆60%以上的一线服务队伍，按学科方向设置了三个学科服务部：工学部、人文社会科学部和生医农理部，另外还设有一个综合流通部，负责基础服务。工学部设立机械动力、电子电气、材料化工、船海建工四个学科服务团队，文学部设立人文法学、语言媒设、经管综合三个学科服务团队，理学部设立理学天文、生命医药、农业环境三个学科服务团队。各学科部下又分别设有若干个学科服务团队，其组成人员有学科馆员、协同咨询馆员和阅览室管理员，负责院系学科联系、用户需求调研、读者培训、参考咨询等项工作。"技术服务部"包括采访编目部、系统发展部和技术加工部，负责文献资源建设、系统平台与信息技术保障。采编部负责图书馆资源采集、揭示、加工，以及馆藏资源建设、馆藏评估、馆藏发展政策制定。系统发展部负责图书馆各个应用系统有效运行，为信息服务提供良好的网络和计算机应用环境，为数字图书馆和智慧图书馆的建设发展提供先进的技术支撑。技术加工部主要负责文献复制印刷、数字文献加工、声像与音乐欣赏及多媒体资源制作等。"行政管理部"由行政办公室和总务办公室组成，负责图书馆宣传、档案管理、后勤保障等工作。

　　在上述组织架构基础上，对全局性、跨学科的工作，还会根据实际需要，组建工作小组，灵活、协同地开展工作，如资源整合平台的建设、信息素养教育等。这种纵向与横向交织的组织形式，打破了图书馆传统的部室设置，更加注重学科服务团队与图书馆其他部门的合作与协同工作，为学科服务能够持续有效开展提供了有利的组织机构保障①。

4.2.3.2　中国人民大学图书馆项目工作小组

　　近年来，图书馆购买的数字资源越来越多，数字资源的数量、经费和使用量已超过纸质资源。原有的图书馆集成管理系统主要是针对传统纸质书刊的管理，无法承担对数字资源的高效管理。所以，各大学图书馆纷纷关注对数字资源进行整序、揭示、评估和推广的中外文资源发现系统的利用。

　　引进发现系统并不是一个简单的购买行为，需要前期根据图书馆的资源情况开展大量系统调研、测试，既有系统技术的问题，也有资源类型和配置的问题，更有用户使用调查方面的问题，是一项综合性的工作，涉及系统技

---

　　① 郭晶，黄敏等．上海交通大学图书馆学科服务创新的特色［J］．图书馆杂志，2010（4）：32－34，19

术、资源和服务等多个部门的业务工作。中国人民大学图书馆在开展此项工作时，以系统部牵头，统筹协调相关部室的学科馆员，成立了"资源发现系统项目小组"，项目组由主管副馆长牵头，成员为来自系统部、咨询部、采编部、多媒体部、借阅部和报刊部的学科馆员。

　　首先，工作小组明确了工作内容。工作内容为：调研国内外资源发现系统，分析比较各系统的功能及其优劣；选定适合人大图书馆的产品。系统部学科馆员负责系统平台技术和功能的调研分析，咨询部学科馆员负责系统对不同类型数字资源整合情况的测试和分析，采编部学科馆员负责与数据库商沟通，协调元数据的使用，报刊部学科馆员负责原文传递系统嵌入资源发现系统情况调研分析，其他服务部门负责收集院系用户对资源发现系统使用的意见和建议，提出完善服务功能的建议。

　　其次，确定采取分工合作，分步骤实施的工作方式。1）组织测试。（1）组织厂商调研及现场演示答疑；（2）组织项目组成员进行系统功能测试；（3）组织读者测试。2）完成测试报告。3）选定产品。4）实施安装。5）平台测试。6）上线使用。在上述六个工作环节中，由主管副馆长统一协调，每步骤工作进行前、进行中和进行后，都要组织小组讨论，充分听取各业务部门和用户的需求和意见，再由系统部综合起来及时反馈给系统商，作为完善系统技术和检索策略的依据。

　　历时一个学期，这项涉及多个业务部门的工作，通过项目工作小组形式，借助不同部门学科馆员自身的岗位业务知识以及与院系用户的良好协调，得以圆满完成，并且通过工作的开展锻炼出一批学科服务骨干力量。

4.3　学科知识服务的主要方式

　　各大学图书馆开展学科知识服务的方式有所不同，且在不断变化。本研究通过访问图书馆主页和电话咨询等两种方式，对全国 39 所"985 工程"大学曾经开展或者正在开展的学科服务方式进行了统计，如表 4 - 1 所示。

表 4 - 1　我国"985 工程"大学图书馆开展学科服务情况统计①

图书馆	服务内容
清华大学	①③④⑤⑦
北京大学	①③④⑤⑥⑦
厦门大学	①③④⑤⑦⑧
南京大学	①③⑤⑦
复旦大学	①③④⑤⑧
天津大学	①⑤⑦⑧
浙江大学	①③⑤⑦ ⑨（专利情报服务）
南开大学	①③⑤⑦
西安交通大学	①③⑤⑦⑧
东南大学	①⑤⑦⑧
武汉大学	①③④⑤⑦⑧ ⑨（武大 SCI、EI 论文动态）
上海交通大学	①③⑤⑦⑧
山东大学	①③⑤⑦⑧
湖南大学	①③⑤⑦ ⑨（自建学科平台）
中国人民大学	①②③⑤⑦⑧ ⑨（学科综述）
吉林大学	①③⑤⑦⑧
重庆大学	①③⑤⑦⑧
电子科技大学	①②③④⑤
四川大学	①③④⑤⑦
中山大学	①③⑤⑦ ⑨（SCI 收录）
华南理工大学	①⑤⑦⑧
兰州大学	①⑤⑦⑧ ⑨（SCI 收录）
东北大学	①⑤⑧
西北工业大学	①③⑤⑦⑧ ⑨（查杀毒服务）
哈尔滨工业大学	①③⑤⑦⑧ ⑨（SCI、EI 咨询）
华中科技大学	①③⑤⑦⑧
中国海洋大学	①③⑦⑧
北京理工大学	①③⑦ ⑨（情报咨询）

---

① 　数据来源：各大学图书馆主页或电话访谈．调研时间：2013 年 10 月．

续表

图书馆	服务内容
大连理工大学	①③⑤
北京航空航天大学	①⑤⑦⑧
北京师范大学	①③⑤⑦
同济大学	①③⑤⑧
中南大学	①⑦
中国科学技术大学	①⑦⑧
中国农业大学	①③⑤⑦⑧
国防科学技术大学	①③⑥⑦⑧
中央民族大学	⑦⑧
华东师范大学	①③⑦ ⑨（本校 WOS 收录）
西北农林科技大学	⑦⑧ ⑨（学科专题文献题录）

　　*注：①定题服务（包括科技查新）；②学科综述；③重点学科网络资源导航；④学科资源库；⑤学科门户（学科知识服务平台，如学科博客、学科微博、LibGuides、DSpace 等）；⑥科研评估；⑦专题讲座；⑧检索课；⑨其它。

　　通过以上对"985 工程"高校图书馆开展学科服务情况的分析归类，笔者认为大学图书馆从学科服务到学科知识服务，经历和采用了诸多服务方式，概括起来有如下几种。

4.3.1　定题服务

　　定题服务，又称"跟踪服务"或"对口服务"，是图书馆等信息机构根据用户的实际需要，针对某个特定课题，系统全面地对信息进行收集、筛选、整理，定期或不定期给用户提供对口信息的一种服务方式。如代查代检、科技查新、引文统计等工作均属于定题服务工作范畴。

　　对于大学图书馆开展学科知识服务来说，定题服务属于基础性服务。其主要实施步骤为：

　　（1）课题委托

　　课题委托人按照图书馆的要求，填写课题委托书及相关文件（《科技查新合同》等）。一般而言，委托人需提交能详细描述课题的背景资料，向馆员说明该课题的框架结构等，方便馆员全面了解项目的内容、特点、创新点和要求等。

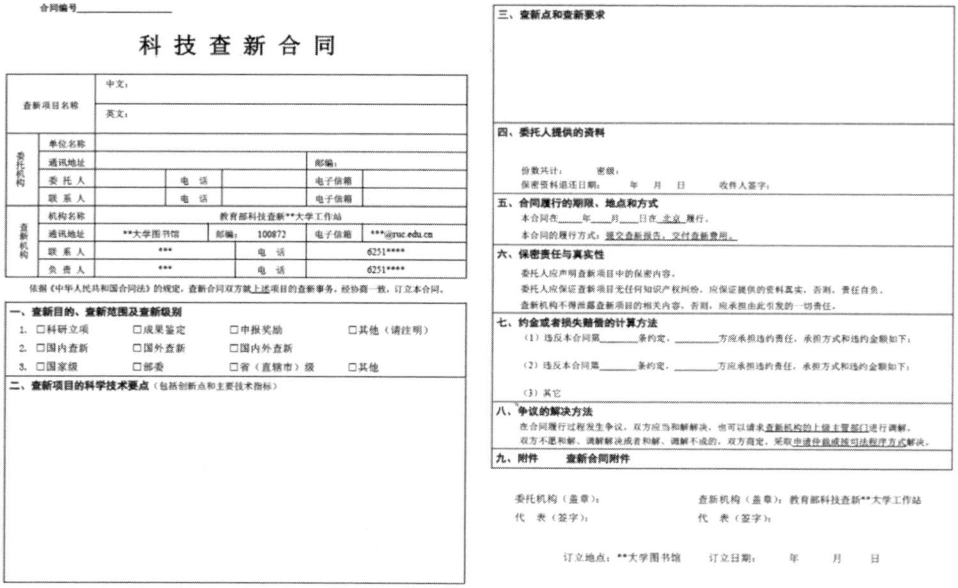

合同编号＿＿＿＿＿＿＿＿

科 技 查 新 合 同

查新项目名称	中文：			
	英文：			
委托机构	单位名称			
	通讯地址		邮编：	
	委托人	电话	电子信箱	
	联系人	电话	电子信箱	
查新机构	机构名称	教育部科技查新**大学工作站		
	通讯地址	**大学图书馆	邮编：100872	电子信箱 @ruc.edu.cn
	联系人	***	电话	6251****
	负责人	***	电话	6251****

依据《中华人民共和国合同法》的规定，查新合同双方就上述项目的查新事务，经协商一致，订立本合同。

一、查新目的、查新范围及查新级别

1. □科研立项　□成果鉴定　□申报奖励　□其他（请注明）
2. □国内查新　□国外查新　□国内外查新
3. □国家级　□部委　□省（直辖市）级　□其他

二、查新项目的科学技术要点（包括创新点和主要技术指标）

三、查新点和查新要求

四、委托人提供的资料

份数共计：　　　　　密级：
保密资料退还日期：　年　月　日　收件人签字：

五、合同履行的期限、地点和方式

本合同在　　　年　　　月　　　日在 北京 履行。
本合同的履行方式为：提交查新报告，交付查新费用。

六、保密责任与真实性

委托人应声明查新项目中的保密内容。
委托人保证查新项目无任何知识产权纠纷，应保证提供的资料真实，否则，责任自负。
查新机构不得泄露查新项目的保密内容，否则，应承担由此引发的一切责任。

七、违金或者损失赔偿的计算方法

（1）违反本合同第　　　条的约定，　　方应承担违约的责任，承担方式和违约的金额如下：

（2）违反本合同第　　　条的约定，　　方应承担违约的责任，承担方式和违约的金额如下：

（3）其它

八、争议的解决方法

在合同履行过程发生争议，双方应当和解解决，也可以请求查新机构的上级主管部门进行调解。
双方不愿和解、调解解决或者和解、调解不成的，双方商定，采取申请仲裁或按司法程序方式解决。

九、附件　查新合同附件

委托机构（盖章）　　　　　　查新机构（盖章）：教育部科技查新**大学工作站
代　表（签字）　　　　　　　代　表（签字）：

订立地点：**大学图书馆　　订立日期：　年　月　日

图 4 - 2　清华大学图书馆科技查新合同样本

（2）确定检索范围

根据课题委托人所提供信息，馆员确定检索范围，如检索时间段、文献类型、语种、学科、地域等，进而选定相关检索工具和数据库。在这个环节，馆员依据课题委托人查全、查准的具体要求，可适当扩大或缩小检索范围。同时，根据课题具体情况，委托人也有可能会推荐或指定检索范围。

（3）制定检索策略

馆员在充分理解课题和委托要求后，选择恰当的检索词与数据库，制定出不同层次、不同角度的检索策略，并且根据检索结果和反馈意见不断调整检索策略，直到查到满足需要的文献为止。

（4）提供定题服务结果并存档保存

馆员向课题委托人提供题录、文摘、原文、相关报告等课题检索结果，并将检索到的文献资料和相关工作记录加以归档保存，以便今后定题服务进一步开展时作为借鉴。

4.3.2　学科综述

学科综述是学科馆员利用自身的学科背景知识，在对某一学科领域的研究状况和发展趋势全面了解的情况下，收集、编辑、整理该学科文献，对其进行的专题文献综述。学科综述是师生科研、学习活动中不可缺少的参考资料，有助于其快速、高效地对某一学科有全面了解。撰写学科综述对馆员的要求较高，一般需要具有专业知识背景。在上述调查中，曾经或正在开展此项服务的有中国人民大学图书馆和电子科技大学图书馆。图 4 - 3 为中国人民大学图书馆学科综述界面。

- 关于WTO、TBT-SPS的专题研究综述

WTO的政治经济学分析　　　　　　　　贸易理论的政治经济学分析
马克思关于全球化的观点　　　　　　　标准、技术法规与合格评定程序间的关系概述
TBT概念研究　　　　　　　　　　　　TBT理论研究
《TBT协定》的主要原则分析　　　　　　TBT-SPS的内容
TBT-SPS的现代贸易保护理论依据　　　　TBT-SPS的当代国际贸易保护理论依据概述

- 关于电力期货的专题研究综述

电力价格理论与电力价格形成机制研究　　　期货交易中套期保值理论研究
电力市场模式、竞争性及其引入期货交易的时机分析　　世界主要电力期货市场分析
国内外关于电力期货市场的研究

- 关于电力行业改革的研究综述

中国电力行业市场化改革的发展趋势分析　　中国电力行业市场化改革历程回顾
主要国家电力行业改革的特点与模式分析　　正确认识垄断和竞争问题
电力行业发电、输电和配电环节的垄断特征分析　　英、美、日三国电力行业改革情况分析
德、新、北欧的电力行业市场化改革分析　　澳、新、韩三国电力行业改革情况分析
阿根廷与俄罗斯的电力行业改革情况分析

- 关于流通现代化的专题研究综述

国内外评价现代化的方法研究　　　　　　流通效率及其评价方法研究
流通现代化研究　　　　　　　　　　　　现代化含义研究

- 关于倾销与反倾销的研究综述

GH模型的反倾销应用　　　　　　　　　GH模型分析
GH模型　　　　　　　　　　　　　　　产业进行反倾销的保护战略理论分析
反倾销产业的特点分析　　　　　　　　　反倾销法中的贸易保护主义功能分析
反倾销立法的出现及其发展史分析　　　　反倾销应用的发展演变与趋势分析
反倾销应用的经济学分析　　　　　　　　关于倾销与反倾销研究的理论
国外对华反倾销立案的现状　　　　　　　贸易保护的政治经济学分析
贸易保护主义的经济学理论发展　　　　　世界经济发展过程中的倾销与反倾销史分析

图 4 - 3　中国人民大学图书馆学科综述服务界面

4.3.3　学科导航

学科导航，又称为"基于学科的信息门户"，是大学图书馆根据学科、专业等的需要，对数据库、网络资源中有价值的学术信息进行搜集、鉴别、选择、组织，按学科建立的网络资源导航库，它借助系统资源发现机制和工具，提供大量资源（如文章、物理对象、网站和服务等）的链接。通过学科导航，用户能够迅速获取本学科领域的相关网络学术资源。

学科导航是目前大学图书馆较为常见的学科知识服务方式，建设势头较好。根据上述调查统计，除天津大学、东南大学、兰州大学、华南理工大学、东北大学、中南大学、北京航空航天大学和中国科学技术大学等8所图书馆，其余图书馆主页均设有学科导航链接，其中大部分院校采用了CALIS重点学科导航。CALIS重点学科导航是CALIS"十五"建设子项目之一，以教育部正式颁布的学科分类系统作为构建导航库的学科分类基础，旨在搜集与整理重点学科相关的网络资源，服务于高校重点学科用户，让师生快速了解本学科领域的科技前沿和国际发展趋势①。图4-4是CALIS重点学科网络资源导航门户页面。

4.3.4　学科资源库

在图书馆资源建设进程中，随着网络技术的发展、馆藏结构的完善以及学科馆员素质的不断提高，不少图书馆开始建设学科资源库。学科资源库是某学科专业资源的集合，是将馆藏和非馆藏相关各类学术资源按学科进行整合，建设成的有序化、系统化的数据库，以方便学科领域用户检索利用。

建立学科资源库有助于学科信息统一访问、管理、使用和共享，通过对资源库内容的挖掘和揭示，还可以发现其中包含的隐形知识。学科资源库是学科知识服务的资源基础。图4-5是中国人民大学图书馆在2002年建设的经济学学科资源库界面。

4.3.5　学科服务平台

学科服务平台是学科服务发展到一定时期，利用信息技术和工具，汇集相关学科资源和服务，为用户提供学科知识服务的网络平台。它以用户需求

---

① 中国高等教育数字图书馆. http：//www.calis.edu.cn/calisnew/calis_index.asp？fid=3&class=6，2013-05-10

图 4-4　CALIS 重点学科网络资源导航门户

为驱动，以数字化资源为依托，围绕学科和专业筛选信息源，利用网络技术、信息技术、智能化技术，精心组织、整合和揭示学科资源和服务。同时也是学科馆员和学科用户的交流互动平台，能够为学科用户提供学术信息和具有针对性的服务，是图书馆提供学科知识服务的重要手段和途径。

目前在大学图书馆，有基于商业系统搭建的学科服务平台；也有基于 Web2.0 技术自行建设的学科服务平台。

LibGuides 是美国 SpringShare 公司于 2007 年开发的一款适用于图书馆学科服务的管理与发布开源软件系统。该系统可以实现图书馆的内容管理与知识共享，利用 Web2.0 技术，融合了浏览、检索、学科标签和分类、RSS 定制、服务咨询、信息评价、用户评论等功能，将已有的 CMS（Content Management System，内容管理系统）与 SaaS（Software-as-a-service，软件即服务）服务模式、社会性网络软件融合，学科服务作为一项系统、整体的服务在平台进行揭示，形成用户、图书馆员、技术人员都可以参与的内容管理与知识共享平台。

目前高校图书馆大多将 LibGuides 作为学科信息发布和交流平台，实现资源发现、利用和共享。截止 2013 年 5 月 9 日，全球已有 4 024 个图书馆的 57

图 4 - 5　中国人民大学经济学学科资源库

066 名学科馆员创建了超过 34 万个学科 Guides。目前已有 73 个中国图书馆（包括港台地区）引进了本系统，发布了 691 个 Guides，详细情况见表 4 - 2。

表 4 - 2　国内图书馆发布 LibGuides 一览表

参建图书馆	网　址	数量
北京航空航天大学图书馆	http：//buaa. cn. libguides. com	2
北京师范大学图书馆	http：//bnu. cn. libguides. com	5
北京联合大学图书馆	http：//libguides. buu. edu. cn	2
北京科技大学图书馆	http：//buct. cn. libguides. com	13
中国农业大学图书馆	http：//cau. cn. libguides. com	9
中央财经大学图书馆	http：//libguides. cufe. edu. cn	1
香港城市大学图书馆	http：//libguides. library. cityu. edu. hk	54
上海协和国际学校图书馆	http：//libguides. concordiashanghai. org	41

续表

参建图书馆	网　址	数量
大连理工大学图书馆	http：//dlut. cn. libguides. com	5
上海德威英国国际学校图书馆	http：//dulwichshanghai. libguides. com	15
贵州师范大学图书馆	http：//gznu. cn. libguides. com	3
海南大学图书馆	http：//hainu. cn. libguides. com	5
杭州师范大学图书馆	http：//libguides. hznu. edu. cn	22
哈尔滨工程大学图书馆	http：//hrbeu. libguides. com	3
哈尔滨工业大学图书馆	http：//hit. cn. libguides. com	7
华中科技大学图书馆	http：//hust. cn. libguides. com	7
湖南师范大学图书馆	http：//hunnu. cn. libguides. com	5
湖南大学图书馆	http：//hnu. cn. libguides. com	4
天津国际学校图书馆	http：//libguides. istianjin. net	6
吉林大学图书馆	http：//jlu. cn. libguides. com	6
兰州大学图书馆	http：//lzu. cn. libguides. com	5
岭南大学图书馆	http：//libguides. ln. edu. hk	37
南昌大学图书馆	http：//ncu. cn. libguides. com	5
南京大学图书馆	http：//nju. cn. libguides. com	5
南开大学图书馆	http：//nankai. cn. libguides. com	11
宁夏大学图书馆	http：//nxu. cn. libguides. com	5
东北大学图书馆	http：//neu. cn. libguides. com	3
北京大学国际法学院图书馆	http：//lrcguides. stl. pku. edu. cn	2
山东大学图书馆	http：//sdu. cn. libguides. com	18
上海财经大学图书馆	http：//researchguides. sufe. edu. cn	13
山西大学图书馆	http：//sxu. cn. libguides. com	4
华南农业大学图书馆	http：//scau. libguides. com	13
华南理工大学图书馆	http：//scut. cn. libguides. com	6
东南大学图书馆	http：//seu. cn. libguides. com	7
台北美国学校图书馆	http：//libguides. tas. edu. tw	1

续表

参建图书馆	网　　址	数量
香港理工大学图书馆	http：//libguides. lb. polyu. edu. hk	38
天津大学图书馆	http：//tju. cn. libguides. com	5
同济大学图书馆	http：//tongji. cn. libguides. com	5
清华大学图书馆	http：//tsinghua. cn. libguides. com	10
香港大学图书馆	http：//libguides. lib. hku. hk	53
对外经贸大学图书馆	http：//libguides. uibe. edu. cn	2
深圳大学城图书馆	http：//utsz. cn. libguides. com	1
西安利物浦大学图书馆	http：//libguides. lib. xjtlu. edu. cn	29
西安交通大学图书馆	http：//xjtu. cn. libguides. com	2
厦门大学图书馆	http：//xmu. cn. libguides. com	12
燕山大学图书馆	http：//ysu. cn. libguides. com	5
浙江理工大学图书馆	http：//ssp. lib. zstu. edu. cn	3
浙江大学图书馆	http：//zju. libguides. com	18
郑州大学图书馆	http：//zzu. cn. libguides. com	8
复旦大学图书馆	http：//fudan. cn. libguides. com	23
上海交通大学图书馆	http：//ssp. lib. sjtu. edu. cn	31
中山大学图书馆	http：//sysu. cn. libguides. com	6
中国人民大学图书馆	http：//ruc. cn. libguides. com	4
广西大学图书馆	http：//gxu. cn. libguides. com	6
北京大学图书馆	http：//pku. cn. libguides. com	8
北京工商大学图书馆	http：//btbu. cn. libguides. com	36
北京科技大学图书馆	http：//ustb. cn. libguides. com	4
四川大学图书馆	http：//scu. cn. libguides. com	5
电子科技大学图书馆	http：//uestc. cn. libguides. com	5
青海师范大学图书馆	http：//qhnu. cn. libguides. com	3
西北工业大学图书馆	http：//nwpu. cn. libguides. com	4
重庆大学图书馆	http：//cqu. cn. libguides. com	2

参建图书馆	网　址	数量
武汉大学图书馆	http：//whu. cn. libguides. com	4
成都理工大学图书馆	http：//cdut. cn. libguides. com	2
新疆大学图书馆	http：//xju. cn. libguides. com	7

4.4　学科馆员学科知识服务能力的重要性

学科馆员作为学科知识服务的实施主体，其学科服务能力至关重要，对学科知识服务其他要素起着主观能动作用，能够直接影响大学图书馆学科知识服务的质量和水平，其重要性日渐凸显。概括起来，其重要性主要体现在以下三个方面。

4.4.1　学科馆员的学科背景对服务的影响

学科馆员是学科知识服务的主体，参与学科知识服务的各个环节，其素质和能力直接关系到学科知识服务的推进广度和嵌入深度。学科馆员在具备信息素质、服务技能、图书情报学专业知识之外，还要具备相应的学科背景。学科馆员的学科背景直接关系到学科知识服务的质量，特定学科的专业知识与图书情报专业知识两者兼备，是学科馆员胜任学科知识服务工作的最佳条件。

大学图书馆的学科知识服务主要针对教师和学生，他们既有教学需求又有科研需求，其服务需求呈现很强的学科和专业特征。学科馆员只有具备深厚的学科底蕴和专业学科知识基础，才能准确理解学科用户的知识需求，才能在服务中与用户在专业层面上进行有效沟通，及时跟踪和提供学科发展动态提供相关信息资源，才能在学科用户面对海量信息资源无从下手时，利用学科专业知识与技能，对无序庞杂的信息资源进行筛选、分析，把有用的学科专业信息提炼、加工成知识产品，为用户提供最到位、最有价值的深层学科知识服务①。

---

① 陈永平. 论学科馆员的核心能力 [J]. 图书馆理论与实践，2008 (4)：10–11

4.4.2　学科馆员的沟通协调能力对服务的影响

　　学科馆员一项重要工作内容是与学科用户的联络沟通，与用户进行良好有效的沟通是学科馆员开展学科知识服务最基础工作。学科馆员与用户交流、沟通是否顺畅，直接影响着学科服务质量的好坏，良好的沟通协调能力是学科知识服务的助推剂。

　　学科馆员提供的知识服务是一种主动性服务，学科馆员必须是善于交流者。学科馆员要具备良好的人际沟通、协调、合作和交流能力，时时关注学科用户的研究方向、研究课题及学术进展情况，并主动、及时与学科用户沟通。这些都有助于与学科用户的信息交流，以及在后续学科知识服务中精确了解学科用户的知识需求，提供最新、最有效的信息；同时有助于获得学科用户的理解、支持和合作，长远维持与学科用户的良好关系，从而促进学科知识服务的顺利深入开展。

4.4.3　学科馆员的技术能力对服务的影响

　　随着信息技术和网络技术飞速发展，图书馆逐渐实现了自动化和网络化，知识的搜集、组织、挖掘等一系列信息组织活动都需要通过各种信息技术来完成。图书馆服务环境的信息化、网络化及资源类型的数字化，使学科馆员的工作内容和服务范围日益扩大，学科馆员必须掌握相应的信息技术及其操作技能。学科知识服务过程中只有充分利用信息技术，才能高效满足用户的信息资源获取需求，提高学科知识服务的效率，学科馆员技术水平的高低也就成了影响和引领学科知识服务的水平的重要因素。

　　很显然，学科馆员应该具备一定的网络操作和信息开发能力，精通计算机操作与维护，掌握信息检索和信息获取的相关技术，熟练使用 Email、虚拟参考咨询、博客、微博等方式与学科用户保持实时互动及良好沟通，这些有助于对用户的知识需求进行及时跟踪并根据用户需求有效地推送其所需知识[①]。现代信息技术的利用不仅可以有效降低处理信息的成本，还能够大大提高传播信息与知识的速度，进而提高学科知识服务的效率，进一步提升学科知识服务水平。

---

　　① 王运显. 我国学科馆员素质指标体系构建问题探讨［J］. 图书馆学研究，2010（应用版）2：91-94，24

4.5　学科知识服务能力存在的问题及解决措施

通过上述理论研究和实践调研，本课题对国内大学图书馆学科知识服务能力存在的问题进行了概括梳理，提出了相应解决措施。

4.5.1　学科馆员队伍规模与素质

学科馆员人数的多少可一定程度反映图书馆对学科服务的认知和重视程度，应该以图书馆总人数、人员素质、院系专业设置和学校规模为设置依据。国外大学图书馆学科馆员数量较多，学科馆员人数大约占总人数的 30%，一般一人负责一个学科或多人负责一个学科，如斯坦福大学图书馆有 64 位学科馆员，针对 65 个学科提供服务。

国内大学图书馆学科馆员较少，且大多是兼职工作，一人对口服务多个院系。目前我国 1 800 多所高校有将近 7 万馆员，但学科馆员所占比例还不到一成。在上述对 39 所 "985 工程" 院校图书馆学科服务情况进行调查后，笔者发现学科馆员数量最多的超过 35 人，数量最少的为 0 人；有 15 家大学图书馆未设学科馆员，如北京理工大学图书馆、西北农林科技大学图书馆等；在学科馆员对口服务的学科数量方面，浙江大学图书馆、上海交通大学图书馆、武汉大学图书馆、四川大学图书馆、厦门大学图书馆、山东大学图书馆、西安交通大学图书馆、电子科技大学、复旦大学图书馆、国防科技大学图书馆等 10 所图书馆中，一名学科馆员对口服务一个或一个以上学科/院系。在学科馆员任职要求上，这 39 家 "985 工程" 高校图书馆中，仅有电子科技大学图书馆学科馆员为专职，其余均为兼职。同时，对学科馆员的基本要求一般为熟悉馆藏资源，并具有一定的专业背景。

通过对学科馆员数量、对口服务院系数量和相应任职要求等的分析，可以看出，目前我国大学图书馆学科馆员数量相对较少，不能完全满足学科服务的要求；对口服务对象多，同时由于是兼任本职工作和学科服务工作，使得学科馆员在有限的精力下不太注重能力提高，素质参差不齐，开展服务的深度和广度有所差异，这些均使得学科服务的效果大打折扣[①]。

当前，学科馆员数量和质量的不足是我国大学图书馆开展学科服务面临

---

① 陆莉. "211 工程" 高校图书馆学科服务现状调查与分析［J］. 图书馆学研究，2013（4）：59–63

的普遍问题，需要图书馆从选拔和培养等方面采取措施，尽快予以补充和提高。首先要灵活掌握学科馆员的选拔条件，要"唯条件又不唯条件"，既注重任职资格，按照任职标准选拔人员，又要看实际工作能力和水平。对于能力和水平超强的馆员，不能因其未达学历或来馆时间要求而将其拒之门外，要在考察实际工作能力和水平的情况下破格选拔能力超强的馆员进入学科馆员队伍。其次，要重视对学科馆员能力的要求。能力要求既是要求又是目标，只有要求明确了，学科馆员才有发展方向和提升目标。另外，要特别加强对学科馆员的培养。学科服务工作实践固然能提升能力和水平，但完善的培养机制和全面的培养计划对学科馆员整体素质的提升更为重要，要双管齐下才能培养出既有理论水平又有实践能力的高素质学科馆员。

4.5.2　学科知识服务影响力

学科服务是一项涉及学校、图书馆和院系三方面因素的工作，服务成效与学校的支持认可以及院系师生的广泛参与有很大关系。但目前我国高校图书馆大都作为学校的教学辅助部门存在，学校和相关教学部门只将其作为一个资源的储藏单位，图书馆为教学、科研提供学术支撑的作用未得到学校领导的高度重视。同时教师、科研人员、学生对图书馆学科服务了解甚少，学科服务未达到广泛知晓、充分利用的状态，在学校的影响力远远不够。

如何获得用户的支持，这是学科服务在实施过程中的一个难点。这就需要图书馆采取相应的营销手段，主动向用户介绍学科服务，利用各种途径扩大学科服务的影响力。美国西北大学服务营销教授雷斯纳依据其与图书馆合作30多年的经验指出：优秀图书馆与普通图书馆的最大差异就是营销的质量①。

图书馆可以通过海报、知识竞赛、短信预告、专题讲座等形式宣传学科服务，并开展上门服务，为用户提供切实所需的学科信息。武汉大学图书馆就在学科服务营销活动方面进行了有益的探索。针对新生，武汉大学图书馆通过指导自学、参观培训和互动等活动向其推介图书馆服务，针对高年级学生，采用嵌入式教学，把图书馆资源带进课堂，为学生提供课程论文选题方法、写作技巧、文献检索、投稿等方面的辅导。此外，还建立了无障碍信息通道，通过邮件、QQ 等群发信息，及时告知用户学科资源与服务情况。

另外，图书馆不能因为没有受到学校足够重视就自行将学科服务的地位

---

① 曾尔雷. 美利坚大学图书馆营销活动及其启示［J］. 情报理论与实践，2008（1）：158－160

弱化，而是要主动采取措施，争取学校和院系管理层的支持。要利用学校各种活动，积极向校领导介绍学科服务在教学科研中的作用，展示学科服务成果，最好能选取典型学科服务案例进行宣传，让事实说话，使其真正了解学科服务，真正感受到学科服务工作在学校不可或缺，从而高度重视图书馆的学科服务工作，给予经费和人员上的大力支持。

4.5.3　学科知识服务深度和广度

在知识经济时代，知识飞速发展，面对庞杂的信息资源，用户对知识的渴求不仅仅局限于数量，更多是关注于知识的深度，其信息需求呈现出广泛、深入、多样化、复杂化的特点。面对如此形势，我国大学图书馆学科知识服务开展得还不够深入和广泛，服务的水平和质量均存在一定程度的不足。

从学科服务深度方面看，除部分顶尖"985 院校"图书馆外，大多数图书馆的学科服务停留在基础层面，仅开展了一些基础性服务，如资源需求调研、资源宣传推广和培训和信息咨询等，一些深层次学科服务工作多拘泥于形式，没有实质性内容和进展。彭亚通过网络调研的方式，调查了国内 20 所高校图书馆学科服务的方式和内容，他发现：大部分图书馆的学科服务只能保证部分重点学科，基本上没有深入到二级学科。学科馆员和用户之间的沟通互动方式主要为电话、邮件，与用户的直接沟通与交流较少。学科服务与教学科研的联系不够紧密，学科服务的专业性不强[①]。

从学科服务广度方面看，学科服务的对象应包括教师、研究生、本科生，教师和学生作为学科服务对象两大主体。然而很多图书馆一味追求为教师提供高端服务，忽视了为学生提供基础性服务，特别是高年级本科生和研究生群体的学科信息需求没有得到足够重视和满足。

对于上述问题，大学图书馆一方面要充分重视学科知识服务的深度，对学科专业资源进行深入挖掘、细化学科分类，突破文献数字化及网络化检索的局限，通过知识发现、挖掘、评价和利用，对知识内容进行合理有效地组织，主动跟踪教师和学生的研究课题，深化服务方向，为学科用户提供更具针对性和专业化的服务。另一方面，要充分满足学生的基础服务需求，特别关注他们在毕业论文撰写、升学和就业选择方面的需求，提供学科资源、论文写作、专业选择和就业咨询方面的指导。

---

① 彭亚飞. 国内高校图书馆学科服务存在的问题及对策 [J]. 现代情报，2012（8）：78－80，117

4.5.4　学科知识服务所需信息资源

　　学科服务所需信息资源是学科服务的基础，资源质量的优劣直接关系到学科知识服务质量。在海量信息环境下，大学图书馆能够获取的资源类型和渠道越来越多样化，资源数量基本不成问题。但是，资源数量多并不一定质量高，且从众多资源中筛选出高质量的信息很有难度。在学科知识服务中，图书馆不仅要挖掘本馆馆藏资源，还要检索、筛选、整合互联网上各种信息资源。如何优中选优、保证学科资源的质量，无疑是学科知识服务中的一个难点。

　　首先，要制定资源选择的质量控制标准，从资源的来源、类型、时间范围、作者和出版机构权威性等方面对资源质量进行控制。大学图书馆应该选购来自权威机构和权威作者的作品，注重学科资源的权威性。同时，针对当前最新研究热点选择资源，特别是理工科资源，更要注意其时效性。其次，在网络数字资源筛选和整合过程中，要遵循国际国内相关资源选择和建设标准，使数字资源依据标准化和规范化要求建设，最终建成一批高质量的数字资源，成为图书馆学科知识服务的优质资源保障。

　　总之，大学图书馆学科服务开展至今，已从联络沟通、资源建设、参考咨询、教学培训为特征的传统学科服务发展到向学科知识服务延伸的新阶段。学科知识服务是针对学科专业、或某一专题用户的知识需求提供的全面服务，要求学科馆员以学科知识和图书情报学知识为基础，运用知识工具的智能技术和个人以及团队的智慧，针对用户在专业学科知识获取、知识整理、知识吸收、知识利用以及创新过程中的需求，对相关学科专业知识进行甄别、筛选、搜集、整理、分析和重组，为学科用户提供专业知识服务①。学科用户全面的服务需求，迫切要求图书馆和学科馆员有综合全面的能力来应对，对学科馆员全方位能力要求的提出势在必行，大学图书馆全面开展学科知识服务也刻不容缓。

---

　　① 芦金梅．泛在知识环境下高校图书馆学科馆员制度探究——以沈阳师范大学图书馆为例［D］．吉林：东北师范大学，2011

第5章 大学图书馆学科知识服务主观要素能力建构

如前3.4部分所述，学科馆员的学科知识服务能力，是大学图书馆学科知识服务中的主观要素能力，是指学科馆员从事或开展学科知识服务工作时应具备的专业、学科方面的知识及运用相关技术的能力。

《中国大百科全书（第二版）》中对知识和技能的描述："知识是人类认识的成果，是在实践的基础上产生，又经过实践检验的对客观实际的反映。人们在日常生活、社会活动、科学研究、生产实践中获得对事物的认识，其中可靠的成分即为知识①。""技能是通过练习获得的能够完成一定任务的动作系统。按其性质和特点可区分为动作技能和智力技能。人们完成活动是建立在技能的基础上，高水平技能促生创造性成果②。"

学科馆员所掌握的知识和技能，是大学图书馆开展学科知识服务的"软实力"。高素质馆员队伍的成长、信息技术的应用和馆藏资源结构的优化，改善了大学图书馆开展学科知识服务所需要的环境要素，为学科馆员提供了较充足的工作条件，为这种"软实力"的形成和提高提供了必备条件，此时正是学科馆员"修炼内功"的最佳时机。同时，未来大学图书馆学科知识服务的发展，对学科馆员提出了更加全面、专业、严格的能力要求。如此，非常有必要研究和提出学科馆员应具备的各项知识和技能，构建学科馆员全谱段学科知识服务能力指标，这是大学图书馆提高学科知识服务水平的必然要求，也是本研究的重点。

---

① 《中国大百科全书》总编委会．中国大百科全书（第二版）．北京：中国大百科全书出版社，2009. 3 Vol. 28：326.

② 《中国大百科全书》总编委会．中国大百科全书（第二版）．北京：中国大百科全书出版社，2009. 3 Vol. 11：92 – 93.

5.1　建构动因

5.1.1　馆员学科结构的变化

图书馆界有这样一种说法，图书馆服务所发挥的作用，5% 来自图书馆的建筑物，20% 来自信息资料，75% 来自图书馆员的素质。因此，高素质的人才队伍是图书馆最重要的资源和财富，是图书馆的生命力所在。

美国研究型大学图书馆成功发展的重要因素之一就在于有一支高素质的馆员队伍。美国实行了图书馆员从业资格认证制度，严格甄选专业人士进入图书馆工作，并提供丰厚的待遇，这些优势使得图书馆员具有较高专业素质。在欧美国家，图书馆员的地位相当于律师、医生等从业者，需要具有一定的准入门槛，如必须修满图书情报学院学分，才能获得成为图书馆员的职业资格。在美国，图书馆员的基本入职条件是取得图书馆学或情报学硕士学位，而且还要求"具有处理图书的能力、了解分类法、具有合作精神、具有较强的服务意识、具有管理信息的能力[①]。"正是这种严格的资格认证制度与要求，保证了美国研究性大学图书馆员的素质与水平。高素质的专业馆员队伍是美国大学图书馆学科馆员制度得以建立并推动学科服务取得成功的关键。

在我国，大学图书馆馆员作为一类专业技术人员，虽然还没有统一的资格认证制度对其准入进行限制，但大学尤其是研究型大学对工作人员准入的限制条件在一定程度上保障了馆员向高水平、专业化方向发展。为了适应大学的发展，图书馆对馆员素质的要求也越来越高。从学历要求上看，目前我国研究型大学图书馆对应届毕业生学历普遍要求为硕士研究生及以上学历。从学科背景看，图书馆从单纯注重图书情报专业背景，正转向具有相关学科背景，特别是本校重点学科背景，开始注重引进具有学科背景的馆员，希望这些人员经过一到两年图书馆工作的锻炼，成为服务学科院系的学科馆员骨干力量。

5.1.2　用户与服务需求的变化

泛在知识环境下，知识的发布和交流模式有了巨大改变。随之而来，学

---

① 张建中，向英明等. 美国研究型大学图书馆建设的现状分析 [J]. 图书馆，2009 (5)：80 - 82

术交流系统以及用户信息需求行为也不同程度发生了改变，更有甚者，图书馆不再是用户获得信息的主要渠道，有些用户甚至越来越远离了图书馆。大学图书馆需要重新审视自身的资源建设与信息服务策略，要使图书馆成为网络信息环境的主要构建者和核心组成部分，满足用户及其服务需求的变化①。

5.1.2.1　用户的变化

网络环境下，用户可以通过各种智能化设备，借助网络环境，随时随地获得各种信息。据中国互联网络信息中心（CNNIC）2014 年 1 月 16 日发布的《第 33 次中国互联网络发展状况统计报告》："截至 2013 年 12 月，中国网民规模达到 6.18 亿，互联网普及率为 45.8%。其中，手机网民规模达 5 亿，继续保持稳定增长。手机网民规模的持续增长促进了手机端各类应用的发展，成为 2013 年中国互联网发展的一大亮点"②。

另外，用户自主利用信息的能力增强、行为增多。随着信息获取的时空限制逐渐消减，用户可以随时随地使用一些设备获取自己需要的各类文献、数据，及时有效地解决问题。他们甚至可以更自由地选择和专家、学者或是朋友零距离沟通和交流，使信息得到更为有效的传播和利用。方便快捷、持续不断地获取信息成为人们生活中常见的、不可或缺的一部分。

5.1.2.2　服务需求的变化

用户的服务需求永远是图书馆信息服务开展的原动力、出发点和最终目标。网络环境下，图书馆及其用户深切地感受到，各种新技术的综合运用和全面推广，把人们对于传统图书馆的"物理依赖"，不容分说地推向充满信息陷阱和信息泡沫的"网络选择"③。图书馆用户的数量、结构和行为习惯的变化必然带来用户服务需求的变化，这种变化体现在多元化及个性化两个方面。

（1）多元化服务需求

图书馆服务从最初单一的文献借阅，到二十世纪 80 年代编制文摘索引、咨询解答、专题报道等服务，再到今天多种多样的信息服务，如公共目录查询、数字资源检索、参考咨询、网络导航、教学与培训、辅助性用户服务（资源动态、用户指南、意见反馈等）、馆际互借与文献传递、代查代检、新

① 孙波 . 泛在知识环境下我国图书馆信息资源建设策略研究［D］. 东北师范大学图书馆学，2009.

② 中国互联网信息中心 . 第 33 次中国互联网络发展状况统计报告 http：// www. cnnic. net. cn/hl-wfzyj/hlwxzbg/hlwtjbg/201401/t20140116_ 43820. htm［EB/OL］. 2014 - 2 - 13

③ The British Library's Strategy 2008 - 2011［M/OL］，2013 - 6 - 1.

书导读、多媒体服务与学习空间利用等①。过去图书馆是信息收集、存贮与组织管理机构,扮演着信息中介的角色,用户对图书馆的信息资源有很强的依赖性。而在网络环境下这一状况发生了巨变。一方面,用户自身信息检索能力提高,对大部分信息资源能够自我利用;另外,图书馆不再是唯一的信息资源提供机构,数据库商也在通过网络直接向用户提供原始的信息检索与传递服务。与此同时,互联网已经发展成为巨大的分布式信息空间,这些信息涉及众多的学科领域和多种出版形式。但各种冗余信息、垃圾信息和无效信息也纷至沓来,用户并不愿意费时费力地在大量不相关的信息中大海捞针,他们更加需要图书馆提供能直接解决其问题、更加有针对性的信息内容。

所以,图书馆的服务观念要转变,面对用户多层次、无止境、千差万别的服务需求,要从"我有什么,给你什么"向"你要什么,我给什么"转变。在固有服务的基础上,图书馆面向不同学科、不同水平、不同目的用户的信息增值服务将是一大增长点,即从原始信息的提供向信息内容的提供转移②。

(2)个性化服务需求

传统信息服务阶段,图书馆只把显性知识进行简单收集、整理和储存,使之有序化,向用户提供存储位置和获取方式,而较少关心用户获取信息的目的。网络环境下,用户的信息需求表现出个性化要求,不再满足于获得简单的文献线索和信息产品服务,而是希望获得能够直接解决问题的知识或服务。换句话说,用户不在意图书馆拥有何种有形资源,他们更看重图书馆能否根据自己的信息需求,提供包括文献在内的各类信息资源;或者构建一个包括图书馆在内、便于他们获取资源的环境;甚至最好能够直接给出问题的解决方案。

图书馆要改进信息服务方式,以满足用户个性化需求,开展以用户需求为导向的个性化服务。首先要了解用户的需求,要能够根据用户直接提出的信息需求进行分析判断,也可以通过跟踪用户的行为和属性特征来调查研究用户的兴趣,然后有的放矢提供服务,不仅推荐和提供与用户兴趣相关的信息资源,还要允许用户对资源进行收藏、订阅和管理等,提供增值的信息服务。以用户需求为导向已融入大学图书馆的服务理念,成为大学图书馆的服

---

① 张建中,向英明等. 美国研究型大学图书馆建设的现状分析 [J]. 图书馆,2009(5):80 -
82

② 杨含斐. 网络环境下图书馆信息服务的转型研究 [D]. 湘潭大学图书馆学,2008.

务宗旨，在学校的教学科研活动中，图书馆的信息服务与用户的信息需求正在形成良性互动。

5.2　建构原则

学科馆员能力指标的设定，既要和整体学科服务定位、考核和激励机制相关，又要和学科馆员个人的培训规划和专业发展相关。所以，在设定学科馆员全谱段学科知识服务能力指标时，应当要全方位考虑，遵循以下几个原则。

5.2.1　以专业化学科化为指导

学科知识服务是图书馆针对某一学科、某一专业用户的知识需求提供的知识服务，是以学科馆员掌握的图书情报学知识和学科知识为基础的专业化、学科化知识服务。学科知识服务的工作成效与学科馆员的图书情报专业背景和学科知识背景息息相关，在某种程度上，图书情报专业知识和学科背景知识是学科馆员知识结构的核心，是学科馆员从事学科知识服务所必须具备的基本条件，也是图书馆完成学科知识服务工作的重要保证。因此，在提出学科馆员全谱段学科知识服务能力指标时，首先要遵循专业化、学科化原则，从专业角度和学科角度对学科馆员提出能力方面的要求。

5.2.2　注重知识和技能要求

学科馆员的服务能力是衡量其履行岗位职责、完成任务所具备的重要条件，是学科知识服务取得良好效果的基本要素[1]。学科服务水平与学科馆员的专业背景、学科背景有关，也和他们对岗位工作的熟练掌握和能否应用相关技术有很大关系，后者是学科馆员的实践能力。专业背景和学科背景可以"一目了然"，而知识和技能在具体工作中得以显现。所以，在提出学科馆员全谱段学科知识服务能力指标时，知识和技能方面的要求也不容忽视。

5.2.3　适应用户的信息需求

学科服务工作的宗旨是最大程度满足学科用户的信息需求，用户的需求就是学科服务工作要完成的任务。用户有什么样的信息需求，图书馆就要提

---

① 张展. 图书馆员知识服务能力评价体系构建［J］. 江西图书馆学刊，2011（3）：10－11

供什么样的信息服务，学科馆员相应就要具备实现这些服务的能力。所以，在提出学科馆员全谱段学科知识服务能力指标时，要充分考虑到学科用户的各种需求，与用户的服务需求相匹配，制定全面满足用户信息需求的能力要求。

5.2.4　体现学科知识服务水平

学科用户的需求虽然决定图书馆学科知识服务工作的内容，但学科知识服务工作不仅限于此。除了用户需求产生的学科知识服务工作，图书馆作为学校信息中心和学习中心，是专业和专职的信息提供部门，要主动开展服务，全面规划学校的学科信息建设工作，正确引导学科用户的信息需求，在服务中增加"隐性学科知识服务"内容。所以，在提出学科馆员全谱段学科知识服务能力指标时，要充分考虑图书馆能够开展的学科知识服务工作，体现出图书馆学科知识服务水平，从全面完成学科工作的角度，提出对学科馆员的能力要求。

5.2.5　关注服务的可持续发展

学科知识服务是一个复杂且不断发展的动态连续过程，因此设定学科馆员的能力指标也应关注学科知识服务的可持续发展，根据学科知识服务内容的动态发展特征而适当调整，以适应学科知识服务的发展。因此，在设定学科馆员能力指标时，既要有反映学科馆员基本能力的知识和技能，也要充分考虑学科知识服务的未来发展，设计一些具有超前性、持续性的指标，使指标设定不仅适用于现阶段，也能满足未来服务发展的需要。

基于上述原则制定的学科馆员能力指标是全方位而较长远的，在未来三五年内比较全面持续地涵盖了学科馆员应该具有的专业知识、学科知识和相关技能。虽然目前其中有些知识和技能学科馆员还未能达到，或图书馆没有在此方面对学科馆员提出要求，但可以把这些设定为图书馆学科知识服务能力培养的方向，成为学科馆员努力的目标。

5.3　学科馆员全谱段学科知识服务能力剖析

本研究在总结国内外相关理论和实践研究的基础上，结合国内外学科知识服务工作的实践，从专业学科、交流沟通、信息应用、信息技术、信息组织、信息素质教育、服务于科学研究、指导并参与用户学术交流及相关法律等 9 个方面，对学科馆员从事学科知识服务应具备的相关知识和技能进行梳理，共归纳出 22 项知识和技能（见表 5 - 1）。

表 5 - 1　学科馆员从事学科知识服务应具备的知识和技能

一．专业学科方面的知识和技能

1. 学科领域或相关学科领域的专业知识

2. 图书馆学/情报学专业知识

二．交流沟通方面的知识和技能

3. 与用户良好交流沟通的能力

4. 与学科团队成员沟通协作的能力

5. 组织和管理学科服务工作的能力

6. 推广学科服务的能力

三．信息应用方面的知识和技能

7. 娴熟的信息发现和文献检索技能

8. 整理、分析和提炼用户所需学科信息的能力

9. 熟练使用文献管理工具的能力

10. 指导用户检索文献和管理文献的能力

四．信息技术方面的知识和技能

11. 具备提供有关信息开发和利用技术方面咨询的能力

12. 具备提供数字图书馆相关技术应用的能力

五．信息组织方面的知识和技能

13. 具备元数据使用方面的能力

14. 组织特色（学科）资源库或学科机构知识库建设的能力

六．信息素质教育方面的知识和技能

15. 培养用户敏锐信息意识的能力

16. 设计和实施用户信息素质教育的能力

七．服务于科学研究的知识和技能

17. 获取本单位和目标单位科研动态的能力

18. 跟踪所负责学科科研进程的能力

19. 学科分析与评价能力

八．指导并参与用户学术交流的知识和技能

20. 向用户提供研究成果出版与传播方面相关信息的能力

21. 向用户提供研究成果保存方法咨询的能力

九．相关法律方面的知识和技能

22. 向用户提供版权法和知识产权法方面问题咨询的能力

5.3.1　专业学科方面的知识和技能

专业和学科方面的知识和技能，是指学科馆员需要具备学科领域或相关学科领域的专业知识和图书馆学/情报学专业知识，这是对学科馆员的基本能力要求，也是学科知识服务达到学科化、专业化水平的根本保障。主要包括两方面：学科领域或相关学科领域的专业知识以及图书馆学/情报学专业知识。

5.3.1.1　学科领域或相关学科领域的专业知识

学科领域或相关学科领域的专业知识是指学科馆员与所服务的用户具有相同或相关的学科知识背景。服务人员与被服务人员具有相同的学科背景，有利于学科馆员能够准确了解用户的学科需求，或者"未卜先知"，事先洞察到用户的需求，从而快速、准确提供用户所需的信息。

但是，学科馆员与所服务用户的学科背景完全一致的情况并不多见，能够与用户有相近或相关的学科背景已属难得。学科馆员要借助这些相关知识背景，在学科服务过程中不断加强和补充专业知识，做到"一专多能"，对专业领域的问题提供精准服务，对相关专业领域的问题触类旁通，提供利用方法服务，并通过和用户的不断沟通，获得相关专业的知识，充实完善自身的学科背景。

5.3.1.2　图书馆学/情报学专业知识

图书馆学/情报学专业知识是指学科馆员要具有图书馆学或情报学的专业知识背景。对于学科馆员来讲，拥有图书馆学或情报学专业背景，对图书馆业务知识的掌握和理解会比较系统和深入，能够从图书馆的专业角度给用户以帮助，如哪些信息检索技巧是用户所必需的，用户获取信息的心理状态和效果等等，这种专业性的指导使用户的信息获取不再是随意而为，并且大大提高了用户的信息获取能力。

对一个学科馆员来讲，同时具备和用户相同或相关的专业背景以及图书馆学/情报学专业背景，无疑是最佳的。但我国从事图书情报工作的人员要求，与国外（如美国）有一定差别。在美国，馆员首先拥有某一个学科背景，在此基础上，再获得图书馆学学科背景，如此才能在图书馆从业。在我国，图书馆从业人员不完全是图书情报专业人员，更多是其他学科背景人员，特别是近年来，大学图书馆甚至更愿意接收非图书情报专业人员，或者鼓励拥有某专业学科背景馆员再读图书情报学硕士或博士，以满足开展学科服务工作对专业人员的需求。

5.3.2　交流沟通方面的知识和技能

交流沟通方面的知识和技能，是指学科馆员妥善处理学科服务过程中服务人员之间、服务人员与学科用户之间关系的能力，主要包括与用户良好交流沟通的能力、与学科团队成员沟通协作的能力、组织和管理学科服务工作的能力和推广学科服务的能力等。

5.3.2.1　与用户良好交流沟通的能力

与用户良好的交流沟通能力体现在两个方面。一方面，学科馆员具有较强的理解力和亲和力，掌握一定的沟通交流技巧，能够迅速了解用户的想法和信息需求；另一方面，学科馆员具有良好的口头或书面表达能力，能够以简洁明了的话语或文字，以及易于接受的方式向用户表达，让用户正确理解咨询问题并准确获知所需要的信息。

这种能力贯穿于学科服务工作的始终，是最基本而又最必要的能力，是学科馆员要掌握的基本功。借助这项能力，图书馆学科知识服务的其他能力才可以充分发挥。

5.3.2.2　与学科团队成员沟通协作的能力

与学科团队成员沟通协作的能力，是指学科馆员在学科服务工作中与其他学科服务成员之间进行沟通，并协作开展学科服务工作的能力。这种能力同样需要学科馆员借助交流和沟通技巧，更需要学科馆员具有良好的职业道德和强烈的团队协作精神。

这种能力的形成，一方面是学科馆员自身素质的养成，另一方面也是学科服务工作要求使然，是学科服务顺畅开展的内在因素。

5.3.2.3　组织和管理学科服务工作的能力

组织和管理学科服务工作的能力，是指学科馆员统筹安排和实施学科服务工作的能力，包括制定计划、宣传推广、实施计划和归纳总结等学科服务环节的具体落实。

学科馆员的组织管理能力是学科知识服务工作顺利开展的保障，尤其对于学科服务工作主管人员来讲，这种能力必不可少，要能够统筹考虑学科馆员的配备、用户的需求、工作规范、规章制度等诸多因素。

5.3.2.4　推广学科服务的能力

推广学科服务的能力，是指学科馆员通过一定的宣传和技术手段让用户认可并利用学科服务的能力。换句话说，是学科馆员对学科服务的"营销"能力。

传统图书馆的服务多为被动式服务，坐等用户上门，馆员缺乏主动服务意识，渐渐出现用户远离图书馆现象。学科知识服务是嵌入用户教学科研过程的主动服务形式，非常需要学科馆员以产品营销理念来宣传推广学科知识服务。

5.3.3　信息应用方面的知识和技能

信息应用方面的知识和技能，是指学科馆员对信息资源的灵活掌握和运用能力，主要包括娴熟的信息发现和文献检索技能、整理、分析和提炼用户所需学科信息的能力、熟练使用文献管理工具的能力和指导用户检索文献和管理文献的能力等。

5.3.3.1　娴熟的信息发现和文献检索技能

娴熟的信息发现和文献检索技能，是指学科馆员熟练查找到用户所需信息资源的能力和技巧。

学科馆员所具有的图书馆学和情报学专业背景和长期图书馆信息服务工作的经验，有助于该项能力的形成和提高。在学科知识服务中，用户越来越信任并依赖学科馆员提供的信息资源，就是因为学科馆员在信息检索方面更具有专门的技巧和能力。

5.3.3.2　整理、分析和提炼用户所需学科信息的能力

整理、分析和提炼用户所需学科信息的能力，是指学科馆员按照学科用户的需要，应用相应信息检索技术和检索策略，从大量信息资源中筛选出符合用户需要的学科知识信息的能力。

这种能力凝聚了学科馆员扎实的专业知识和丰富的服务经验，是图书馆开展学科知识服务的强大保障，充分体现了图书馆的服务价值。

5.3.3.3　熟练使用文献管理工具的能力

熟练使用文献管理工具的能力，是指学科馆员借助系统工具管理已获取的信息资源的能力。

随着信息海量增加，获取到的信息如何管理和使用，是用户和图书馆员都面临的问题。依靠拷贝、打印和复制粘贴无法使众多信息条理化，其利用率也大打折扣，学科馆员能够帮助学科用户借助系统工具对获取到的信息资源进行合理保存和利用。

5.3.3.4　指导用户检索文献和管理文献的能力

指导用户检索文献和管理文献的能力，是指在用户进行文献查找和使用的过程中，学科馆员在检索方法、检索技巧和检索结果处理方面给予用户培训和指导的能力。

学科服务不是简单向用户提供信息资源，而是要教会用户获得资源的方法和技能，进而提高用户的信息素质和能力。

5.3.4　信息技术方面的知识和技能

信息技术方面的知识和技能，是指学科馆员对信息技术的掌握和应用能力，主要包括具备提供有关信息开发和利用技术方面咨询的能力和具备提供数字图书馆相关技术应用的能力等。

5.3.4.1　具备提供有关信息开发和利用技术方面咨询的能力

具备提供有关信息开发和利用技术方面咨询的能力，是指学科馆员了解信息开发和利用方面的技术原理和应用，并掌握其基本的应用方法，可以答复用户这些方面的咨询问题。

学科知识服务提供的是知识产品，知识产品来自于图书馆对原始信息资源的提炼，就是要利用信息技术对原始信息资源按学科需求进行进一步开发。学科馆员一方面借助信息技术的应用"生产"知识产品，另一方面也要能够解答用户对相关信息技术的咨询，使其在利用后认可知识产品，达到落实学科知识服务的目的。

5.3.4.2　具备提供数字图书馆相关技术应用的能力

具备提供数字图书馆相关技术应用的能力，是指学科馆员掌握数字图书馆的相关技术并能合理利用，当用户有该方面需求时，能及时提供应用指导。

除开展常规的教学和科研工作外，学科用户也需要对教学科研成果进行再加工，以方便后续教学和科研工作的开展，如制作教学案例和保存实验数据等。用户往往希望应用相关的数字化技术进行处理，形成可永久保存并方便利用的数据库。在此方面，他们非常需要学科馆员能提供相应信息技术并给予技术应用方面的指导。

5.3.5　信息组织方面的知识和技能

信息组织方面的知识和技能，是指学科馆员对信息资源组织的能力，主要包括具备元数据使用方面的能力和组织特色（学科）资源库或学科机构知识库建设的能力等。

5.3.5.1　具备元数据使用方面的能力

具备元数据使用方面的能力，是指学科馆员掌握元数据的使用方法，能够指导用户恰当合理使用元数据。这种能力是开展学科资源组织工作的基础。

元数据是描述数据的数据，是对信息资源的结构化描述。任何对信息资源的组织都离不开元数据这个基础，所以，学科馆员要了解元数据的产生，在信息组织过程中正确利用元数据。

5.3.5.2　组织特色（学科）资源库或学科机构知识库建设的能力

组织特色（学科）资源库或学科机构知识库建设的能力，是指学科馆员能够根据专业学科教学科研的需要，整合学科资源和服务以及学科机构成果，形成特色学科资源。

由于历史或学科发展的原因，大学图书馆一般都收藏各具特色的学科资源，有时这些特色资源也被相关院系资料室收藏。这些特色资源有学科研究保留下来的珍贵资源，也有体现学科发展水平的科研成果。及时而恰当地组织这些特色资源，建设特色资源数据库或学科机构知识库，是学科知识服务工作深入发展的需要。

5.3.6　信息素质教育方面的知识和技能

信息素质教育方面的知识和技能，是指学科馆员对学科用户进行信息获取培训的能力，主要包括培养用户敏锐信息意识的能力以及设计与实施用户信息素质教育的能力等。

5.3.6.1　培养用户敏锐信息意识的能力

培养用户敏锐信息意识的能力，是指学科馆员在信息服务过程中，通过培训、宣传等一系列措施使信息用户能动地产生对信息需求意识的能力。

信息意识是产生信息需求的前提，是对信息敏锐的感受力、判断能力和洞察力。学科馆员要引导培养用户对信息的敏感性，使其面对日常教学科研的各种现象，能够从信息的角度去理解和感受，产生问题并希望寻找答案，即产生信息需求。

5.3.6.2　设计和实施用户信息素质教育的能力

设计和实施用户信息素质教育的能力，是指学科馆员对用户开展信息素质教育的能力，通过相应的形式和措施，切实提高信息用户获取信息的能力。

通常学科馆员利用系统的教学或专题培训等方式,如开设信息检索课,举办图书馆资源与服务利用专题讲座等,提高信息用户的信息获取能力。

5.3.7　服务于科学研究方面的知识和技能

服务于科学研究方面的知识和技能,是指学科馆员对学科用户科研工作的支持能力,主要包括获取本单位和目标单位科研动态的能力、跟踪所负责学科科研进程的能力和学科分析与评价能力等。

5.3.7.1　获取本单位和目标单位科研动态的能力

获取本单位和目标单位科研动态的能力,是指学科馆员熟知科研活动规律和相关科研要求,能及时获知本单位或其他单位的科研情况,供对口院系科研人员开展科研活动作为参考。

了解相关的科研政策,或者进行科研立项查新,是院系科研人员科研立项前期非常重要的工作,因时间精力所限,他们非常需要学科馆员帮助完成这些前期工作,以保障后续科研工作的顺利开展。

5.3.7.2　跟踪所负责学科科研进程的能力

跟踪所负责学科科研进程的能力,是指学科馆员掌握科研活动规律,研究学科信息资源,向对口院系的科研活动提供跟进服务的能力。

这种跟进服务,需要学科馆员依据所掌握的学科信息资源提供学科最新进展情况,同时也需要学科馆员能够记录和保存科研过程中产生的重要信息和数据,辅助科研人员创造科研成果。

5.3.7.3　学科分析与评价能力

学科分析与评价能力,是指学科馆员运用信息检索和分析技术,利用各类信息检索工具,对院系学科的科研成果、学科发展和学术影响力等展开分析评价的能力。

这是一项综合服务能力,是学科馆员对学科知识和专业知识的综合运用,图书馆学科知识服务的核心价值就在于能够为学校的学科建设提供这种精准而有价值的服务。

5.3.8　指导并参与用户学术交流的知识和技能

指导并参与用户学术交流的知识和技能,是指学科馆员参与学科用户学术交流活动的能力,主要包括向用户提供研究成果出版与传播方面相关信息的能力和向用户提供研究成果长期保存方面咨询的能力等。

5.3.8.1　向用户提供研究成果出版与传播方面相关信息的能力

向用户提供研究成果出版与传播方面相关信息的能力，是指学科馆员熟知国内外学术成果的出版与传播的发展情况，并能解答学科用户该方面问题的能力。

学科用户普遍非常重视科研成果的发表和利用，但对成果出版和传播方面的相关情况并不熟知，学科馆员了解当前科研成果出版与传播的方法和模式，并借助信息检索工具进行分析，指导用户将科研成果发表在核心期刊上，或寻找学科领域最权威的出版社，或通过开放获取平台扩大科研成果的影响力。

5.3.8.2　向用户提供研究成果长期保存方法咨询的能力

向用户提供研究成果长期保存方法咨询的能力，是指学科馆员了解学术成果的保存方法和保存形式，指导学科用户合理保存其研究成果的能力。

高校校科研成果的形式不再仅限于文本型论文、专著，更有多媒体教学课件、分析数据、实验报告等形式，基本都是数字化类型成果。从长期发展角度，由学校公开保存正在被学者逐渐认可，越来越多的科研成果被存放在图书馆文库、学校机构知识库或开放获取平台上。但如何解决知识产权问题，如何解决与商业资源的利益纷争，如何扩大传播途径提升学术影响力等等，都需要学科馆员给予用户正确指导。

5.3.9　相关法律方面的知识和技能

相关法律方面的知识和技能是指学科馆员掌握相关版权法和知识产权法，并向学科用户提供法律方面咨询的能力。

学科馆员要熟知版权或知识产权方面的法律法规，了解作者权利、知识产权问题，正确指导学科用户运用法律武器保护个人科研成果，同时也使其避免出现学术成果剽窃行为。

5.4　大学图书馆学科馆员学科知识服务
能力调查与分析

为了对上述学科馆员学科知识服务知识和技能指标的设定情况进行分析判断，检验指标构成的维度是否合理，本课题特别进行了学科馆员学科知识服务能力实证调查。选取国内已开展学科服务工作的部分重点大学图书馆为调研对象，通过电子邮件发放调查问卷，并结合电话调查，实际考察我国高校图书馆学科馆员及管理者对这些学科知识服务能力重要性的认知情况及学科馆员所具备的能力水平现状和期望。

5.4.1　调查设计

5.4.1.1　样本选择

本调查在正式开展之前，先在本馆和两所京内高校馆进行了一次预调查，时间为 2013 年 9 月 23 日至 27 日，共发放问卷 40 份，回收有效问卷 36 份。通过分析预调查结果，了解问卷的设计是否科学合理，并对部分内容做了适当调整。

正式调查以教育部 2009 年 1 月更新的"985"学校图书馆为样本框，以北京地区为主，并适当选取其他不同地区有代表性的"985"高校。调研对象主要是从事学科服务的学科馆员、负责学科服务的主管领导及部分其他身份馆员，调查时间为 2013 年 10 月 15 日至 11 月 15 日，通过电子邮件方式，共发放问卷 110 份，回收有效问卷 79 份，问卷的有效回收率为 71.8%。被调查者的身份主要是学科馆员（占 81%）和负责学科服务工作的馆领导（占 13%），其他身份馆员占 6%。

5.4.1.2　调查问卷的设计

本调查问卷分为两部分：

（1）调查问题

问题 1：学科馆员从事学科知识服务应具备的知识和技能的重要性及馆员目前的能力水平。

1a. 请考虑未来 2—3 年的发展趋势，对所列知识和技能的重要性打分：

0. 不必要；　　　1. 一般重要；　　2. 比较重要；3. 非常重要；N. 不清楚。

1b. 请对您目前具备的知识和技能的能力水平打分（仅学科馆员作答）：

0. 不具备；　　　1. 了解；2. 基本掌握；3. 熟练；4. 非常熟练。

该问题的设计为量表法，要求被调查者针对表 5 - 1 中 22 项"学科馆员从事学科知识服务应具备的知识和技能"的重要性及馆员目前的能力水平分别打分，通过该项调查了解被调查者对学科知识服务能力重要性的认知情况及学科馆员所具备的能力水平现状。

问题 2：您认为除这 22 项之外，还有哪些能力对于从事学科知识服务很重要？

该问题的设计为问卷法，除上述 22 项能力之外，被调查者认为还有哪些能力对于从事学科知识服务很重要，请其列出。该问题的设计是对问题 1 的补充，以保证被调查内容的严谨性。

问题 3：3 - a. 请在 22 项能力中选择您认为最重要的 3 项；3 - b. 请在 22 项能力中选择您认为重要程度最低的 2 项；3 - c. 在未来 2—3 年内，您希望参加哪些能力的培训；3 - d. 在未来 2—3 年内，您最希望获得哪些能力的提高。

该问题的设计为多选，限定选项又不局限于选项，但要对增加的选项内容做出说明。通过该问题希望了解从事学科服务的馆员针对 22 项"能力"的重要程度、期望等进行选择。

（2）个人信息

包括被调查者的身份，分为学科馆员（要求回答从事学科服务年限）、其他馆员、图书馆管理者（馆长＼副馆长）及所在高校。通过该项调查了解被调查者身份与对学科知识服务能力重要性的认知及已具备的能力水平之间的关系。

5.4.2　调查结果及分析

5.4.2.1　关于学科知识服务能力调查（问题 1）的量表分析

（1）学科知识服务能力重要性的认知情况及所具备的能力水平现状

利用统计软件 SPSS 对学科知识服务能力（九大类 22 项能力）的"重要性"及"能力水平"量表打分的调查结果分别求平均值（如图 5 - 1 所示）。

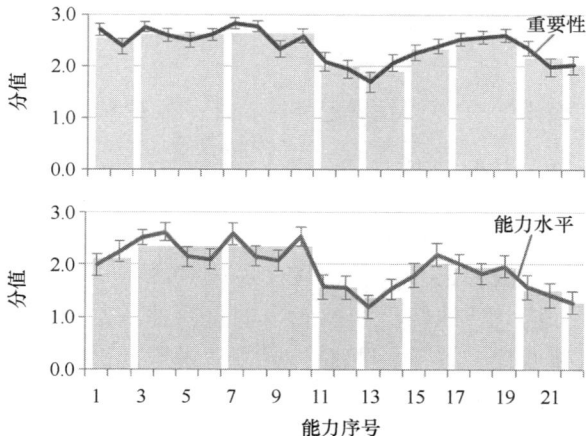

注：误差线表示平均值的95%置信区间。柱形代表九大类。

图 5 - 1　九大类 22 项学科服务能力的重要性和能力水平的平均值

　　被调查者对学科知识服务能力"重要性"认知情况分析：从事学科知识服务应具备的 22 项能力和技能中，打分均值最低的三项是第 13 项 - 具备元数据使用方面的能力（均值 = 1.70 ± 0.82）、第 12 项 - 具备提供数字图书馆相关技术应用的能力（1.95 ± 0.76）和第 21 项 - 向用户提供研究成果长期保存方法咨询的能力（1.99 ± 0.76），接近"比较重要"的认知程度，分别属于第五、四、八三个大类，即信息组织、信息技术和指导并参与用户学术交流的知识和技能。其余 19 项能力的"重要性"打分均值都在 2～3 分之间，分值介于"比较重要"和"非常重要"之间。"重要性"打分最高的前三项分别是第 7 项 - 娴熟的信息发现和文献检索技能（平均值 ± 标准差 = 2.84 ± 0.46）、第 8 项 - 整理/分析和提炼用户所需学科信息的能力（2.78 ± 0.47）和第 3 项 - 与用户良好交流沟通的能力（2.77 ± 0.42），分别属于第三、二大类，即信息应用、交流沟通方面的知识和技能。

　　被调查者已具备的"能力水平"现状分析：22 项能力中，"能力水平"打分均值都在 1～3 分之间，但低于 3 分，均未达到"熟练"或"非常熟练"的程度。其中"能力水平"在 2～3 分之间的有 13 项，属于"基本掌握"到"熟练"之间的程度；在 1～2 分之间的有 9 项，仅达到"了解"到"基本掌握"的程度。能力水平最高的前四项依次是第 4 项 - 与学科团队成员沟通协作的能力（平均值 ± 标准差 = 2.61 ± 0.70）、第 7 项 - 娴熟的信息发现和文献检索技能（2.58 ± 0.88）、第 10 项 - 指导用户检索文献和管理文献的能力（2.53 ± 0.79）和第 3 项 - 与用户良好交流沟通的能力（2.50 ± 0.61），主要集中于第二、三大类，即交流沟通、信息应用方面的知识和技能。"能力水平"最低的三项，由低到高依次是第 13 项 - 具备元数据使用方面的能力（1.19 ± 0.91）、第 22 项 - 向用户提供版权法和知识产权法方面问题咨询的能力（1.28 ± 0.91）和第 21 项 - 向用户提供研究成果长期保存方法咨询的能力（1.42 ± 0.96），分别属于第五、九、八三个大类，即信息组织、相关法律、指导并参与用户学术交流方面的知识和技能。

　　（2）学科知识服务能力重要性的认知情况与能力水平之间的相关性分析

　　为考察被调查者对学科知识服务能力重要性的认知情况与实际所具备的能力水平之间的相关性，利用 SPSS 对二者量表打分调查结果进行相关性分析（见图 5 - 2）。

　　如图 5 - 2 所示，22 项能力呈现出"重要性"越高，"能力水平"越高的正相关关系（$r = 0.845$，$P < 0.01$），并表现出一定程度的相关性聚集区，将22 项能力分成 3 个区域和 3 个独立的点。

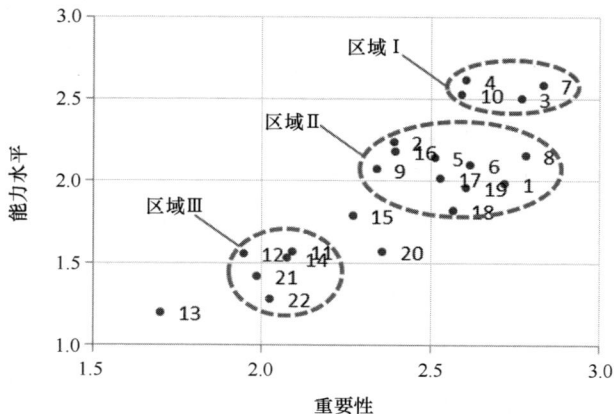

图 5 - 2　22 项学科服务能力的重要性均值和能力水平均值的相关性分析

　　区域 I 所包含 4 项能力的"重要性"和"能力水平"均很高，且"能力水平"相近，尤其是"能力水平"明显高于其他 18 项。这四项能力分别是第 3 项 - 与用户良好交流沟通的能力、第 4 项 - 与学科团队成员沟通协作的能力、第 7 项 - 娴熟的信息发现和文献检索技能和第 10 项 - 指导用户检索文献和管理文献的能力。主要集中于第二和第三大类，即交流沟通方面的知识和技能与信息应用方面的知识和技能。

　　区域 II 包括 10 项能力，"重要性"较高，"能力水平略"低于区域 I，但高于其他 8 项。分别是第 1 项 - 学科领域或相关学科领域的专业知识、第 2 项 - 图书馆学/情报学专业知识、第 5 项 - 组织和管理学科服务工作的能力、第 6 项 - 推广学科服务的能力、第 8 项 - 整理/分析和提炼用户所需学科信息的能力、第 9 项 - 熟练使用文献管理工具的能力、第 16 项 - 设计和实施用户信息素质教育的能力、第 17 项 - 获取本单位和目标单位科研动态的能力、第 18 项 - 跟踪所负责学科科研进程的能力和第 19 项 - 学科分析与评价能力。这些能力分别属于第一大类 - 专业学科方面的知识和技能、第二大类 - 交流沟通方面的知识和技能、第三大类 - 信息应用方面的知识和技能、第六大类 - 信息素质教育方面的知识和技能和第七大类 - 服务于科学研究的知识和技能。

　　区域 III 所包括 5 项能力的"重要性"和"能力水平"均很低，主要集中于第四、五、八、九大类，即信息技术方面的知识和技能、信息组织方面的知识和技能、指导并参与用户学术交流的知识和技能和相关法律方面的知识和技能。第 11 项 - 具备提供有关信息开发和利用技术方面咨询的能力、第 12 项 -

具备提供数字图书馆相关技术应用的能力、第 14 项 – 组织特色（学科）资源库或学科机构知识库建设的能力、第 21 项 – 向用户提供研究成果长期保存方法咨询的能力和第 22 项 – 向用户提供版权法和知识产权法方面问题咨询的能力。

　　3 个独立的点中，第 15 项 – 培养用户敏锐信息意识的能力和第 20 项 – 向用户提供国内外研究成果出版与传播方面相关信息的能力，这两项的"重要性"较高，而"能力水平"较低，说明这两个方面的能力被调查者认为较为重要，但目前所具备的能力还有所欠缺。而第 13 项 – 具备元数据使用方面的能力的重要性和能力水平均较低。

　　图 5 – 3 为学科知识服务所属的九个大类的"重要性"认知和"能力水平"均值的相关性分析。在这九大类中，"重要性"和"能力水平"成正相关（$r = 0.937$，$P < 0.01$）。可以划分为两个聚集区域：第一大类 – 专业学科方面的知识和技能、第二大类 – 交流沟通方面的知识和技能、第三大类 – 信息应用方面的知识和技能、第六大类 – 信息素质教育方面的知识和技能和第七大类 – 服务于科学研究的知识和技能均属于第一区域，即重要性和能力水平均处于较高水平；第四大类 – 信息技术方面的知识和技能、第五大类 – 信息组织方面的知识和技能、第八大类 – 指导并参与用户学术交流的知识和技能、第九大类 – 相关法律方面的知识和技能属于第二区域，即重要性和能力水平均较低。

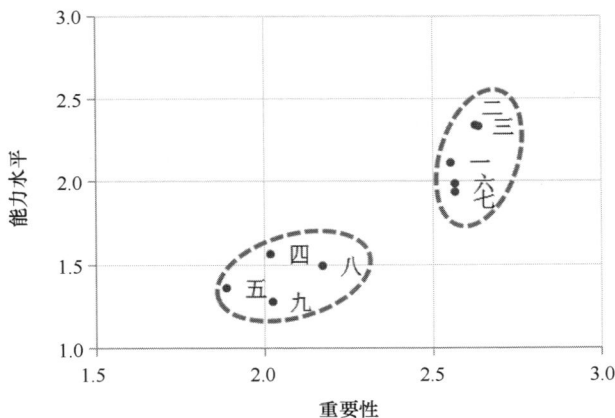

图 5 – 3　九大类的重要性和能力水平平均值的关系

5.4.2.2　关于学科知识服务能力调查（问题 3、问题 2）的问卷分析

（1）被调查者对学科知识服务能力重要性的主观选择与期望

图 5 – 4 为学科馆员在 22 项能力中认为最重要的 3 项的选择比例。选择比

例超过 10% 的能力分别为：第 3 项 – 与用户良好交流沟通的能力（19% 选择），第 1 项 – 学科领域或相关学科领域的专业知识（18% 选择），第 8 项 – 整理/分析和提炼用户所需学科信息的能力（14% 选择），第 2 项 – 图书馆学/情报学专业知识（11% 选择）。选择人数最多的前三项在问题 1 量表调查"重要性"打分中分别位于第 3、4、2 位，该统计结果说明被调查者在主观上认为与用户良好交流沟通的能力、学科领域或相关学科领域的专业知识和整理、分析和提炼用户所需学科信息的能力是学科馆员进行学科服务所必须具备的能力。

　　图 5 – 5 为学科馆员在 22 项能力中认为重要性最低的 2 项的选择比例。选择比例超过 10% 的选项分别为：第 13 项 – 具备元数据使用方面的能力（23% 选择），第 22 项 – 向用户提供版权法和知识产权法方面问题咨询的能力（17% 选择），第 21 项 – 向用户提供研究成果长期保存方法咨询的能力（15% 选择），第 11 项 – 具备提供有关信息开发和利用技术方面咨询的能力（11% 选择）和第 12 项 – 具备提供数字图书馆相关技术应用的能力（11% 选择）。被调查者在主观上认为重要性最低的前 7 项与问题 1 "重要性"打分最低的 7 项基本一致。

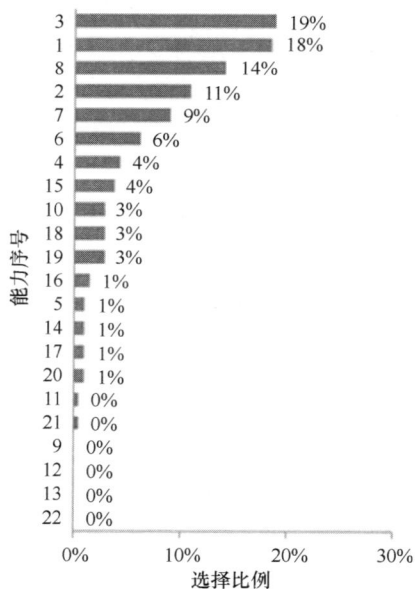

图 5 – 4　学科馆员在 22 项能力中选择的认为最重要的 3 项

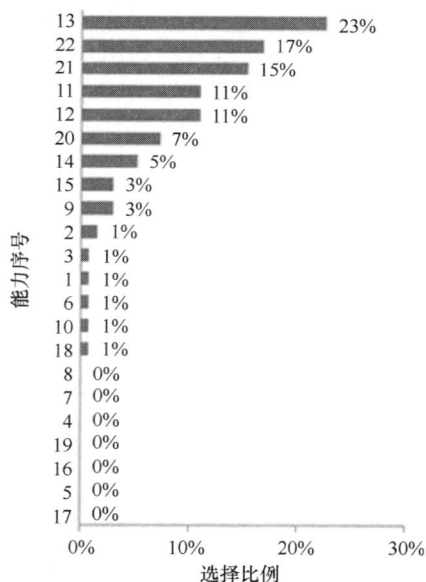

图 5 – 5　学科馆员在 22 项能力中选择的认为重要程度最低的 2 项

　　图 5-6 为学科馆员在未来 2~3 年内最希望参加的能力培训的选择比例。整体而言，选项比较分散，选择人数前五项的依次为：第 19 项 - 学科分析与评价能力（14% 选择），第 8 项 - 整理、分析和提炼用户所需学科信息的能力（9% 选择），第 1 项 - 学科领域或相关学科领域的专业知识（8% 选择），第 22 项 - 向用户提供版权法和知识产权法方面问题咨询的能力（8% 选择）和第 18 项 - 跟踪所负责学科科研进程的能力（7% 选择）。

　　图 5-7 为被调查的从事学科服务的馆员在未来 2~3 年内最希望提高的能力的选择比例：选择人数前五项的依次为：第 19 项 - 学科分析与评价能力（13% 选择），第 6 项 - 推广学科服务的能力（10% 选择），第 8 项 - 整理、分析和提炼用户所需学科信息的能力（10% 人选择），第 1 项 - 学科领域或相关学科领域的专业知识（9% 选择）和第 7 项 - 娴熟的信息发现和文献检索技能（8% 选择）。

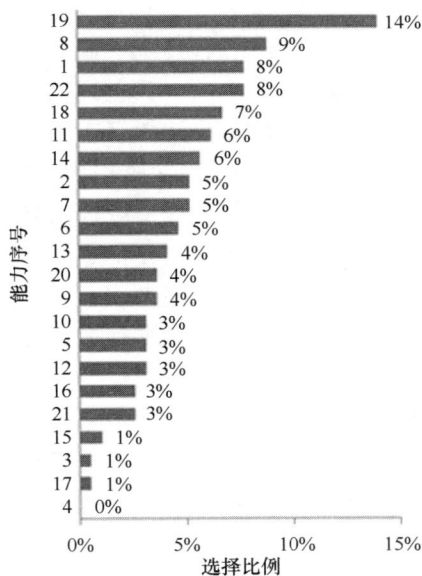

图 5-6　学科馆员在未来 2~3 年内
最希望参加的能力培训

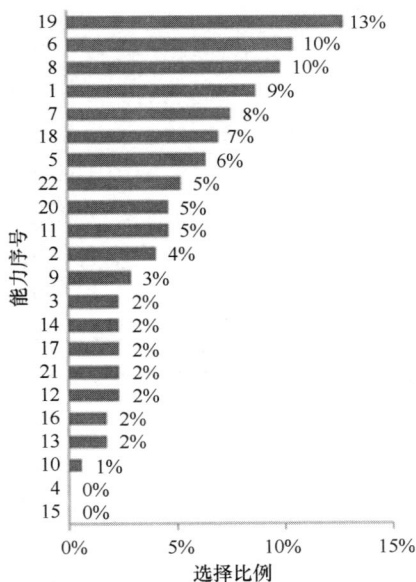

图 5-7　学科馆员在未来 2~3 年内
最希望提高的能力

　　从图 5-6 和图 5-7 可以看出，被调查的从事学科服务的馆员在未来 2~3 年内最希望提高的能力主要有学科分析与评价能力、整理/分析和提炼用户所需学科信息的能力和学科领域或相关学科领域的专业知识。说明学科馆员均意识到掌握相关的专业知识和提升自身的信息素养是很有必要的。

此外，将希望培训的计数、希望提高的计数和现状水平打分的平均分分别排序，发现现状水平最高的 4、10、3、16 四项能力获得提高和培训的意愿较低，2、8、7 三项能力水平较高仍希望进一步提高。13、21、12、15、17 五项能力的现状水平、希望提高或参加培训的意愿均位于中位数以下，而 22、11、14、18 四项能力虽然现状水平较低，但提高或参加培训的意愿较高。

（2）被调查者身份与学科知识服务能力重要性的认知及能力水平之间的关系

为了解学科服务年数以及普通馆员与图书馆管理者的身份差异对学科知识服务能力"重要性"打分和"能力水平"打分的影响，进行单因素方程分析（One – Way ANOVA）（见表 5 – 2）。

学科服务年数分别对 3 项能力的"重要性"认知和 7 项能力的"现状水平"有显著影响（$P < 0.01$）：其中，对于第 5 项 – 组织和管理学科服务工作的能力、第 7 项 – 娴熟的信息发现和文献检索技能、第 12 项 – 具备提供数字图书馆相关技术应用的能力，从事学科服务多于 10 年的馆员比年轻馆员更认为这三项能力重要（$P < 0.01$）。第 7 项 – 娴熟的信息发现和文献检索技能、第 15 项 – 培养用户敏锐信息意识的能力、第 22 项 – 向用户提供版权法和知识产权法方面问题咨询的能力，这三项"能力水平"随学科服务年数的增多而增高（$P < 0.01$）。但第 4 项 – 与学科团队成员沟通协作的能力、第 8 项 – 整理/分析和提炼用户所需学科信息的能力、第 11 项 – 具备提供有关信息开发和利用技术方面咨询的能力、第 12 项 – 具备提供数字图书馆相关技术应用的能力对于 0 – 4 年和 5 – 9 年的学科馆员水平没有显著变化（$P > 0.01$），而学科服务年数多于 10 年的馆员水平显著提高（$P < 0.01$）。学科服务年数对其他能力没有显著性影响（$P > 0.01$）。是否为图书馆管理者对能力的认知和现状基本没有显著性影响（$P > 0.01$）。

（3）学科知识服务能力的重要性、能力水平和希望培训、希望提高的总体情况

表 5 – 3 为 22 项能力的重要性、能力水平和希望培训、希望提高的总体情况。22 项能力中重要性和能力水平平均分与希望培训和希望提高计数由高到低的前 20%、21% ~ 40%、41% ~ 60%、61% ~ 80% 和后 20% 的项目分别用 ●◐◑◔○ 表示。

表 5-2　不同服务年限和馆员身份对于 22 项能力在重要性和能力水平方面的影响

注：表中每条折线代表相应分组打分的平均值，纵坐标刻度范围均为 1.0-3.5。红色表示显著性水平为 0.01（双尾）时显著，黄色表示显著性水平为 0.05（双尾）时显著，无填充表示显著性水平为 0.05 时不显著。例如，表中最后一行表示对于第 22 项能力，重要性打分的平均值为学科服务年数 5-9 年的＜学科服务年数 0-4 年的＜学科服务年数 10 年以上的，而能力水平打分的平均值为学科服务年数 0-4 年的＜学科服务年数 5-9 年的＜学科服务年数 10 年以上的，而且能力水平打分的显著性水平（红色）比重要性认知的（黄色）更低，说明更可信。而馆员和管理者的身份差异对第 22 项能力的重要性和能力水平打分均无显著性影响（无填充）。

表 5 – 3　22 项能力的重要性、能力水平和希望培训、希望提高的总体情况

能力序号	重要性	能力水平	希望培训	希望提高
1	●	◐	◐	◕
2	●	●	◔	◔
3	●	●	○	○
4	●	●	○	○
5	◕	●	◔	◐
6	●	●	◔	●
7	●	●	◔	◐
8	●	●	●	●
9	◐	●	◔	◔
10	●	●	◔	○
11	◔	◔	◐	◔
12	◔	◔	◔	○
13	○	○	◔	○
14	◔	◔	◐	○
15	◐	◐	○	○
16	●	●	○	○
17	●	◐	○	○
18	●	◐	◐	◐
19	●	◐	●	●
20	◐	◔	◔	◔
21	◔	○	○	○
22	◔	○	◐	◐

第 1 项 – 学科领域或相关学科领域的专业知识，第 3 项 – 与用户良好交流沟通的能力，第 6 项 – 推广学科服务的能力、第 7 项 – 娴熟的信息发现和文献检索技能、第 8 项 – 整理/分析和提炼用户所需学科信息的能力，这五项能力是被调查者认为重要性最高的。而第 13 项 – 具备元数据使用方面的能力的重要性最低。

第 3 项 – 与用户良好交流沟通的能力、第 4 项 – 与学科团队成员沟通协作的能力、第 7 项 – 娴熟的信息发现和文献检索技能和第 10 项 – 指导用户检索文献和管理文献的能力，这四项被调查者目前具备的能力水平较高。而第 13 项 – 具备元数据使用方面的能力、第 21 项 – 向用户提供研究成果长期保存方法咨询的能力、第 22 项 – 向用户提供版权法和知识产权法方面问题咨询的能力这三项的能力水平较低。

普遍希望培训和提高的知识和能力为第 6 项 – 推广学科服务的能力和第 19 项 – 学科分析与评价能力。而对第 3 项 – 与用户良好交流沟通的能力、第 4 项 – 与学科团队成员沟通协作的能力、第 10 项 – 指导用户检索文献和管理文献的能力、第 12 项 – 具备提供数字图书馆相关技术应用的能力、第 13 项 – 具备元数据使用方面的能力、第 14 项 – 组织特色（学科）资源库或学科机构知识库建设的能力，第 15 项 – 培养用户敏锐信息意识的能力，第 16 项 – 设计和实施用户信息素质教育的能力、第 17 项 – 获取本单位和目标单位科研动态的能力、第 21 项 – 向用户提供研究成果长期保存方法咨询的能力这 10 项需要提升的迫切度不高。

（4）被调查者补充的较为重要的学科知识服务能力

将被调查者补充的（除 22 项能力以外）较重要的学科知识服务能力进行分析归类，其中有 11 条可归结为外语水平、态度/热情、交流/分享、自身发展和外界条件等（见表 5 – 4）。其他 12 条可归并到 22 项能力中，包括第 6 项 – 推广学科服务的能力、第 7 项 – 娴熟的信息发现和文献检索技能、第 8 项 – 整理/分析和提炼用户所需学科信息的能力、第 18 项 – 跟踪所负责学科科研进程的能力。

表 5 - 4　被调查者补充的较重要的学科知识服务能力

- **外语水平**
- 相关专业英语及图书情报学科专业英语
- 外语阅读及应用能力
- 熟练掌握英语等外语，更便于学科服务信息搜索和利用
- **态度/热情**
- 毅力，长期坚持与读者沟通，即使没有反馈也要继续推广学科服务
- 学科馆员对学科服务的热情
- 勇于尝试，超越自我，有尽最大可能为用户提供一流服务的意愿
- **交流/分享**
- 与国内外学科馆员社群交流分享学科服务知识与技能的能力
- 辅导其他学科馆员以及向其他馆员学习的能力
- **自身发展**
- 平衡各项工作内容，分清不同工作重要程度
- 自我学习和提高学科专业水平的能力
- **外界条件**
- 图书馆本身对这项工作的重视程度
- **第6项 – 推广学科服务的能力**
- 相关院系师生在了解学科服务后，对学科服务的接纳程度
- 能够获得图书馆及院系领导支持和帮助的能力
- 能够真正融入用户科研项目当中，获取用户信任，并对用户的科研项目起到重要的建设性作用的能力
- **第7项 – 娴熟的信息发现和文献检索技能**
- 知识的组织与提炼
- 获取信息的能力
- **第8项 – 整理、分析和提炼用户所需学科信息的能力**
- 与学术界科研成果紧密相连的专题学科知识吸收能力
- 识别用户信息需求的能力
- 了解科研人员或科研项目的需求
- **第18项 – 跟踪所负责学科科研进程的能力**
- 发展前沿的洞察力
- 学科定题跟踪服务能力
- 参与学科研究的能力，为科研人员提供最新的研究动态和进展，为学科发展及项目申请提供信息服务
- 相关学科科研能力

5.4.2.3　调查结论

以上调查表明，笔者所提出的学科馆员学科知识服务能力的九个方面 22 项知识和技能要求，其指标设定的理论研究与实际调查基本保持一致，这一调查保证了本研究逻辑分析与实证研究的一致性。

另外，通过本次调查结果也了解到被调查者对 22 项学科知识服务能力重要性的认知情况及目前所具备的能力水平情况。从而可以得知：

（1）被调查者认为，学科馆员最重要的知识和技能是学科领域或相关学科领域的专业知识、与用户良好交流沟通的能力、推广学科服务的能力、娴熟的信息发现和文献检索技能、整理/分析和提炼用户所需学科信息的能力等五项，是进行学科知识服务工作所必须具备的能力，是学科馆员学科知识服务的核心能力。

（2）学科馆员在与用户和学科团队成员沟通协作、信息发现和文献检索技能以及指导用户检索文献和管理文献这些方面已具备较好的能力水平。

（3）被调查者对培养用户敏锐信息意识的能力和向用户提供国内外研究成果出版与传播方面相关信息能力的重要性有足够认识，但在这两方面的能力还有所欠缺。

（4）被调查者对向用户提供研究成果长期保存方法咨询的能力、提供版权法和知识产权法方面问题咨询的能力以及元数据使用方面能力重要性的认识不足，在这三方面的能力水平普遍欠缺。

（5）学科馆员意识到掌握相关的专业知识和提升自身的信息素养非常有必要，普遍希望在未来 2～3 年内，在推广学科服务、学科分析与评价整理、分析和提炼用户所需学科信息的能力以及学科领域或相关学科领域的专业知识等方面得到培训和提高。

（6）除问卷中涉及的 22 项能力外，被调查者还认为以下几方面的能力或因素也较为重要：外语阅读及应用能力、长期保持学科服务工作的热情和积极性、与国内外学科馆员社群或同事交流分享学科服务知识与技能的能力、学科服务工作与其他工作相平衡的能力以及自我学习和提高学科专业水平的能力。

第6章 大学图书馆学科知识服务客观要素能力建构

在开展学科知识服务过程中，大学图书馆的资源状况、技术状况和相关管理制度与服务效果密切相关，是图书馆学科知识服务中的客观因素。客观要素能力就是基于这些因素形成的学科知识服务能力，是大学图书馆开展学科知识服务的基本保障和支撑。没有坚实的客观要素能力，学科馆员的主观要素能力就无从施展，也就无法形成图书馆整体学科知识服务能力。所以，本研究通过相关文献的理论分析，同时对开展学科知识服务图书馆进行专家调研，分析大学图书馆各项客观要素能力的现状、存在问题，探讨能力提升的相应措施。

6.1 学科知识服务客观要素能力概述

如前所述，大学图书馆学科知识服务客观要素能力主要包括知识资源能力、技术资源能力和组织管理能力等。

6.1.1 知识资源能力

知识资源能力是指大学图书馆为开展学科知识服务所能提供的各类学科资源，它是实现学科知识服务的基本保障，是其他能力产生的源泉，影响着大学图书馆提供学科知识信息的水平。

毋庸置疑，知识资源是大学图书馆开展学科知识服务的资源基础。面对信息服务的新形式新要求，大学图书馆在知识服务理念下，重视知识资源的导航和整合利用，建设学科特色资源，注重学术资源的时效性，开展资源共建共享等①，形成一系列学科知识资源导航、特色资源数据库，同时，加强学科资源与学科服务的融合，形成资源与服务一站式获取平台，以保障学科知识服务顺利实施。

---

① 穆颖丽. 基于数字图书馆知识服务的能力建设 [J]. 情报科学，2013（6）：67 – 70

6.1.2　技术资源能力

技术资源能力是指在学科知识服务中应用的一系列信息技术手段、技术设施与设备，是大学图书馆学科知识服务的重要工具和支撑。

良好的技术支撑和支持，使大学图书馆能够高效组织信息资源，通过分析、筛选和重组，形成符合学科用户需求的学科知识，并能给用户提供主动、智能化服务。

6.1.3　组织管理能力

组织管理能力主要是指大学图书馆在学科知识服务中的管理规范、工作职责、规章制度、考核评估等，是对学科知识服务工作体系和工作制度方面的要求，是大学图书馆学科知识服务得以顺利实施的组织制度保障。

通过强有力的组织管理，可以建立起科学高效的学科知识服务体系，并进一步建立健全规章制度，进而形成大学图书馆学科知识服务的良性服务管理机制。

6.2　学科知识服务客观要素能力的重要性

客观要素能力是大学图书馆是否能够提供学科知识服务的基本保证，知识资源能力、技术资源能力和组织管理能力，这三方面既各自相对独立、又互相联系、互相作用。其重要性体现在如下方面。

6.2.1　知识资源能力是基础

大学图书馆客观要素能力中首要的就是知识资源能力。知识资源是大学图书馆开展学科知识服务的基本保障，没有精良的知识资源就无法为用户提供高质量的学科知识服务，学科知识服务就会成为"无米之炊"。

6.2.1.1　学科知识资源是学校学科建设的保障

经过多年积累，大学图书馆拥有丰富的中外文纸本印刷文献、磁带、录像带、光盘、缩微胶片、数字化资源等各类信息资源。在信息资源建设方面，图书馆从本校学科设置、优势学科、特色学科等多方面考虑，本着重点支持特色学科、优势学科和新建学科，同时兼顾本校其他学科的原则，用有限的经费，精心构建了各校较有学科特色的资源体系。这些文献资源对本校学科建设、特别是重点学科的支持力度越来越显现出来。

随着学科知识服务的开展，资源建设中更进一步融入了学科服务的主动意识，与教学一线的需求结合得更加紧密。同时，由于有院系教师参与学科资源的选择工作，图书馆的信息资源也更加符合学科发展的需要。如此良性循环，大学图书馆的信息资源将真正成为学校学科建设的坚实基础。

6.2.1.2　知识资源整合提高了学科资源的利用率

越来越庞大的馆藏信息资源，特别是海量的数字化资源，使很多学科用户对资源的检索、选择和利用日渐困扰。如何解决这些困扰，是每个大学图书馆必须面对的问题。对各类信息资源进行整合，建立学科知识资源分类导航，凸显知识资源的学科性，有助于解决用户的困扰。

近几年，从统一检索平台的应用到知识发现系统的引进，图书馆对学科知识资源的整合与利用能力在逐步提高；而学科服务平台的搭建，将学科知识资源与学科信息服务结合起来，形成了便捷的资源与服务一站式获取平台。随着图书馆对知识发现系统功能的深层开发、对学科服务平台的改进，其学科知识服务能力会进一步提升，真正实现由"信息服务"到"知识服务"的转变。

6.2.1.3　参与资源共建共享以扩充学科资源能力

任何一所图书馆的馆藏资源都是有限的，同时学校有限的经费投入也制约馆藏的扩充，而学科用户的需求却是无限多样的。为解决有限馆藏和无限需求之间的矛盾，以较低成本最大限度地满足用户的多样化需求，参与业界的资源共建共享就成为每个图书馆的必然选择。同时，随着信息技术、网络技术的飞速发展，资源的开放获取逐渐成为一种潮流，共建共享成为图书馆开发和利用信息资源不可缺少的途径。

经过十几年的发展，从全国性的信息资源共建共享体系，如中国高等教育文献保障系统（CALIS）、中国高校人文社会科学文献中心（CASHL）、高校图书馆数字资源采购联盟（DRAA）、国家科技图书文献中心（NSTL），到各省（直辖市）级地方性资源共建共享体系，如北京市高等学校文献保障系统（BALIS）、江苏省高等学校文献保障系统（JALIS）等，再到各种专业图书馆联盟，如全国外语院校图书馆联盟、医学图书馆联盟、高等财经院校图书馆联盟等，我国已逐步形成覆盖全国、具备信息检索、文献传递、馆际互借、资源建设、联合采购等功能多样的信息资源共建共享网络体系。越来越多的大学图书馆加入到这些资源共建共享体系中，依托全国丰富的信息资源，极大地增强了本馆的学科知识资源能力。

6.2.2　技术资源能力是支柱

在几项客观要素能力中，技术资源能力是大学图书馆客观要素能力中较为重要的能力。在信息化、网络化时代，学科知识服务的创新和发展离不开新技术的应用。事实上，每当有新技术问世，图书馆界都会投入极大的热情和关注度，并尝试着将之应用于图书馆的服务。也正是一系列新技术的运用，推动了图书馆由传统的文献服务转变为信息服务，进而向知识服务迈进。因此可以说，技术资源能力是图书馆开展学科知识服务的支柱，信息技术已经成为大学图书馆发展不可或缺的支撑条件。

6.2.2.1　信息技术"挖掘"学科知识

经年积累，大学图书馆的信息资源越来越丰富，同时网络信息资源更是浩如烟海，而学科用户需要的是支持其教学科研的学科知识信息。借助信息技术的应用，如知识组织与转换技术、知识挖掘技术、知识分析技术等，挖掘出深层次、更专业的信息，为用户提供有效的知识服务。

此外，大学图书馆除了利用显性的易于开发的知识资源外，还需尽力挖掘隐性的不容易获得的知识资源，这可以使大学图书馆具备更强大的知识服务能力。借助信息技术的应用，深入分析馆藏资源和网络资源，使隐性资源显性化，唤起用户的需求意识。同时分析学科用户潜在的信息需求，唤起用户对学科知识的敏感性，进而产生信息需求，实现学科知识主动化服务。

6.2.2.2　信息技术"铸造"服务平台

学科资源需要通过相应的介质和手段才能传递到学科用户手中。常规的传递手段，如复印件、印刷品、电话、邮件等，虽然实现了送达的目的，但传递速度较慢，资源类型也较死板，同时缺乏和用户及时而互动的沟通，形成"馆员主动给，用户被动要"的状况，在一定程度上影响了学科知识服务的效果。

灵活高效的学科知识服务有赖于图书馆和用户双方积极共同完成，图书馆通过信息技术做支撑，建立一个双方都能进入的环境——学科服务平台。一方面，图书馆对信息资源进行获取、识别、组织、评估、转换，形成知识服务产品，通过平台提供给学科用户，保证知识产品快速、安全传递到用户手中。另一方面，用户通过平台获得学科知识，并且把对学科知识的评价和感受与图书馆进行交流，向图书馆提出学科资源选择方面的建议。

6.2.2.3 信息技术"拉近"学科用户

Web2.0技术注重以用户为中心、鼓励用户参与，其技术和理念运用到图书馆以来，逐渐革新了图书馆的服务模式，由传统被动坐等用户上门的服务，转变为以用户需求为导向的主动、交互、开放式服务，拉近了学科用户与图书馆的距离，进一步推动了图书馆知识服务的发展与创新。

随着移动互联网技术和智能终端的发展，各种移动设备的应用也正在成为图书馆服务的热点，许多原生数字资源及知识化、整合化的数字资源通过移动终端提供给用户，实现了学科知识服务的泛在化。同时，微博、微信迅猛发展，功能越来越强大，也拓展了图书馆学科知识服务的渠道，使图书馆服务在便捷高效的同时，更加人性化，更加贴近用户。

6.2.3 组织管理能力是保障

组织管理能力是大学图书馆在学科知识服务工作体系和工作制度方面的要求。任何工作的开展都必需有相关管理规范、职责要求和考核要求等保障措施。学科知识服务工作，是一项体现大学图书馆专业化、精细化管理理念的工作，需要建立健全相关规章制度，明确工作职责、岗位要求和考核评估要求，建立科学高效的学科知识服务体系，以此保障学科知识服务的顺利实施。

6.2.3.1 规范的组织管理机制是制度保障

组织管理能力中需要重点考量的因素有很多，诸如管理制度、管理政策、工作标准规范、工作流程、绩效评估等，这些方面要达到学科知识服务的要求，学科知识服务能力的效果才会显现出来。

只有建立起规范的组织管理机制，如服务政策科学，工作制度和业务标准规范完善，业务结构设计合理，业务流程严密并沟通良好，鼓励团队合作，绩效评价体系合作可操作等，才能从工作体制上保障学科知识服务工作的创新性和顺利实施，实现学科知识服务有效开展的目标。

6.2.3.2 完善的工作体系是效率保障

学科服务工作开展之初，图书馆大多由咨询部门馆员承担学科服务工作，每个学科馆员面对一个或多个院系开展工作。没有其他业务部门配合，没有精力对应多个服务单位，这些部门和人员难免有孤军奋战之感，服务成效也很难显现，使得学科服务流于形式。

随着对学科服务工作理解和实践的深入，图书馆总结十几年学科服务工作经验认识到，学科服务不是某个人或某个业务部门单兵独战就可以完成的工作，需要全馆协力形成一个服务整体，从不同学科和专业背景人员的配备，到资源采购至服务流程各环节的有序和配合，建立起完善的工作体系，全馆统筹协调，保障学科知识服务工作高效运作。

6.2.3.3　和谐的工作氛围是精神调节剂

大学图书馆在以图书馆价值体系、信念和制度规范管理的同时，认识到人文关怀对馆员行为的重要影响，要非常重视人文工作环境的建设，引导并提倡和谐工作氛围的营造，让馆员在紧张工作的同时，置身于一种和谐氛围中，精神得到放松，工作压力得到缓解。

同时，图书馆也要营造良好的学科服务文化氛围，让馆员认识到加强学科知识服务是图书馆未来发展的方向和必然趋势，为馆员提供培训和提高业务技能的机会，帮助他们做出正确的职业规划，鼓励馆员在服务工作中善于思维和创新，积极探索新的知识服务模式。

6.3　大学图书馆客观要素能力情况专家调研

为了解我国大学图书馆学科知识服务客观要素能力的现状及存在的问题，本研究选取国内已开展学科服务工作的部分重点大学图书馆学科服务主管或负责人为调研对象，通过电子邮件方式，进行了"大学图书馆学科知识服务客观要素能力问卷调查"。

6.3.1　调查设计

本次调查分为两部分。第一部分：基本情况。包括被调查机构学科专业分馆的设置、学科馆员的任职与考核、学科服务的对象及覆盖范围等问题；第二部分：客观要素能力情况。从学科资源建设情况，学科服务的方式、内容及技术支持情况，学科服务的管理、组织与实施情况，以及目前学科服务中存在的主要问题、机遇与挑战等五个方面进行调研，了解各馆客观要素能力情况。

调查时间为 2014 年 3 月 20 日至 3 月 31 日，通过电子邮件的方式发放及回收问卷，共有 18 所高校图书馆参与，发放问卷 22 份，最终回收有效问卷 22 份。除个别图书馆有多份问卷外，其他图书馆均为 1 份问卷。在进行数据统计时，客观题各图书馆仅统计 1 份问卷，主观题是对全部回收问卷的统计。

由于学科知识服务在研究型大学图书馆开展较为普遍，故选择的 18 个样本全部为"211 工程"大学图书馆，其中有 15 个同时为"985 工程"大学，以北京院校为主，理工、农业及综合类院校均有涉及。从数量上看，18 个样本是从全国 30 余所研究型大学选出的有代表性的图书馆，这些图书馆的学科服务工作开展较早，在业界已被普遍认可，具有行业代表性，因此样本选择及数量具有一定的代表性。

6.3.2　调查结果

6.3.2.1　被调查高校图书馆学科服务基本情况

本部分调查内容包括被调查图书馆学科专业分馆的设置、学科馆员的任职与考核、学科服务的对象及服务覆盖的范围等问题。

（1）被调查图书馆学科专业分馆的设置情况

如图 6 - 1 所示，超过三分之二的被调查馆拥有学科专业分馆（占72.2%），无学科分馆的占 27.8%。从学科分馆的数量分布统计（见图 6 - 2），0 个学科分馆的占 27.8%，拥有 1 ~ 5 个分馆的占 27.7%，6 ~ 10 个分馆的占 16.7%，10 个以上分馆的占 11.1%，还有 3 个被调查馆未回答该问题。该调查结果说明多数被调查馆比较重视学科分馆的建设，但各单位学科分馆的数量很不均衡。其中北京大学图书馆学科分馆数量最多（31 个分馆），其次是北京师范大学图书馆（13 个分馆）。

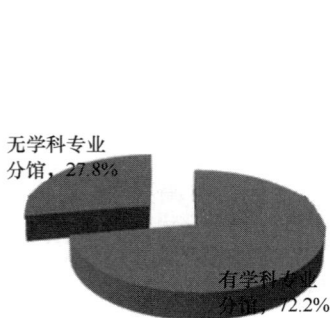

图 6 - 1　学科专业分馆的设置

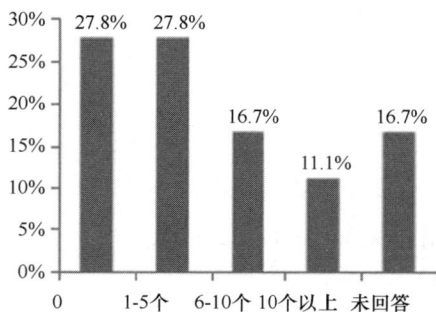

图 6 - 2　学科分馆的数量

（2）被调查图书馆学科馆员的任职及考核情况

从图 6 - 3 可以看出，约占 50% 的被调查馆学科馆员人数在 5 ~ 15 之间，20 人以上的占 27.85%。此外，还有 1 个馆无学科馆员，2 个馆未回答该问题。学科馆员人数较多的馆有：中国人民大学最多（43 人），其次是清华大学（33 人），武汉大学（29 人），而北京大学（14 人）、浙江大学（12 人），北京师范大学（6 人）等学科馆员人数相对精良。该调查结果表明国内大多数高校图书馆比较注重培养精良的学科服务团队，注重学科服务的内涵及深度，学科馆员队伍数量相对稳定。也有一部分高校馆，根据学科服务发展的需要，加上新就业的优秀人才加入，学科馆员队伍逐渐扩大，如中国人民大学、武汉大学、山东大学等。

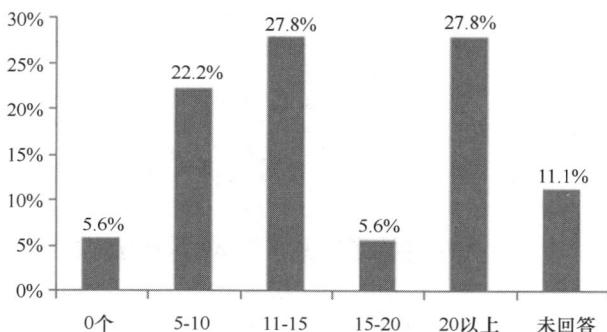

图 6-3　学科馆员的人数统计

　　如图 6-4 所示，被调查馆中设立专职学科馆员的情况较少（仅占 11.8%），多数高校馆为兼职学科馆员（47.1%）或专兼职均有（41.2%）的情况。学科馆员的专兼职问题一直是国内学界争论的焦点。兼职学科馆员容易造成学科服务工作与现有本职工作冲突，而专职学科馆员易造成与其它岗位脱节的问题，且力量有限，专兼职两者均有的情况比较符合国内实际。即建立一支精良的专职学科馆员队伍，利于学科服务工作的深度开展，同时还有一批与专职学科馆员相辅相成的兼职学科服务团队，涉及的部门或人员通力合作。

　　学科馆员的聘任方式存在 3 种情况，4 种组合（见图 6-5），以竞聘上岗与由馆内直接选拔为主，各占 43.8%；其次，由馆内直接选拔 + 自我推荐、竞聘上岗 + 馆内直接选拔分别占一定比例，各为 6.3%。该统计结果表明，竞聘上岗与由馆内直接选拔是目前学科馆员的主要聘任方式，二者平分秋色，可以认为国内学科馆员的聘任方式已经上升到一定阶段。但是对一部分条件尚不够成熟的图书馆来说，由馆内直接选拔的方式仍将持续一段时间。相比竞聘上岗，由馆内直接选拔有一定的局限性与被动性。竞聘上岗通过优胜劣

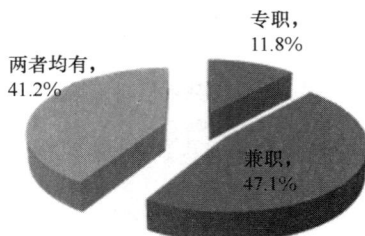

图 6-4　学科馆员的专兼职情况

汰的方式选拔人才，利于优秀人才的选拔与任用，被认为是人才聘用的主流方式。自我推荐能充分发挥人才的积极性，也是值得推荐的人才聘用方式。通过不同情况聘用方式的优化组合，实现学科馆员队伍的良性发展。

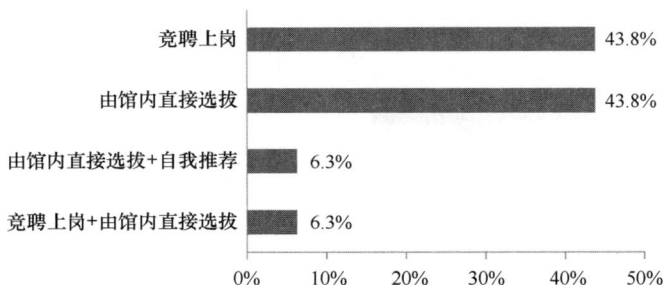

图 6-5　学科馆员的聘任方式

　　如图 6-6 所示，学科馆员的聘任时间存在 1 年聘任 1 次、2 年聘任 1 次、3 年聘任 1 次及其他方式四种情况，其中以 3 年聘任 1 次与其他方式居多。在学科馆员的其他聘任方式中，北京航空航天大学与山东大学图书馆属于不定期聘任；清华大学与全馆聘任周期一致，目前为 3 年；中国农业大学图书馆学科馆员由咨询部馆员兼职，没有聘任，没有考核。该统计结果说明目前国内学科馆员的聘任时间根据各馆情况而定，尚未形成统一的标准。
　　图 6-7 表明目前仅有少数馆（占 12.5%）对学科馆员的工作绩效评价建立了比较规范严格的考核体系或考核内容，绝大多数图书馆（占 87.5%）对学科馆员没有统一的绩效考核办法，仅参照个人年终总结进行简单考核。该调查结果反映了国内对学科馆员绩效考核的现状，发展相对落后，尽管有一

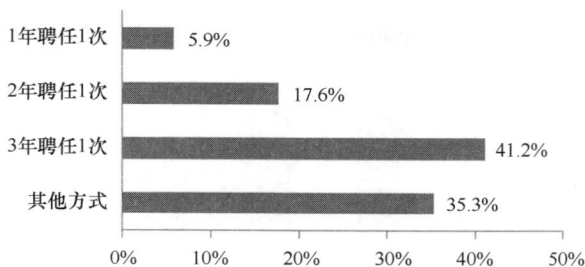

图 6 - 6　学科科馆员的聘任时间

定的理论研究，但缺乏实践支持。学科馆员的绩效考核应从定量与定性两个方面，需要学科用户、所在单位及个人三方材料的证明，仅参照个人年终总结的方式是远远不够的。

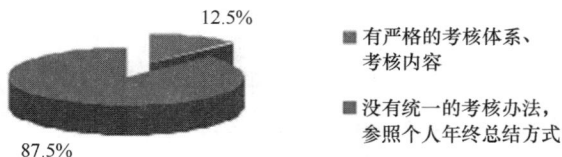

图 6 - 7　学科科馆员的绩效考核方式

通过对被调查机构学科馆员任职及考核情况的调查，了解到被调查馆学科馆员数量分布状态，主要集中在 5 ~ 10 人，10 ~ 15 人及 20 人以上三个数量段，所占调查馆的比例都在 25% 左右。

在学科馆员任职方面，主要是兼职学科馆员或专兼职并存两种情况；在聘用方面，主要是由馆内直接选拔和竞聘上岗两种方式，多数高校为 3 年聘任 1 次；在绩效考核方面，还没有建立统一的考核标准、考核体系，主要参照个人年终总结进行简单考核。

（3）被调查图书馆学科服务的对象及覆盖范围

图 6 - 8 表明被调查馆学科服务的对象概括起来包括三类人员：研究型用户、学习型用户、行政人员。以教师、博士研究生、硕士研究生等研究型用户为主（总计 79.4%），三者比例相近；其次是本科生（15.9%），学习型用户；除上述用户外，约占 4.8% 的被调查馆将校部机关行政人员、留学生等其他人员也列入学科服务对象，并深受欢迎，反映了高校图书馆学科服务的对

象在逐渐外延。

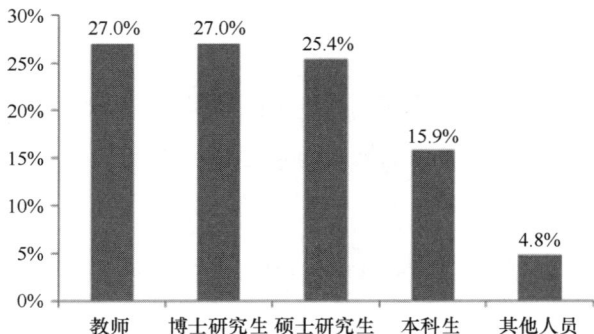

图 6-8　学科服务的对象

　　图 6-9 表明，约占 52.9% 的被调查馆认为其学科服务已经覆盖本校所有院系，35.3% 的被调查馆认为其学科服务仅覆盖本校重点学科，约占 11.8% 的被调查馆是根据学科馆员情况，选择部分院系开展学科服务。这说明目前国内高校图书馆学科服务覆盖的范围很不均衡，各馆学科服务的侧重点不同。对学科服务的覆盖范围（即服务广度）不应一概而论，学科服务属于个性化服务，不可能面面俱到，可首先关注优势学科或潜力学科，结合人力、技术、资源等客观要素的具体情况，逐步推进。

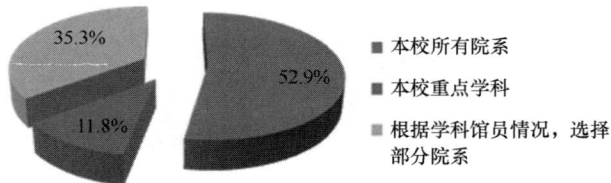

图 6-9　学科服务覆盖的范围

6.3.2.2　被调查图书馆学科服务客观要素能力情况

　　本部分从学科资源建设情况，学科服务的方式、内容及技术支持情况，学科服务的管理、组织与实施情况，以及目前学科服务中存在的主要问题、机遇与挑战等五个方面进行了调研。

（1）被调查图书馆学科专业资源建设情况

图 6 - 10 和图 6 - 11 表明，50% 的被调查馆认为其学科资源已经覆盖本校所有学科，另有接近 40% 的被调查馆认为其学科资源覆盖本校所有重点学科，还有近 10% 的被调查馆认为其学科资源仅覆盖部分重点学科。认为现有学科资源对学科知识服务达到完全满足的仅占 22.7%，基本满足占 77.3%，无不满足情况。该调查结果说明高校图书馆现有学科资源建设还有较大的发展需求，而且各馆情况不均衡，有少部分被调查馆需要大力补充学科专业资源。

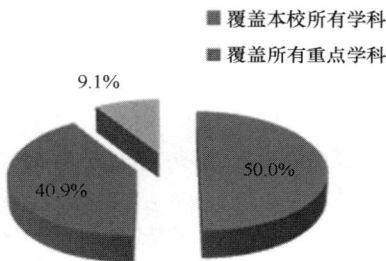

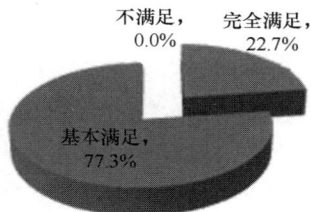

图 6 - 10　学科专业资源的覆盖情况　　图 6 - 11　学科资源对学科知识服务的满足情况

图 6 - 12 表明现有学科资源整合方式主要有四种：采用知识发现系统（统一检索平台）、建立学科资源导航（指南）、建设学科资源特色数据库及建立学科机构知识库。以采用知识发现系统（占 31.0%）和建立学科资源导航（32.8%）为主，其次是建设学科资源特色数据库（24.1%），仅有少数被调查馆建立了学科机构知识库（占 12.1%）。该调查结果表明目前高校图书馆对学科资源的整合力度还不够，仅有 30% 偏上的被调查馆采用现有的软件系统如知识发现系统、LibGuides 资源导航系统整合学科资源，而对建设学科资源特色数据库及学科机构知识库等所做的工作相对较少。前两者是对学科资源导航方面的整合，而后二者属于学科资源建设及整合，但这方面的工作需要强大的技术、人力支持，可能目前有些馆还不具备这样的实际条件。

（2）被调查图书馆开展学科服务的内容、方式、效果及技术支持情况

图 6 - 13 表明被调查馆学科服务的内容主要是学科用户培训、学科资源建设、学科信息联络、学科服务宣传、融入学科教学或科研、学科动态跟踪推送等六个方面。其中排在前四位的是学科用户培训、学科资源建设、学科信息联络及学科服务宣传，这四项都是常规性学科服务，学科馆员在其中仅

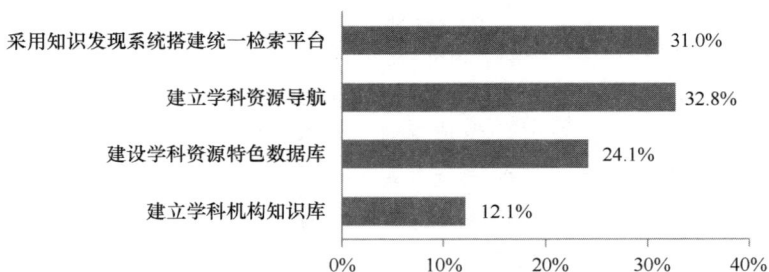

图 6 – 12　学科资源的整合情况

起到信息中介的作用，不是真正意义上的学科知识服务。深度学科服务如融入学科教学或科研（占 13.3%）、学科定题服务（占 11.5%）、学科电子资源评估与服务、深度学科发展报告、学科科研能力评估（三项总计占 3.5%）等项目已在部分高校开展。说明目前国内学科服务内容正在向学科知识服务方向发展，尤其是融入学科教学或科研、学科定题服务方面在高校馆中已经占据一定的比例。更深层的学科服务如深度学科发展报告、学科科研能力评估已在少数高校某些学科中进行了实践探索。

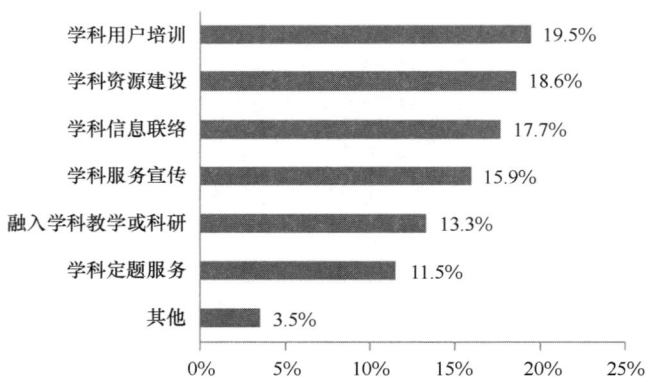

图 6 – 13　学科服务的开展内容

图 6 – 14 表明被调查馆学科服务的开展方式呈现多样化发展。常规服务方式如电话、Email 咨询，面对面交流仍然是主要的服务方式，新型服务方式如移动图书馆、学科服务平台以及微博、微信、学科博客等也很受欢迎。在这些服务方式中，被调查者认为效果较好的由高到低排序依次是：面对面交

流、电话、Email 咨询、即时通讯软件及学科服务平台。常规服务方式的面对面交流、电话、Email 咨询仍然被认为是最有效的学科服务方式。

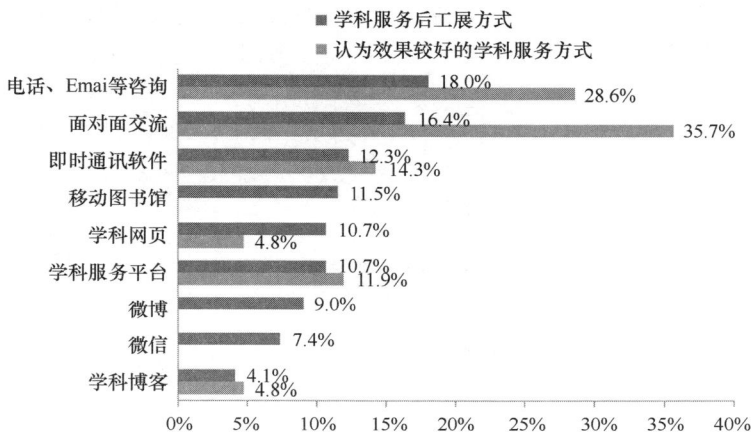

图 6－14　学科服务的开展方式

针对上述学科服务方式技术手段支持情况的调查结果表明（见图 6－15），绝大多数被调查者认为技术支持处于基本满足情况（占 77.3%），不满足的占 18.2%，完全满足的仅占 4.5%。说明绝大多数被调查馆认为目前尚未实现足够智能化的学科服务手段，另有一部分馆还没有采用新型学科服务方式如移动图书馆、学科服务平台或微博微信等。

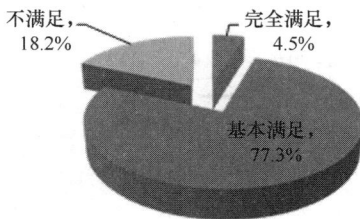

图 6－15　学科知识服务方式中，技术手段支持情况

（3）被调查图书馆学科服务的管理、组织与实施情况

被调查馆学科服务的管理方式主要存在三种情况（见图 6－16）：学科馆员来自不同的部门，挂靠在相关业务部室管理（占 61.1%）；设立专门的学科服务部门（占 22.2%）；其他方式（16.7%）。学科馆员来自不同的部门，

挂靠式管理属于"兼职"学科馆员的情况；设立专门的学科服务部门属于"专职"学科馆员的情况。在其他方式中，山东大学图书馆属于前两种方式并存的情况，清华大学图书馆的学科馆员主要集中在信息参考部，各专业分馆有各自的学科馆员，中国农业大学图书馆是由咨询部馆员兼职。

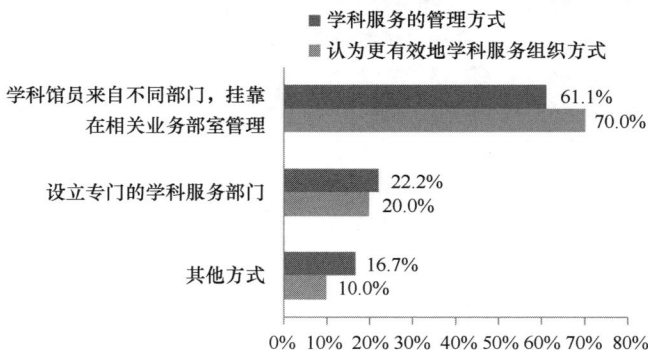

图 6 - 16　学科服务的管理方式

　　在这些管理方式中，被调查者认为更有效地组织方式主要是学科馆员来自不同的部门，挂靠在相关业务部室管理（占 70.0%），其次是设立专门的学科服务部门（占 20.0%）。也有一部分被调查者不同意上述观点，认为其它管理方式更有效（总计占 10.0%），存在三种观点：上述两种各有利弊、学科分馆模式、相对集中但并不与其他岗位完全脱节方式。

　　如图 6 - 17 所示，被调查馆中学科服务的组织与实施存在两种方式，三种情况：A. 单一学科馆员面向一个或多个院系；B. 学科服务团队协作式，一个学科服务组（团队）面向一个或多个院系；C. A + B。其中 B 方式为主（占 61.9%），其次是 A 方式（占 33.3%）。关于学科服务实施中的协作情况有四种（见图 6 - 18），由高到低排序依次是学科馆员之间协作、学科服务组之间协作、本馆与其他单位合作、本馆加入地区或全国性学科服务联盟，以前三种协作方式居多，加入地区或全国性学科服务联盟的情况较少。说明目前国内学科服务合作主要是单位内部的合作，或不同单位之间的合作，区域或全国联盟的开放式协作形式尚未成为主流。

　　通过对被调查机构学科服务的管理、组织与实施情况的调研可以发现，目前国内高校图书馆比较认可学科馆员专兼职并存、相对集中但并不与其他岗位完全脱节、涉及的部门或人员通力合作的学科服务团队协作等组织管理

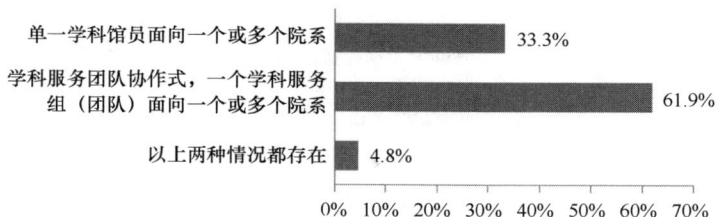

图 6-17　学科服务的组织与实施方式

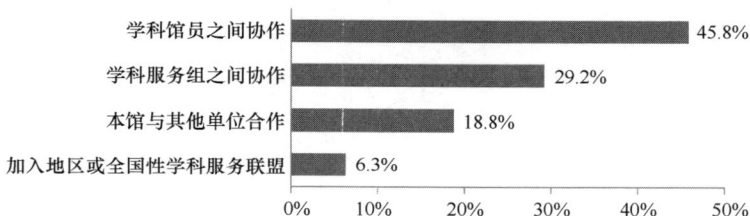

图 6-18　学科服务实施中的协作情况

实施方式。

（4）被调查图书馆学科服务过程中存在的主要问题

图 6-19 表明，学科服务过程存在的主要问题表现在九个方面，由高到低排序依次是：服务内容不够深入、学科用户认可度低、与院系的联系或沟通有困难、人员素质参差不齐、学科资源缺乏有效地整合、与学科用户交流手段不够先进、学科服务的管理水平低、学科馆员之间缺乏合作、学科资源保障率低。其中，与院系的联系或沟通有困难、人员素质参差不齐、服务内容不够深入被绝大多数图书馆认为是最为突出的问题。还有一部分被调查者认为目前学科服务中存在的最突出的问题表现在其他方面：学科馆员所提供的服务与用户需求之间尚未完全匹配、从事学科服务的人员缺乏敬业精神与创新服务意识等。

（5）被调查图书馆学科服务所面临的最大机遇与挑战

调查问卷中将该部分设计为开放题，经过对所收集问卷作答的归纳整理，学科服务所面临的最大机遇主要表现在用户的需求与业界的重视，所面临的挑战主要表现为如何与用户沟通及获得用户的信任、学科馆员的能力及学科背景知识的提升以及相应管理机制的调整、考核与奖励等机制建立及服务的

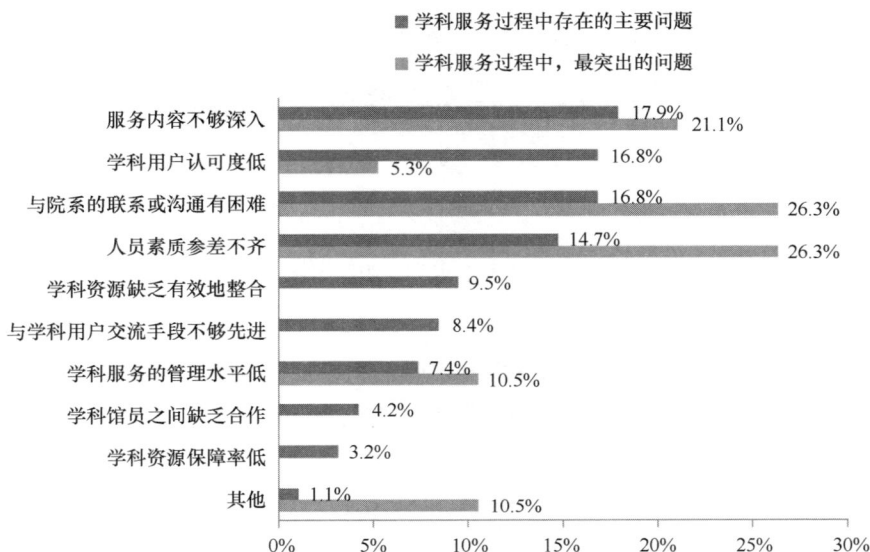

图 6 - 19　学科服务过程中存在的主要问题

可持续发展等方面。

学科服务面临的机遇首先是学校相关部门、院系对学科服务有需求。同时，业内将学科服务作为图书馆深化服务的方向这一意识得到普遍认可，创造了开展学科服务的大环境。从图书馆这一方面来说，从业界到有关管理层都已经认识是图书馆服务走到今天，学科服务是个必然趋势，也给予学科服务大力的倡导和支持。此外，学科馆员可以利用图书馆资源和技术优势提供相应的服务。

在抓住机遇的同时，所面对的挑战也是多方面的，主要包括：需求与服务尚不完全匹配与对接，用户有需求时往往并不是首选图书馆来满足，双方的沟通和用户对图书馆的认可存在一定问题，院系师生的认可与合作度将关系到学科服务的可持续发展。计算机技术、网络技术的日新月异，以及由此带来的用户信息行为的改变等，对学科服务的方式、内容、管理方式等提出变革的要求。此外，需逐步建立学科馆员考核与奖励机制并不断提高学科馆员的学科服务能力。

6.3.2.3　调查结论

通过对大学图书馆学科知识服务客观要素能力的调查，了解到目前学科知识服务客观要素能力的基本情况及相关问题，从服务现状、组织管理和存在问题三个方面总结如下：

（1）服务现状

被调查馆学科服务的对象以教师、博士研究生、硕士研究生等研究型用户为主，其次是本科生等学习型用户，有部分高校馆已将校部机关行政人员、留学生等纳入学科服务的对象，表明学科服务的对象在逐渐外延。超过半数的高校馆，其学科服务已覆盖本校所有院系。由此可见，学科服务的对象和范围在逐渐扩展。

学科服务的内容目前仍以学科用户培训、学科资源建设、学科信息联络等常规性学科服务为主。深度学科服务如融入学科教学或科研、学科资源评估、学科科研能力评估等项目已在部分高校开展起来，服务的重点已经转向学科知识服务。

电话、Email 咨询，面对面交流是主要的学科服务方式，这三种服务方式也被认为是最有效的方式。即时通讯软件、移动图书馆、学科服务平台以及微博、微信、学科博客等新型服务方式逐渐兴起，学科服务方式呈现多样化发展。目前的技术手段基本满足学科服务的需求，仍需要不断技术更新，以满足读者不断变化的服务需求。

学科资源整合目前主要方式为知识发现系统和建立学科资源导航，而对建设学科资源特色数据库及学科机构知识库等相对较少。约占50%的被调查馆认为其学科资源能够覆盖本校所有学科，也有40%以上的被调查馆认为其学科资源仅能覆盖本校重点学科。由此可见，学科资源建设还有较大发展需求，而且各馆情况不均衡。高校图书馆现有学科资源基本满足学科服务，仍需要进一步补充学科资源，另一方面需要通过技术手段进一步整合学科资源，以满足学科用户的需求。

（2）组织管理

超过三分之二的被调查馆拥有学科专业分馆，各单位学科分馆的数量及学科馆员的人数很不均衡。被调查馆学科馆员数量分布状态，主要集中在 5～10 人，10～15 人及 20 人以上三个数量段。学科馆员数量对学科服务的对象及覆盖范围有一定的影响，有一部分高校馆是根据学科馆员的情况，选择部分院系进行服务。

学科馆员主要是通过馆内直接选拔和竞聘上岗方式聘任产生，以兼职学科馆员或专兼职并存的工作方式为主，多数为 3 年聘任 1 次；对学科馆员的绩效考核目前还没有建立统一的考核标准和体系，主要参照个人年终总结进行简单考核。对学科馆员的组织方式主要有两种：学科馆员来自不同的部门，挂靠式管理（占61.1%）和设立专门的学科服务部门（占22.2%），前者被认为是更有效的组织方式。

学科馆员来自不同的部门，挂靠式管理属于"兼职"学科馆员的情况；设立专门的学科服务部门属于"专职"学科馆员的情况。兼职学科馆员容易使学科服务工作与现有本职工作产生冲突，而专职学科馆员易造成与其它岗位脱节的问题，且力量有限。综合分析，学科馆员专兼职并存、相对集中但并不与其他岗位完全脱节、涉及的部门或人员通力合作的学科服务团队协作式组织管理方式比较符合国内实际。

（3）存在问题

学科服务过程中存在的主要问题表现在三个方面：与院系的联系或沟通有困难、人员素质参差不齐、服务内容不够深入。此外，学科馆员所提供的服务与用户需求之间尚未完全匹配、从事学科服务的人员缺乏敬业精神与创新服务意识也是较为突出的问题。用户的需求与业界的重视是目前学科服务的最大机遇，而如何与用户沟通及获得用户的信任、学科馆员的能力及学科背景知识的提升、相应管理机制的调整考核与奖励等机制的建立及服务的可持续发展是学科服务面临的挑战性问题。可以看出，学科服务过程中存在的主要问题与所面临的挑战是一致的，都需要解决"如何与用户沟通及获得用户的信任"，"如何提高学科馆员的能力及学科背景知识"等问题。从事学科服务的人员素质参差不齐或者学科背景知识不足，导致服务内容不够深入、用户认可度低，影响了学科服务的开展与深化。

因此，为更好地实现学科知识服务，对于大学图书馆而言，需要逐步扩大学科服务的对象，不断深化学科服务的内容，利用新的技术手段拓展学科服务内容，根据实际需求适当补充、调整馆藏资源；建立和完善学科馆员的聘任、考核和奖励机制，激励学科馆员不断提升自身素质，激发学科馆员的敬业精神与创新服务意识。对于学科馆员而言，应不断提高自身的业务能力，进一步完善所服务学科的背景知识，积极与学科服务对象沟通和联系，使学科馆员所提供的服务与用户需求相匹配，以赢得学科用户的支持与信任。

6.4　学科知识服务客观要素能力提升措施

学科服务在我国大学图书馆已开展了十多年，基础性学科服务工作在各馆普遍得以开展。时至今日，大学图书馆信息服务工作发展到学科知识服务阶段，由于用户需求的专业化、学科化，学科服务环境的复杂化以及信息技术的飞速发展等因素，学科知识服务的开展机遇与挑战并存，同时促使学科馆员个体的专业知识和服务技能有了明显提升。在此形势下，需要进一步深化学科服务工作，从大学图书馆的客观因素入手，提升学科知识服务客观要素能力。

6.4.1　借助移动技术实现服务泛在化

泛在图书馆（ubiquitous library）服务包括两层含义，即地理意义上的泛在和虚拟空间上的泛在。具体到大学图书馆，地理意义上的泛在主要指的是大力建设院系学科分馆，使教师、学生能够更为方便地获得所需资源。而虚拟空间上的泛在则指的是将移动图书馆、微式服务等信息服务新方式嵌入到用户的日常学习生活中，用户随时随地可获得信息服务。学科知识服务要借由移动互联技术实现服务泛在化，即用户在哪里，服务就在哪里。

中国互联网络信息中心（CNNIC）2013 年 7 月发布的《中国互联网络发展状况统计报告》显示：到 2013 年 6 月底，我国网民数量已有 5.91 亿，比 2012 年底增加 2 656 万人。互联网的普及率达到 44.1%，比 2012 年底提高了 2%。另外，在新增加的网民中，使用手机上网的人群比例高达 70.0%。与此同时，截至 2013 年 6 月底，我国的手机网民数量有 4.64 亿，比 2012 年底增加了 4 379 万人，网民中使用手机上网的人群比例提升至 78.5%。3G 技术的普及、无线网络的发展和手机应用的创新促成了我国手机网民数量的快速攀升①。

上述趋势在高等院校表现更为明显。大学图书馆学科知识服务的对象为高校教师、科研工作人员、学生（尤其是研究生），这些群体的知识素养和对新技术的接受程度相对较高，对图书馆开展更高层次学科知识服务有迫切需求。面对移动网络的迅速崛起，大学图书馆应当因势利导，积极探索基于新技术条件和用户需求的新型服务模式。实现学科知识服务的泛在化，就是要借助移动技术和互联网技术，将移动图书馆、微博、微信等微式服务应用于学科知识服务，使定制化、个性化的学科知识服务无处不在、无时不在。

6.4.1.1　移动图书馆与学科知识服务

2011 年至今，国内移动图书馆服务进入快速增长时期。由于早期的移动

---

① 中国互联网络信息中心. 第 32 次中国互联网络发展状况统计报告［EB/OL］. http：//www. cnnic. net. cn/hlwfzyj/hlwxzbg/hlwtjbg/201307/t20130717_ 40664. htm, 2013 - 09 - 19.

阅读多以手机为阅读终端，故这项服务在初期阶段也被命名为手机图书馆，现基本被更为全面的移动图书馆取代。

2013 年 9 月间，笔者先后通过访问图书馆 WAP 网页，使用手持设备登录移动图书馆，了解各馆提供学科服务的情况，调查显示：目前，移动图书馆的实现方式主要为 SMS 短信服务、WAP 网站和 APP 三种，APP 正逐渐占据主流地位。表 6 - 1 为笔者对北京地区 7 所高校移动图书馆服务三种实现方式的调查结果。

表 6 - 1　北京地区 985 高校图书馆移动图书馆现状调查①

馆名	短信服务内容	WAP 网站提供的服务	APP 使用情况
北京大学图书馆	2006 年推出，短暂停止服务后应读者要求于 2008 年重新推出。服务内容：提醒还书服务、催还提醒服务、预约到书提醒服务、图书馆其他通知。	2011 年 7 月上线，与书生合作，主要功能包括馆藏检索、馆藏续借、借阅状态、借阅历史、最新消息、讲座信息。	文献检索、条形码扫描、当前借阅、新闻公告、个人中心、本地书库、建议等功能。
清华大学图书馆	查询个人的借阅信息，进行图书的查询、预约/取消预约和续借，通过短信接受图书馆主动发布的各类信息。	2007 年推出，包括馆藏、文章、电子书、学位论文查询，最新消息，资源动态，学术报告，培训讲座，清华视频，书展预告，外借排行，期刊导航，论文导航，电子书导航，当前借阅，我的收藏，我的检索，我的浏览，清华小图，云空间等。	文献检索、条形码扫描、当前借阅、新闻公告、个人中心、本地书库、建议等功能。
中国人民大学图书馆	催还通知、预约通知、提醒还书、图书馆公告。	馆藏查询、学术资源、我的订阅、图书导航、期刊导航、意见反馈、热门搜索等。	可扫描二维码、具有查询借阅信息、离线下载、我的收藏、馆藏查询、学术资源、图书、报纸、视频、有声读物、读书等功能。

---

　　①　注：WAP 网站登录时间为 2013 - 09 - 19 到 2012 - 09 - 24，短信服务使用情况根据访谈及相关报道所得，APP 使用情况据个人体验（以安卓客户端为例）及相关报道。

续表

馆名	短信服务内容	WAP 网站提供的服务	APP 使用情况
北京航空航天大学图书馆	图书到期查询、图书期刊阅览、检索历史查询、个人账户中心。	图书预约续借、通知公告群发、读者证件挂失、借阅信息查询、借阅超期提醒、预约到书提醒、委托到书提醒。	期刊检索、图书超期提醒、预约到书提醒、委托到书提醒、电子图书阅读、期刊原文阅读、图书扫码续借等。
中国农业大学图书馆	2008 年推出，短信催还等。	催还图书等。	无
北京师范大学图书馆	催还通知、预约通知、提醒还书、新书通报	馆藏、期刊、图书、论文、新闻检索，最新消息，学术活动，服务，热门推荐，期刊导航，论文导航，电子书导航。	文献检索、条形码扫描、当前借阅、新闻公告、个人中心、本地书库、建议等功能。
北京理工大学图书馆	无	馆藏、期刊、图书、论文、视频、新闻、图片、特色馆藏等检索，最新消息，关于图书馆，图书馆服务，资源动态，期刊导航，论文导航，电子书导航，热门推荐。	超星移动图书馆，功能与中国人民大学图书馆等类似。

　　在上表的 7 所高校图书馆中，仅有 1 所未提供短信服务，1 所高校未提供移动图书馆客户端。而提供 WAP 图书馆与移动图书馆客户端服务的图书馆，底层技术支持多来源于超星公司或书生公司。通过短信服务、WAP 页面、客户端等多种形式实现移动图书馆的服务功能，这既是大学图书馆顺应社会发展、用户需求做出的必然反应，也是进一步开展学科知识服务的坚实基础。

　　据宋恩梅和袁琳的研究，2007 年之前，国内高校图书馆的移动图书馆服务多以 SMS 短信服务为主①。SMS 短信服务是指用户通过手机短信形式使用图书馆资源，有定制型和请求应答型两种形式。经过数年发展，短信服务现已经比较成熟，用户接受度较高。以中国人民大学图书馆为例，自 2012 年 2 月开通该服务，截止 2013 年 9 月 26 日，已有 5589 名用户使用该馆提供的短

---

① 宋恩海，袁琳. 移动的书海：国内移动图书馆现状及发展趋势［J］. 中国图书馆学报，2010 (9)：34 - 48.

信服务（系统发送相关短信近 8 万条）。

WAP（Wireless Application Protocol）无线应用协议，目的是在手机等电子设备终端上导入网络信息。借助 WAP 网站服务，用户可以在移动终端上查询馆藏，进行续借和在线阅读等。短信服务起步较早，使用者最多，但功能相对简单，只能完成简单的信息发布与通知等。WAP 网站交互功能、信息查询的优势更为明显。而 APP（Application）移动图书馆是在 WAP 网站基础之上的，为 iOS（苹果）、Android（安卓）等系统搭建的移动图书馆客户端。与 SMS、WAP 相比，用户通过移动图书馆 APP 客户端，能更为便捷地与本馆资源、互联网资源实现无缝连接，同时客户端能够提供图书推荐、扫码续借等更为个性化的功能，但其对用户终端设备要求较高，一般需具备智能手机、平板电脑等。

移动图书馆具有便捷性、互动性、个性化、定制化等特点。通过移动图书馆平台，大学图书馆能够更好地开展学科知识服务。

便捷性是移动图书馆服务最为显著的特点，通过短信、WAP 页面和客户端，移动图书馆能够随时随地为用户提供便捷服务。这些服务中，既包括用户使用最频繁的图书续借、预约、馆藏检索等基础服务，也包括与馆员沟通、在线阅读、在线讲座等更为实时、动态、多媒体的服务。对学科馆员来说，移动图书馆的便捷性，使得他们能即时将相关信息主动发送给特定用户，了解学科信息用户实时需求；对用户来说，可以随时随地地进入虚拟图书馆，是利用学科资源、使用学科知识服务平台的基础。

相对于传统的图书馆服务，手机、平板电脑、电子书阅读器等移动终端具有明显的互动特征。这种互动性体现在，无论用户身处何时何地，只要有网络链接，便可以实现与图书馆学科馆员、图书馆自动化系统之间的交流。这种交流与意见的接收、反馈，进一步拉近了图书馆与用户之间的距离，明确了用户的学科知识需求，有助于学科知识服务信息需求的明确、实施效果的优化和无缝对接的实现。

个性化与定制化是图书馆在信息时代"每个读者有其书""每本书有其读者"服务宗旨的具体体现。通过移动图书馆中的检索历史、借阅记录等信息，图书馆可以在此基础上明确用户的信息需求，为用户定制个性化信息推荐、信息搜索等服务。同时，移动图书馆尤其是客户端中的"添加订阅"功能，使得每一位用户均能依据自身需求对移动图书馆中的图书、报纸等信息进行定制，对于用户来说，每一个按照其自身信息需求搭建的移动图书馆都是一个独立的阅读空间，真正实现了信息的个性化集成。学科知识服务的工作要求之一是满足不同学科、不同用户的知识信息需求，通过个性化与定制化的移动图书馆信息服务，学科馆员真正实现了以用户需求为中心的工作要求。

大学图书馆开展的学科知识服务，用户最注重的是能否提供便捷性的服务，互动性是用户与图书馆沟通的途径，个性化与定制化的移动图书馆是用户信息需求的实现形式。而具备这三种特点的移动图书馆为学科知识服务的开展创造了泛在的环境与有效途径。

6.4.1.2　图书馆微服务与学科知识服务

图书馆微服务有两层含义，第一层含义是指于细微处提供服务的工作理念，另一层含义则是指图书馆通过如官方微博、微信、微视频等与用户进行沟通、提供信息服务。近年来，我国微博用户发展较快，微信更是成为亚洲用户群体最大的移动即时通讯软件①。微博、微信、微视频的出现，使学科知识服务的开展有了更加便捷的途径。图书馆微服务的开展，顺应了用户空闲时间碎片化、需求内容多样化、沟通形式互动化、接收方式移动化等不断变化的信息需求。

2013 年 9 月至 10 月，笔者在新浪微博认证用户、微信公共平台上，以"图书馆"为关键词进行了搜索，并对搜索结果进行了人工筛选，分析了目前"985"工程大学图书馆微博、微信使用情况，统计结果如表 6 - 2。

表 6 - 2　"985"工程大学图书馆微博、微信使用情况统计②

图书馆	微博使用情况	微信使用情况
清华大学图书馆	开通，关注 58、粉丝 42 291、微博 6 098 条。其中人文社科馆单独开设微博，关注 112、粉丝 6 523、微博 1 054 条。	开通。
北京航空航天大学图书馆	开通，关注 0、粉丝 5 536、微博 904 条。	开通。
南开大学图书馆	开通，关注 231、粉丝 2 725、微博 699 条。	开通。南开大学图书馆信息发布。
北京大学图书馆	开通，关注 26、粉丝 1 844、微博 257 条。	开通。读者服务，宣传推广。

---

① 百度百科. 微信 [EB/OL]. http://baike.baidu.com/view/5117297.htm, 2013 - 09 - 28.

② 注：调查时间为 2013 年 9 月 28 日。

图书馆	微博使用情况	微信使用情况
武汉大学图书馆	开通，关注 276、粉丝 15 044、微博 1 947 条。	开通。
西安交通大学图书馆	开通，关注 33、粉丝 4 280、微博 164 条。	开通。公益服务，宣传西安交通大学图书馆服务。
中国人民大学图书馆	开通，关注 81、粉丝 1 905、微博 353 条。	开通。
南京大学图书馆	开通，宣传图书馆，关注 299、粉丝 8 979、微博 1 038 条。信息发布、咨询等单独开设微博，关注 13、粉丝 240、微博 31 条。	开通。发布图书馆公共信息，数据库最新资讯，讲座通知。
北京师范大学图书馆	未开通。	开通。尝试发布图书馆信息，提供咨询服务。
吉林大学图书馆	未开通。	开通。发布图书馆公共信息、数据库最新资讯、讲座通知等，并解答本校读者关于图书馆使用中的问题咨询。
华南理工大学图书馆	未认证，关注 103、粉丝 1 934、微博 422 条。	开通。
四川大学图书馆	未认证，关注 107、粉丝 6 411、微博 3 540 条。	开通。提供最新的图书馆服务讯息。
山东大学图书馆	未认证，关注 36、粉丝 135、微博 86 条。	开通。宣传推广，服务读者。
东南大学图书馆	开通，关注 109、粉丝 5 584、微博 1 173 条。	未开通。
厦门大学图书馆	开通，关注 113、粉丝 14 378、微博 1 106 条。	未开通。
湖南大学图书馆	开通，关注 120、粉丝 1 956、微博 716 条。	未开通。
同济大学图书馆	开通，关注 121、粉丝 8 453、微博 2 668 条。	未开通。
华东师范大学图书馆	开通，关注 121、粉丝 9 020、微博 1 087 条。	未开通。
西北工业大学图书馆	开通，关注 133、粉丝 1 974、微博 120 条。	未开通。
兰州大学图书馆	开通，关注 136、粉丝 388、微博 166 条。	未开通。

图书馆	微博使用情况	微信使用情况
北京理工大学图书馆	开通，关注 266、粉丝 1 150、微博 183 条。	未开通。
西北农林科技大学图书馆	开通，关注 32、粉丝 137、微博 37 条。	未开通。
中国科学技术大学图书馆	开通，关注 355、粉丝 1 405、微博 407 条。	未开通。
重庆大学图书馆	开通，关注 393、粉丝 10 559、微博 1 453 条。	未开通。
电子科技大学图书馆	开通，关注 43、粉丝 143、微博 119 条。	未开通。
哈尔滨工业大学图书馆	开通，关注 47、粉丝 167、微博 28 条。	未开通。
复旦大学图书馆	开通，关注 59、粉丝 13 064、微博 1 232 条。	未开通。
上海交通大学图书馆	开通，关注 77、粉丝 3 642、微博 799 条。	未开通。
天津大学图书馆	未开通	未开通。
华中科技大学图书馆	未开通	未开通。
中国海洋大学图书馆	未开通	未开通。
中南大学图书馆	未开通	未开通。
中国农业大学图书馆	未开通	未开通。
国防科学技术大学图书馆	未开通。	未开通。
中央民族大学图书馆	未开通。	未开通。
中山大学图书馆	未认证，关注 15、粉丝 319、微博 7 条。	未开通。
大连理工大学图书馆	未认证，关注 166、粉丝 2 101、微博 490 条。	未开通。
东北大学图书馆	未认证，关注 56、粉丝 24、微博 0 条。	未开通。
浙江大学图书馆	未认证。关注 126、粉丝 1 201、微博 349 条。	未开通。

　　39 所"985"院校图书馆中，认证微博的有 23 家，开通微博但未进行认证的有 7 家，未开通微博的有 9 家；开通微信的有 13 家。通过对发布内容的

整理分析，笔者发现图书馆微博主要以资源推介、开闭馆时间通知、培训\讲座活动预告等为主，同时兼有图书馆意见箱的功能。仅有少数图书馆如清华大学图书馆推出了个性化信息服务。图书馆微信的主要功能包括信息发布、读者导航、个性化专题咨询、收集用户反馈等。发布信息是微信的基础功能，而借助微信的自定义设置，预先设置好咨询频率较高的问题答案，如馆藏分布、开馆时间、借阅权限等，有利于用户更为便捷地获得所需信息。同时，微信具备实时交互、精准锁定目标对象等特点，在提供专题咨询服务时更有针对性。在这个过程中，用户不仅仅是信息的接收者，也是信息的制造者和传播者，利用微信，大学图书馆可以及时了解用户需求、收集用户反馈。

微博与微信在图书馆学科知识服务中具有很大的发展空间，将微博与微信充分融入图书馆信息服务工作实践中，能够更好地贴近用户，了解用户需求，进而更有针对性地提供高效、增值、专业化的服务。

6.4.2　利用智能信息技术实现服务手段智能化

网络信息技术飞速发展，Web2.0 技术日趋成熟。目前高校图书馆可采用的 Web2.0 技术主要有博客、微博、播客、RSS/ATOM 聚合、即时通信、维基、标签和标签云图、基于 Web2.0 技术的开源软件等，这些技术的应用，使大学图书馆提供智能化学科知识服务成为可能。

6.4.2.1　智能化学科知识服务平台

智能化学科知识服务平台，是基于学科化和智能化理念，借助互联网、高度集成、能够提供一站式知识信息服务的学科服务平台。它是以知识管理为核心，由学科馆员和用户精心组织、整合和揭示学科资源和服务，以提供个性化学科知识服务为目的。利用学科知识服务平台，可以有效避免用户为查找某一学科资源而迷失在信息的海洋中，可大大提高学科用户搜索资源的效率。

智能化学科知识服务平台不同于普通的学科服务平台（如学科 guides），除了集成资源和服务外，不同之处在于，能够对学科用户进行深入智能分析，细化分析他的资源需求，甚至是隐形需求，然后将符合需求的知识资源主动推送给用户。智能化学科服务平台具有如下功能。

（1）整合学科资源。利用信息挖掘技术和资源发现工具，从学科需求角度，深度挖掘信息，发现学科知识，进行集成整合，形成优化的学科资源。整合后的资源中，对于本图书馆有电子版全文的，将目录与全文智能链接，让用户直接获取文献原文。

（2）集成多种服务。学科用户在寻找利用学科资源时会遇到诸多问题，希望能够及时得到解决。在智能化学科知识服务平台上，可将在线实时咨询、馆际互借与文献传递、在线培训等服务集成在一起。用户在利用平台时产生的问题可随时通过在线实时咨询得到解决，还可借助平台提供的培训课件掌握资源查找使用方法，对于无馆藏原文的资源可申请馆际互借或原文传递获取。

（3）学科定制服务。每个学科用户都有自己的研究方向，即使同一个专业，其研究方向和兴趣点也会有所不同。平台以用户的学科背景和研究方向为基础，结合用户本人填写的研究领域信息，进行智能化分析，提供个性化服务，主动推送与用户学科和研究相关的资源。

（4）双向互动。借助智能化学科知识服务平台，学科馆员可以为学科用户提供提供学科资源和服务，同时实现与学科用户的交流和互动。这种交流和互动，一方面学科用户可以获取满意的学科信息，另一方面又补充和完善了平台上的学科资源，在日积月累中学科资源愈加丰富，形成良性循环，使得学科服务平台日益完善。

中国科学院软件研究所创建的群组学科知识平台（Institute of Software，Chinese Academy of Science，ISCAS）即是智能化学科知识服务平台的有益尝试，该平台选用 CASIIP2.0 系统作为搭建工具，采用自动获取与自动推送技术，在尽力收集学科信息的基础上，对所收集的信息进行组织、发布与利用，以知识信息满足用户学科知识服务的需求。平台能够提供的服务主要有：①学科专业信息：如新书预告、重要专业期刊推荐、专业学/协会网站等；②学科培训指南：如培训课件、制度指南等；③科研成果展示：科技论文、专利、学位；论文等；④科研团队信息：以课题组为单位展示科研人员信息、领域专家导航、科研人员发文情况（原文）；⑤本单位最新 SCI 发文推送：利用 RSS 订阅功能，提供本所在 SCI 上的最新发文。该平台高度集成了软件所重点科研人员所需的资源与服务，可通过一站式知识检索满足科研人员的信息需求①。

ISCAS 是智能化学科服务平台的初级模式，已经有了智能化资源获取和分析推送服务，但更多智能化功能还需进一步完善。

---

①　刘雅静，王衍喜等. 具有知识服务与可持续发展的 ISCAS 群组知识平台设计与应用［J］. 现代图书情报技术，2012（7/8）：19-26

6.4.2.2　学科机构知识库

概括而言，机构知识库就是大学或研究机构对本单位员工创造的各类有价值的知识产出进行统一收集、集中管理、长期保存并提供检索利用等增值服务的知识资产管理系统。2002 年，美国学术出版与学术资源联盟（Scholarly Publishing and Academic Resources Coalition，简称 SPARC）资深顾问 Raym Crow 首次提出机构知识库这一概念，他认为：机构知识库是一个收集和保存学术机构科研成果的数字资源仓库①。2003 年，美国网络信息联盟的常务董事 Clifford A. Lynch 又撰文从服务的角度诠释了机构知识库，他的观点是：机构知识库建设的目的是管理和发布本机构及其成员所创造的科研成果，它为本机构员工提供一系列服务，是开展学术研究的基础资源设施②。

综合来看，机构知识库主要收录本机构成员的科研成果、内部资料以及其他相关的各类资源，主要包括正式出版物和灰色文献，其中灰色文献有预印本、研究报告、技术报告、工作总结、学位论文、会议记录、实验数据、教学课件等。通过机构知识库，可以对本机构学术成果进行长期集中管理、保存和利用；可以提升机构学术影响力和成果展示度，为全面客观地进行科研学术评价提供数据支撑。同时，机构知识库作为开放获取的模式之一，增强了学术信息的交流和利用，促进了科学研究的发展。

目前国内外高校和科研机构都在关注并开展机构知识库建设，据调查统计，中国高校机构知识库被 OpenDOAR 收录的机构知识库数量有 30 多个，建库任务基本由图书馆承担。由于国内高校尚未形成完善的机构知识库管理体制，缺少相应的规范，机构知识库的建设大多数没有得到学校的正式认可和教师的支持，成了图书馆一厢情愿的事情，学术成果的收集更是困难重重。

随着高校对图书馆各方面投入的加强，目前大学图书馆大多技术力量较为雄厚，馆员素质较高，在图书馆 lib2.0 理念下，一个以用户为中心、双向互动和共同参与的服务环境正在形成。图书馆只有把先进的信息技术与学科服务的理念结合起来，加强和学校科研管理部门的合作，建立完善的机构知识库建设机制和规范，通过学科馆员与学科用户沟通合作，共同建设面向院系的学科机构知识库，并在院系机构知识库的基础上，全面建设学校的机构

---

① 朱强. 机构知识库及其建设构想［EB/OL］. http：//tgw. lib. tsinghua. edu. cn/notice/267. 2013 - 12 - 26.

② Lynch C A. Institutional repositories：essential infrastructure for scholarship in the digital age［R/OL］. ARL，no. 226，2003：1 - 7.

知识库。这样建成的机构知识库，在成果汇集上得到教师的支持和确认，保障了各类科研成果的收全率；在成果的利用上与教师的教学科研相结合，使科研成果真正成为他们教学科研重要的学术参考资源和科研评价的真实依据。这一举措是学科知识服务得以深入和拓展的有效途径。

目前，北京大学①和中国人民大学等高校图书馆，正在积极探求学科机构知识库的建设。以中国人民大学图书馆《中国人民大学机构知识库》项目为例。

（1）项目概况。该项目由图书馆和科研处联合开展。图书馆在资源拥有和获取上有其优势，科研处在科研管理上有其优势，课题运用机构知识库的理论研究和建设理念，将双方的优势结合起来，在机制上保障了科研成果收集的可持续性，在服务技术和手段上保障了科研成果得以充分利用，逐渐形成良性的科研成果保存和长效利用。

（2）建设内容。机构知识库主要包括以下几个方面内容：①教师成果，包括教师公开出版发表的著作、学术论文以及非公开发表的研究报告、预印本、课件等的元数据及全文；②项目信息，收录人大教师申请的社科基金、自然基金等项目信息；③教师信息，收集整理并揭示全校所有博硕士导师的学术信息，包括教师的基本情况、研究领域、教授课程等。

（3）项目实施。借助图书馆购买的中外文资源发现系统，实现了资源搜索的全面性和资源获取的及时性，采用系统自动抓取元数据与自动链接到电子版全文的方法，不再需要教师逐条提交本人成果数据，也无需馆员人工去各个数据库逐条下载全文，减少了教师填报科研成果的工作量，也避免了个人提交数据时的失误。同时，利用图书馆购买的版权保护系统，设定各类用户的使用权限，限制科研成果被恶意下载和随意传播，保障了机构知识库成果的安全合理使用。

（4）建设成效。①为教师提供了学术成果保存与管理平台。教师可以通过数字人大系统登录机构知识库平台，管理本人的学术成果，包括公开发表的著作、论文，未公开发表的研究报告、预印本、课件等；还可通过系统的推送功能，了解本专业或相关专业领域的研究进展。②与院系的科研管理和评价紧密结合，在个人知识管理与科研团队知识共享方面做出了积极探索。该机构知识库为各院系提供成果管理权限，院系科研秘书登录系统后，可以

---

① 朱强．机构知识库及其建设构想［EB/OL］．http：//tgw. lib. tsinghua. edu. cn/notice/267，2013－12－26

查看、认领、提交和审核本院系教师的学术成果，并利用系统的统计管理功能，统计院系教师的成果情况，为院系评价教师的教学科研成果提供依据；也为科研团队的知识共享提供平台，通过本知识库的数据关联功能，教师本人可以了解同一研究方向或者同一科研团体的其他教师的成果。③通过机构知识库，学校管理部门可以非常方便地了解全校教师的教学科研成果，分析和评价教师的教学科研情况，开展学科竞争力进行分析，进而制定学校学科发展规划。

在学科知识服务中，图书馆应该更加注重学科用户在学科资源共建方面所能发挥的作用，让学科用户参与到本学科资源的建设中，特别是机构特色资源和专业学科资源的建设。正如学术出版和学术资源联盟（the Scholarly Publishing and Academic Resources Coalition，简称 SPARC）主管 Richard K. Johnson 所说：我们可以确信，对于学术机构来说，机构知识库是与教学研究人员建立合作，促进学术交流的行之有效的战略性途径。利用机构知识库来分享和交流学科领域内的学术思想和研究成果，当然也是高校图书馆学科化服务的一个方向①。

6.4.2.3   学科知识交流互动平台

学科知识交流互动平台，就是借助互联网和各类智能化信息工具，由学科馆员和学科用户共同搭建的学科资源建设和交流平台。双方可以借助平台开展学科资源建设和交流互动。在学科资源建设过程中，学科用户不再单纯是资源利用者，对学科资源的反馈也不再仅仅是提建议，可以直接参与到学科资源的生产过程，并且运用自身的专业知识，使学科资源建设更加符合学科用户的需求。学科馆员通过和学科用户的交流，一方面教会用户如何利用学科资源，另一方面在与学科用户共同建设和不断更新学科资源的过程中，补充了自身学科知识的不足，提高学科知识服务能力。

学科知识共建共享平台有多种形式，图书馆可根据技术条件和学科服务状况选择不同的方式开展学科知识服务。Web2.0 环境下，图书馆引入诸多新技术，使得博客（Blog）、播客（Podcast）和威客（Witkey）等技术，不再是遥不可及。新技术的应用带来图书馆服务方式的巨大转变，进一步推动了学科知识服务的深入和拓展。

---

① Richard K. Johnson. Enterprise Director Partnering with Faculty to Enhance Scholarly Communication [J/OL]. D - Lib Magazine, 2002, Vol8（11）. SPARC http：//www. dlib. org/dlib/november02/johnson/11johnson. html. 2013 - 12 - 29.

（1）基于播客（Podcast）的学科教育平台

如前所述，很多高校图书馆都借助博客（Blog）开展了信息咨询服务。博客（Blog）和播客（Podcast）都是通过互联网来发布信息，不同之处在于，博客（Blog）发布的是文字和图片信息，播客（Podcast）发布的是音频和视频信息。随着学科知识服务的深入，简单以文字和图片提供学科信息服务已不能满足用户的需求。同时，图书馆资源类型也更加丰富，多媒体音视频资源越来越多，艺术类专业的资源多为音视频形式，许多教师也借助音视频资源制作课件开展教学。如此，播客（Podcast）技术便在图书馆专业化学科知识服务中有了用武之地。

播客（Podcast）具有丰富的表现力，大学图书馆利用该技术来开展学科知识服务，主要体现在两个方面：第一，制作并提供学科专家讲座的视频音频资源。一方面，图书馆学科馆员会同技术部门制作相关学科的音视频资料，发布供学科用户使用，同时也鼓励广大教师和学生自制并共享有价值的学科资源。第二，制作相关学科资源检索与利用培训课件。学科用户培训是学科服务的重要内容，图书馆可为学科用户建立网上培训平台，利用播客（Podcast）制作学科资源与服务利用指南，让教师和学生在方便的时间观看学习。

事实上，国外已有高校图书馆利用播客开展学科知识服务的尝试，如美国亚利桑那州立大学（Arizona State University）图书馆在其网站上建立了图书馆播客，专门提供图书馆举办的培训讲座等音频和视频文件，并且用户可在iTunes 中找到这些视频①。

（2）利用维基（Wiki）共同撰写学科专业百科全书

Wiki 是一个内容自由，多人协作、内容开放的写作工具系统，协作参与，共同撰写。一般来讲，Wiki 站点由多个人共同维护，每个人都是管理者，也是撰写者，可发布自己的观点，也可以共同探讨感兴趣的主题。从技术角度讲，Wiki 是一种超文本系统，是供大众编辑网页的社会性软件，支持面向社群的协作式写作。

Wiki 在学科化服务中的应用有两种模式：第一，由学科馆员在教师提供的网络资源基础上，提取有学术价值的信息，分门别类地组织百科全书。第二，对包括教师在内的用户完全开放，由学科馆员提供分类框架，并对信息进行筛选组织，起引导作用。前者注重信息质量，后者注重信息数量。

----

①　韩丽，薛海波 . 国外移动图书馆服务现状及我国的发展策略 ［J］. 现代情报，2010（11）：75－77.

上海大学图书馆的 Wiki 学术百科就在这方面做了有益的尝试。上海大学 Wiki 平台采用 Mediawiki V1.5 开源软件，基于 PHP + MySql 构架实现，采用内容开放、支持群体协作式的超文本协议编辑和写作，可供多人同时编写、上载和发布内容，操作简便易行，是一个稳定的操作平台，通过这个平台，学科馆员和用户都可以将信息分类，然后进行交流，共同创作，在这个基础上构建建立学科专题知识库。它将使用者分为了三个层次：学科馆员和学科权威；学科小组成员；一般浏览者和使用者。每个层次人员具有不同权限，较好地解决了 Wiki 收录信息数量与质量之间的矛盾①。

无论哪种形式的学科知识交流互动平台，因为有了学科用户的参与，真正使学科资源变成学科知识，使学科知识服务更加多样多元、精准专业。

6.4.3　加强协作实现服务联盟化

随着传统学科服务转向学科知识服务，在满足学科用户需求与自身建设方面，图书馆发生了深刻变化，具体表现为：资源形式从纸质资源到纸质资源、电子资源、多媒体资源等并存；服务方式从被动接受到主动推送；服务时间从按时提交到即时提供。泛在服务与智能服务一定程度上实现了学科知识资源的即时、个性、定制推送，但随着越来越多个性化学科资源需求的出现，单靠馆内某一部门，或者某一个图书馆的资源与服务，已不能满足学科用户的需求。通过馆内部室和人员的协作、图书馆与院系协同合作、高校间联盟协作以及与其他信息机构合作等形式来开展协同服务，实现学科知识服务的联盟化发展，就显得尤为必要。

6.4.3.1　馆内协同合作

学科知识服务对学科馆员的专业能力有较高要求，但目前符合要求的高素质馆员数量还远不能满足日益增加的学科服务需求。同时，信息技术和学科专业也在不断发展，在较短时间内每个学科馆员都能掌握学科知识服务所需的全部知识和技能并不现实。馆内协同合作在一定程度上解决了这个问题。

（1）同一学科组或类似专业方向学科馆员之间的协同合作

以中国人民大学图书馆学科服务为例，该馆依据学校学部设置，将学科馆员分为人文学科组、经济学科组、社会学科组、法政学科组、理工学科组、

---

① 高海峰，任树怀. Web2.0 技术在高校图书馆学科般中的应用—以上海大学图书馆学科馆员平台建设为例 [J]. 图书情况工作，2007（4）：115 – 118.

机关服务组等六组，每一学科组又分别负责所属学部下相关院系的学科知识服务工作。这种模式下，同一学科组内的学科馆员既能做到各有分工，相对独立地承担某一院系或某一专业的学科服务，同时也能做到互相合作，组内资源共享、优势互补。

（2）学科服务团队间、馆内各部门间的协作

学科知识服务对象专业化、内容多样化、服务时间即时性等特点决定了图书馆开展学科知识服务不能仅仅依靠单个学科馆员，它需要以特定学科任务为导向，打破部门岗位界限，整合不同专业背景、不同技术水平的学科馆员、咨询馆员、管理层等，强调协同，注重合作，才能圆满完成一项学科服务任务。

6.4.3.2　与院系协同合作

学科知识服务的对象是特定学科专业的用户，只有充分了解他们的需求，才能提供让其满意的服务。同时，学科馆员的优势在于其深厚的信息素养，尽管也拥有一定的学科背景，但仍难以与本专业师生相比。因此，为加强对学科用户需求的了解和增进专业素养，提供更具针对性和更高效的学科知识服务，必须与院系协作开展服务。

（1）学科馆员与院系资料室、学科分馆的协作

院系资料室、学科分馆是大学信息资源建设的重要组成部分，在满足本院文献信息资源需求方面，往往比总馆更具针对性、更为全面。因此，以大学图书馆为核心，以各院系资料室或学科分馆为补充，构建既有集中又有分散、结构完善的文献信息服务系统。

一方面，图书馆学科知识服务团队应将院系资料室、学科分馆的工作人员纳入团队成员行列之中，实现校图书馆与院系资料室或学科分馆之间人力资源的整合；另一方面，规划校图书馆、院系资料室或学科分馆的学科资源建设分工，实现纸质资源与数字资源、非正式出版物与正式出版物的全面收集与共享，充分整合校图书馆与院系资料室或学科分馆的信息资源，达到人力资源与信息资源的双重协同合作，有力促进学科知识服务的开展。

（2）学科馆员会同学科专家开展协作服务

学科专家来自于各院系，是图书馆在开展学科知识服务时聘请的全面了解本院学科研究现状及发展方向的教师或高年级的研究生，协助学科馆员的工作。在工作中，学科馆员协助用户组织信息、传递信息和梳理信息；同时，学科专家则负责点对点的对相关学院研究人员进行信息服务。两方面同时合

作，第一时间推送图书馆最新资源，保障图书馆与院系顺畅进行科研交流①。学科专家既是学科知识服务的对象，同时也是学科知识服务的参与者，即在享受学科知识服务的同时，及时向学科馆员反馈本院系学科专业研究动态和信息需求等信息，参与图书馆的学科资源建设。学科馆员通过学科专家融入教师的教学科研工作，开展嵌入式个性化学科服务。

6.4.3.3　与其他高校图书馆建立协作联盟

在我国，图书馆馆际协作活动始于 1957 年，最为成效显著的馆际协作是图书馆的文献资源共建共享。1994 年我国正式加入因特网，无线网络技术、信息管理系统的开发与利用、数字资源的跨越式增长等，使我国文献资源共建共享活动空前活跃。高波通过与刘兹恒等进行"网络环境下我国图书馆信息资源共建共享现状调查"后认为：文献信息共建共享有区域性系统内共建共享、全国性系统内共建共享、区域性跨系统共建共享和全国性跨系统共建共享等 4 种模式②。

目前已经建成的国家和省市级文献共享体系有"中国高等教育文献保障系统（CALIS）"、"全国文化信息资源共享工程"、"全国科技图书文献中心（NSTL）"、北京地区高校图书馆文献资源保障体系（BALIS）、"天津高等教育文献信息中心"、"上海市文献资源共建保障体系"、"江苏省文献信息资源保障体系（JALIS）"等，这些共享体系在信息资源共建共享中发挥着越来越重要的作用。

随着联盟的发展，联盟的宗旨不再仅限于资源的共建和共享，逐步向开展协作服务方向发展。比较有代表性的是"全国文化信息资源共享工程"项目下由广东省立中山图书馆牵头建立的"全国图书馆参考咨询联盟③"，以及"中国高等教育文献保障系统（CALIS）"项目建设的"虚拟参考咨询子项目④"，分别牵头全国公共馆和高校馆开展联合参考咨询等服务。这种联合服务借助统一的服务平台，把本地服务与分布式联合服务相结合，遵循协作咨询的相关规则，并借助平台的咨询知识库和学习中心，大大提高了单个图书

---

① 杨汉妮，韩小明. 学科馆员——图情教授的协同服务模式［J］. 武汉理工大学学报（社会科学版），2005（3）：421 – 424.

② 高波. 文献信息资源共建共享模式新论. 中国图书馆学报，2002（6）：25 – 28.

③ 广东省立中山图书馆. 全国图书馆参考咨询联盟 http：//www. ucdrs. net/admin/union/index. do，2013 – 12 – 29

④ CALIS 虚拟参考咨询子项目. http：//project. calis. edu. cn/calisnew/calis＿index. asp？fid = 3&class = 7，2013 – 12 – 29

馆的服务能力。

　　联盟间由资源共建共享到协作开展咨询服务，为大学图书馆开展联合学科知识服务奠定了基础。另外，各地大学城和联合办学的出现和发展也为协作开展学科知识服务进一步发展提供了契机。华中七校联合办学的成功证明了这一点。武汉地区的 7 所教育部直属"211 工程"大学：包括武汉大学、华中科技大学、武汉理工大学、中国地质大学、华中师范大学、中南财经政法大学和华中农业大学等，自 1999 年开展联合办学，学生可以在大二时辅修七所学校的任何一个开放专业，修满学分后即可获得该校学位，毕业时就可获得双学位。学生选修的一般都是其他学校的优势学科，这就要求每家图书馆都要全面掌握各校的学科专业特色，制定服务策略。七个馆的馆员在传统的馆际互借和文献传递服务基础上，在学科资源推介、学科动态发布、学科就业指导等相关知识服务方面，进行了积极合作，较好地满足了联合办学产生的用户信息需求。

　　显然，学科知识服务仅仅依靠单个图书馆不能解决用户各种各样的问题，不能满足用户专业化、个性化的需求，各高校需开展协作，建立学科知识共享机制，成立高校学科知识服务共享联盟，在全国或区域范围内实现联合服务。联盟成员可以借助网络技术，发挥各自学科服务优势，与其他成员共同开展学科知识服务，实现学科信息资源和信息服务的共建共享。建立知识共享机制是学科知识服务的一个发展方向，它将使各机构的"小资源"变为"大资源"，"小系统"联为"大系统"，通过网络的协同和互动，实现真正意义上的知识共享。

6.4.3.4　与资源提供商的协同合作

　　对于中国近 6 亿网民来说，利用百度或者 Google 获取所需信息，已经成为一种习惯。如何对数量众多、分布分散的互联网资源进行开发利用并纳入图书馆学科知识服务体系，是图书馆信息服务不容忽视的问题。

　　此外，部分数据库厂商也正在积极提供一定程度的学科知识服务，如中国知网的"行业知识服务平台"和"个人/机构数字图书馆"，以及汤森路透集团的"InCites"等，都在学科服务方面做了有益的尝试。以中国知网为例，该数据库可以按照学科领域进行导航、检索文献，能够保存以前检索历史、浏览历史、近期关注，并可对某一学科热点等可视化揭示。而汤森路透集团的"InCites"可以提供学科热点文章、学科指数、跨学科指数等。这些都体现出学科知识服务的特色和趋势。

　　目前，图书馆学科馆员数量有限、工作能力和学历参差不齐，大学图书馆可以通过与数据库商的合作，充分利用商家成熟的资源和技术，结合本校的学科特色和学科需求情况，开展一些专题或专项学科知识服务，补充本馆学科资源和信息技术方面的欠缺，充实学科知识服务力量。

第7章 大学图书馆学科知识服务能力的支撑与保障

大学图书馆开展学科知识服务的能力是基础服务能力和服务运作能力共同形成的。基础服务能力中的主观要素能力——学科馆员全谱段学科知识服务能力的提出，为学科知识服务的开展奠定了人员能力基础；客观要素能力为学科馆员主观要素能力的形成提供了资源和技术条件，同时又通过相应的组织管理机制促进主观要素能力的形成并敦促其发展。二者相辅相成，协同作用。在此基础上，大学图书馆能够通过行之有效的实施措施，使主观要素能力和客观要素能力在学科知识服务实践中发挥积极作用，使基础服务能力转化为服务运作能力，全面提高图书馆整体学科知识服务能力。

7.1 建立与完善服务规范与机制

开展学科知识服务是大学图书馆适应信息环境和用户需求变化而调整的服务方向，也是当今大学图书馆为学校教学、科研服务的有力举措，是图书馆服务创新的重要体现。建立健全完善的服务制度，进一步规范学科知识服务工作与管理则是大学图书馆有效开展学科服务的必要条件和保障。

7.1.1 组建协同合作的学科知识服务团队

深入分析用户的信息需求，跟踪用户的学术研究过程，提供基于知识单元的服务，充分满足用户的信息需求，这是学科化服务的最终目标①。在学科服务工作中，每个学科馆员都要全力以赴付出个人努力，除此之外，还需要建设一支基础雄厚、协同合作的学科知识服务团队②，相关如咨询、采编、流通等部门，要协同努力、密切合作，从资源的采购到服务各个环节，提供全面协同的学科化服务，这既是知识管理环境下图书馆管理的必然要求，也是

---

① 初景利，张冬荣．第二代学科馆员与学科化服务［J］．图书情报工作，2008（2）：6-10，68.
② 吴文花．试论高校图书馆学科化服务的可持续发展［J］．情报资料工作，2009（4）：96-98.

大学图书馆有效开展学科知识服务工作的前提和基础。

学科馆员是对每个从事学科服务馆员的称呼，学科服务团队则是对从事学科服务的馆员团队的称呼①。学科知识服务团队是以学科专业用户为服务对象，以学科馆员为核心组成的专业、互补、愿意为共同目标而相互协作的群体。它是以学科化、个性化服务趋势为发展理念，探索新的服务模式，使文献信息服务与教学、科研在同一平台上成为不可或缺的支撑学科建设和发展的创新服务团队②。学科知识服务团队应该以满足院系用户多元及个性化需求、提供知识服务为主要目标，同时兼顾图书馆学科信息联络、学科资源建设、学科化服务宣传等使命。学科知识服务团队成员应该来自图书馆不同部门，服务团队要打破图书馆目前以部门职能划分为依据的的局面，变垂直结构平面服务模式为平面结构分层立体式服务模式，使垂直等级结构向扁平化组织结构转变。

学科知识服务团队的运行宜采取"大团队——小团队"的模式，即学科服务大团队包括所有学科馆员，学科馆员再按学校系别与专业划分成不同的服务团队，一般称之为学科服务小组，如按学科划分的人文学科组、社会学科组、理工学科组等，或按服务内容划分的资源建设组、服务宣传组、用户培训组等。学科知识服务团队既有总体目标、规划及服务要求，又有不同团队根据用户特点及学科知识服务内容设定的具体服务目标及小团队成员要求。团队与团队之间、团队成员之间以及学科知识服务团队与图书馆其他专业馆员之间均是"分工——协作"的关系。学科服务团队超越了图书馆传统的组织结构和管理流程，超越了原有的资源组织和利用模式及信息服务框架，从教学和科研人员对信息的需求和利用角度，嵌入和融入教学科研的第一线。

7.1.2 建立院系——图书馆——学科知识服务团队——学科馆员四级学科服务体系

院系、图书馆、学科知识服务团队、学科馆员，是大学图书馆开展学科服务工作的四个关键节点，也是四个必要环节。

院系既是学科服务的对象、受益者，也是学科服务工作的重要参与者，

---

① 吴凤玉. 学科知识服务团队及其管理模式研究 [J]. 图书情报工作，2005 (10)：84 - 86，100

② 颜世伟. 学术服务团队：高校图书馆学科化服务模式探索 [J]. 现代情报，2010 (2)：62 - 64，67

没有院系的参与，学科服务工作就好比是无源之水、无本之木。图书馆学科服务的需求来自院系用户，学科服务目标制定的依据就是院系用户的需求；学科服务的实践需要院系联络人或者院系学科专家的参与；学科服务的质量需要院系用户检验，学科服务工作的考核与评估也离不开院系用户的参与。

图书馆是学科服务工作的发起者、组织者、总协调者，开展学科服务体现了图书馆服务方向的调整，是全馆的任务，需要图书馆举全馆之力，从制度、人员、财力、物力等方面给予支持和保障，以保证服务工作能够顺利展开，和院系相比，图书馆是学科服务工作的强力支持者。

学科知识服务团队是图书馆对学科知识服务工作的有效组织和新的管理模式，是管理与服务机制的创新，是目前图书馆开展学科知识服务工作的主要形式。其中，学科馆员是学科知识服务团队的主要构成要素，是院系与图书馆沟通的桥梁，是学科服务工作得以开展的最基本单元。

院系、图书馆、学科知识服务团队、学科馆员共同构成了四位一体的学科服务体系。大学图书馆已经建立起来的学科馆员制度是开展学科知识服务工作的坚实基础，也是四级学科服务体系能够高效运转的根本保障。

7.1.3   完善并深化对学科馆员服务能力的要求

学科馆员是学科知识服务团队的主体与核心，是学科知识服务团队有效履行职责的人员保障。因此，对学科馆员的任职条件要有明确的要求，主要是对其应具备的知识与技能要有明确的规定。本研究认为，对学科馆员的知识与技能的要求应该包括以下方面：

（1）专业学科知识与能力。如学科领域或相关学科领域的专业知识，图书馆学/情报学专业知识；

（2）交流沟通的知识和能力。如与用户良好交流沟通的能力、与学科团队成员沟通协作的能力、组织和管理学科服务工作的能力、推广学科服务的能力等；

（3）信息应用的知识和能力。如娴熟的信息发现和文献检索技能、整理、分析和提炼用户所需学科信息的能力、熟练使用文献管理工具的能力、指导用户检索文献和管理文献的能力等；

（4）信息技术方面的知识和技能。如具备提供有关信息开发和利用技术方面咨询的能力、具备提供数字图书馆相关技术应用的能力等；

（5）信息组织方面的知识和技能。如具备元数据使用方面的能力、组织特色（学科）资源库或学科机构知识库建设的能力等；

（6）信息素质教育方面的知识和技能。如培养用户敏锐信息意识的能力、设计和实施用户信息素质教育的能力等；

（7）服务于科学研究的知识和技能。如获取本单位和目标单位科研动态的能力、跟踪所负责学科科研进程的能力、学科分析与评价能力等；

（8）指导并参与用户学术交流的知识和技能。如向用户提供国内外研究成果出版与传播方面相关信息的能力、向用户提供并介入研究成果长期保存方面的能力等；

（9）相关法律方面的知识和技能。如向用户提供版权法和知识产权法方面问题咨询的能力等。

通过本课题前述的相关调查分析可知，上述知识和技能中，最重要的知识和技能是学科领域或相关学科领域的专业知识、与用户良好交流沟通的能力、推广学科服务的能力、娴熟的信息发现和文献检索技能、整理/分析和提炼用户所需学科信息的能力等五项，这五项能力是学科馆员进行学科知识服务工作所必须具备的基本能力。培养用户敏锐信息意识的能力、向用户提供国内外研究成果出版与传播方面相关信息的能力、推广学科服务能力和学科分析与评价等能力同样重要，但国内学科馆员在这些方面的能力水平较低，急需培养提高。

另外，向用户提供并介入研究成果长期保存方面的能力、提供版权法和知识产权法方面问题咨询的能力及元数据使用方面的能力，目前已引起国外学科知识服务的重视，而国内学科馆员在这些方面的能力水平和认识都不足，应该引起重视，这些能力是学科知识服务进一步拓展和深化所必需的。

7.1.4　学科知识服务的规范化管理

为深化大学图书馆的学科服务工作，实现学科知识服务的目标和任务，特别要强调对学科知识服务的规范化管理，要从以下方面着手，要加强并完善学科知识服务工作的规范化管理。

（1）完善学科馆员制度，借助学科馆员资格认证，明确学科馆员的角色和定位，从制度上规范学科知识服务的能力要求。

制度建设对学科馆员的管理必不可少，要建立、积累和不断修正学科馆员制度，并在制度中体现对学科馆员能力与素质的要求，逐步建立完备的学科馆员资格认证制度；协助学科馆员从专业知识和技能等方面进行工作定位，并制定岗位职责；确定学科馆员评聘形式，选择优秀馆员上岗[1]；要打破学科馆员"终身制"的观念，建立机动灵活、能上能下的选拔与用人机制，每年对学科馆员工作进行考评，优胜劣汰，考评结果可作为是否续聘的依据，从而保证学科服务团队的整体素质和可持续发展的学科知识服务优势。

（2）建立完善、科学、系统的学科馆员培训体系，加强对学科馆员能力与素养的培训与锻炼。

学习能力对学科馆员的职业发展有着重要的影响，继续教育则是深化学科馆员服务能力的主要方式。大学图书馆要重视学科馆员的继续教育，制定相应的计划，建立和完善学科馆员培训体系。首先，制定学科馆员长期或年度培训计划，有计划、有步骤地开展学科馆员培训，将定期培训和不定期培训、会议交流等形式结合起来，并将业务培训与技能培训等内容结合起来，开展一系列形式多样、内容丰富的学科馆员培训。比如邀请不同方面专家进行图书情报和信息技术方面的交流研讨，探讨业界发展的前沿问题等；要求学科馆员旁听相关院系的专业课程，从时间和工作安排上予以支持，使馆员愿意重新回到教室学习，选修感兴趣的或对口的学科专业课程，尽量跨学科学习，及时了解对口学科的国内外最新动态等。其次，把建立学习型组织作为图书馆的发展目标之一，鼓励学科服务团队的成员自我学习，对于业余进修学有所成的馆员进行物质和精神奖励。对于攻读图书情报专业或相关学科专业学位的学科馆员，在学习时间上给予一定的保障，不必苛求完全利用业余时间，可允许占用部分上班时间；对于利用假期进行学位班或短期学习的馆员，在其圆满完成学习后可从学费上给予一定的补贴等等。

（3）探索学科知识服务的管理模式，完善学科服务组织保障机制、考核激励机制。

有效的学科知识服务管理模式及完善、科学的管理制度是学科知识服务工作顺利开展并能得以持续发展的保障，也是深化学科服务知识与能力要求的制度保障。学科知识服务是全馆性任务，是面向院系学科、以学科馆员为核心和实施主体的一项服务工作，因此要改变图书馆传统的"金字塔型"多层管理模式，采取"扁平矩阵式"管理，尽量减少管理机构层次，以便快速应答用户的信息需求[2]。在这种矩阵式管理模式中，学科服务团队和各专业职

---

①　金燕．高校图书馆学科服务管理机制的构建．图书馆学刊，2013（2）：29－31

②　范玉红．基于构建学科服务团队管理模式的高校图书馆管理机制研究．上海高校图书情报工作研究，2013（2）：13－17

能部门有着共同的工作目标，但分工上各有侧重。学科服务团队从某种程度上说是一个项目团队，团队从项目管理的角度来保证学科服务目标的实现；而各业务部门能够从专业管理的角度为学科服务目标的实现提供保障。

学科知识服务是大学图书馆的一项创新性服务工作，要紧密联系用户的教学科研过程，在与用户近距离接触中，会更容易发现新问题，学科馆员需要持续寻找解决问题的新方法。因此，建立激励机制，激发广大学科馆员的工作热情，鼓励他们以新的思路思考、解决问题，尤为必要。应该建立薪酬激励、晋升激励、文化激励等多元而又系统的激励机制，调动学科馆员的工作积极性，激发他们的使命感、责任感、自豪感以及团队合作的精神，这样才能实现学科知识服务工作的最终目标。

开展对学科馆员工作成效的考核和评价是非常有必要的，这是保证学科知识服务工作更好进行的重要举措。通过考核和评价，也能检验学科馆员知识与能力要求的实践情况。考核评价要兼顾学科馆员个人和学科团队整体情况，考虑到用户满意度。为了促进学科知识服务团队整体服务，还需实行团队与个人相结合的双重考核，针对学科服务团队及个人设立相应的考核指标体系，按照不同的考核指标进行考核，如果不达标，也会对团队和个人都实施惩罚，以此促进团队与个人的共同良性发展。

（4）创造和谐发展的外部环境与氛围。

学科馆员工作的顺利开展离不开图书馆领导层和其他岗位人员的理解与支持。大学图书馆要创造条件，为学科馆员工作的开展提供必要条件，创造良好的工作环境与氛围，在工作上给予学科馆员一定的自主权和灵活性，使他们可以充分地参与工作计划和内容的制定并在开展工作时有一定的决策权，同时允许他们能够根据实际工作的需要自主安排工作的形式、时间等；为学科馆员、学科服务团队的信息交流与沟通提供环境，在尊重学科馆员的个性与工作风格的同时，营造团队知识共享与和谐交流的氛围，为学科馆员平等、自由地学习、交流创造条件。

7.2　服务的可持续发展

学科知识服务是将用户需求与知识发现和创新结合起来的深层次服务，是大学图书馆适应信息社会发展和学科建设要求的必然选择，它体现了大学图书馆的核心竞争力，应当成为一种品牌服务，不断发展完善。为了实现学科知识服务的可持续发展，需要以下几个方面的保障。

7.2.1　建立长效服务机制

学科知识服务是一项需要长期坚持的工作，它的实施必须建立在长效服务机制的保障之下，而这个长效服务机制包含三个方面的内容，即制度保障机制、资源保障机制和服务保障机制。

7.2.1.1　制度保障

学科知识服务主要组成部分就是学科馆员，学科馆员制度是学科知识服务的重要制度保障。进入二十一世纪后，国内有不少高校图书馆建立了学科馆员制度，随着信息服务的延伸，开展学科知识服务成为了大学图书馆深层次和专业化信息需求的必然选择，这就对学科馆员制度提出了创新要求。

学科馆员不仅仅是学科联络员、参考咨询员，更应该成为学科信息的作者与发布者、信息资源的管理者和虚拟交流的组织者。为实现这一目标，就必须对现有的学科馆员制度进行完善和创新，使学科馆员能够为学科用户提供最大程度的个性化服务，使学科资源、用户需求、学科馆员、知识服务做到无缝链接①。馆领导层要对学科服务工作统一管理，要结合全校各院系、学科专业建设的特点，在开展充分调研的基础上，确定遴选学科馆员的原则，制定出具体的管理措施和实施方案，落实学科馆员工作职责，在制度上给予充分保证。

学科馆员制度建设包含的内容很多，具体到学科知识服务，则主要涉及以下两个方面：一是建立有利于学科知识服务创新的组织框架，改变从前固定的等级模式，适当采用一些临时性、动态性或虚拟的组织形式，并且抽调具有一定专业知识和较高知识服务能力的人才，组成学科知识服务团队，从事文献资源采集、信息捕获、知识析取、知识重组和参考咨询等高层次服务；二是建立与学科知识服务相适应的组织体系，引入学科服务主管体制，专门负责学科知识服务制度的筹划和执行，完善和补充学习、工作和责任制度。

7.2.1.2　资源保障

学科信息资源是开展学科知识服务的基础，落实资源保障机制更是学科知识服务长效机制的重要内容，要通过建立不同类别的图书馆馆藏，同时，要与网络资源相结合。实现这一保障需要做到以下方面：一方面，对于各种实体资源，如果是用户需求的资源内容或类型，有利于用户的研究工作或学

---

① 吴凤玉. 面向学科的高校图书馆知识服务研究［J］. 图书馆学研究，2005（18）：29－31.

习，都应该入藏使用；另一方面，也要高度重视和充分发挥网络知识资源的作用，在利用网络资源平台的基础上，使图书馆资源获取的方式更加多样化。网络资源主要包括拥有使用权的大型网络数据库以及互联网上可检索到的网络学术资源，要充分利用所拥有的信息检索和信息处理技术力量，开发动态网络资源，对海量信息进行搜集、评估、分类、整合，使它们成为馆藏资源的有机组成部分。

　　开展学科知识服务的资源建设，还有一个很重要的形式就是建立学科专题特色资源库。学科专题特色资源库是图书馆资源保障重要的组成部分。高校图书馆要紧密结合学校的发展目标和学科建设目标，注重收集满足本学科用户需求的具有学术性、研究性和反映其特色水平的资源，并将收集的学科信息资源按照学科和专题进行整合。清华大学建设的"教育资源数字图书馆①"、北京大学图书馆的"古文献资源库"、浙江大学图书馆的"医学学科信息门户②"等，都是比较典型的学科专题资源库，在各校学科知识服务工作中发挥了重要作用。

7.2.1.3　服务保障

　　要实现学科知识服务的可持续发展，必须要有相应的服务保障机制，这就需要建立由学科用户、学科馆员、学科知识服务平台、学科资源库、学科咨询知识库和学科馆员业务平台等一系列要素构成的动态化、个性化、学科化的知识服务体系。

　　在学科知识服务体系中，学科用户首先提出需求，学科馆员了解用户需求后对其进行分析，随后制定服务策略，选择合适的信息资源，经选择、分析、整理之后，形成学科资源库，或进一步从中分析挖掘出学科知识产品，通过学科知识服务平台提供给学科用户，用户获得结果后进行意见反馈，学科馆员再根据其反馈决定是否要对知识结果进行分析、调整、修改和重构。最后，学科馆员把对用户的解答进行记录和整理，在学科馆员业务平台上填写各类服务统计数据，将对咨询问题的解答归入学科咨询知识库中，为今后同类问题的解答提供便利。图7-1为学科知识服务体系框架图。

　　学科知识服务体系框架，体现了用户至上的学科服务宗旨。其中，学科

　　① 范爱红. 提供学科化知识服务，构建学科化信息环境［A］. 图书馆服务的学科化与个性化［C］. 北京：首都师范大学出版社，2008：433
　　② 贾丽侠. 研究型大学学科知识服务的条件支撑与保障［J］. 情报资料工作，2011（4）：87-89.

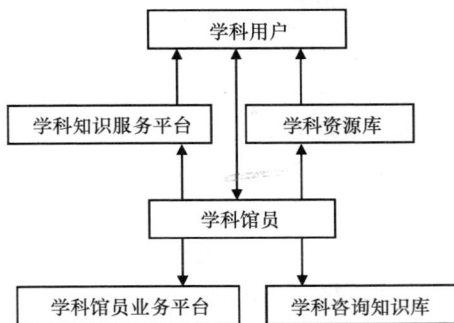

图 7-1　学科知识服务体系框架图

馆员是学科服务的核心支柱；学科知识服务平台和学科资源库是开展学科知识服务的技术手段和资源保障，学科馆员借以向学科用户提供服务。随着学科的变化和服务的深入，技术手段要有所调整，资源也要按需更新或补充；学科馆员业务平台是管理考核学科服务工作的依据，学科咨询知识库是对学科咨询问题的总结汇集，两者成为学科服务工作的辅助工具。学科知识服务体系的建立，为学科知识服务的开展提供了有力保障。

7.2.2　建立考核激励机制

从人力资源管理与开发的角度分析，学科知识服务若要持续发展，建立相应的考核和激励机制是必不可少的。

7.2.2.1　考核机制

学科知识服务考核机制是图书馆在推动学科知识服务创新工作中的一项重要内容，它是按照一定标准，采用科学的程序和方法，对学科知识服务过程及其服务人员以及服务效果的综合测度和评价。通过考核，有利于调动学科馆员的积极性和创造性，提高学科知识服务整体水平，促进学科知识服务向规范化方向发展。

（1）考核内容和指标

对学科知识服务考核，是对学科知识服务的过程及其服务人员和服务效果的综合考量和评价，它应该包括以下三个方面的内容：

第一种考核是针对学科知识服务人员。学科知识服务人员是学科知识服务活动的主体和第一要素，对服务人员的考核既要包括对服务人员个体的考核，也包括对整体服务队伍的考核。对服务人员个体的考核主要是个人知识结构和专业技能以及完成工作质量的考核。对整体服务队伍的考核则包括对服务人员整体配备情况、服务队伍的组织协作能力、知识更新和再创造能力等方面的考核。具体考核指标有：人员配备的数量比例是否合理；人员整体的知识结构能否覆盖服务院系主要学科；服务队伍是否有系统的组织结构；服务人员是否与他人团结协作；服务队伍中是否有交流共享机制；服务队伍是否有经常性的知识更新的措施；服务队伍是否能通过经常性的外派学习和内部培训等方式建立整体知识更新机制等。

二是对学科知识服务过程的考核。这主要包括对服务方式和服务技术的考核。服务方式和服务技术贯穿了学科知识服务的整个过程，在很大程度上决定了学科知识服务的水平。对服务方式的主要考核指标有：是否具有便捷性，即用户获取服务的方式是否简单方便快捷；是否具有多样性，即用户提问和获得答案是否有多种不同的、可供选择的方法；是否具有准确性，即用户是否能获得正确满意的回复。对服务技术的主要考核指标有：是否具有先进性，即与用户交流沟通的服务手段是否先进；是否具有个性化，即个性化定制服务的技术能力；是否具有全面性，即检索方式和技巧的全面性。

三是对学科知识服务成果的考核。学科知识服务最终目的就是将成果提供给用户，满足用户的知识需要，因此，对学科知识服务成果的考核非常重要，它主要包含两个方面的内容：对服务成果质量的考核和对服务成果效益的考核。对服务成果质量的主要考核指标是：是否为用户提供了正确的方法；是否及时解决了用户的问题；是否对用户解决问题有所启发。对服务成果效益的主要考核指标是：是否被用户采用；是否产生了经济价值和社会价值。

（2）考核方法

要建立科学的绩效考核体系，必须有一套科学、规范、操作性强的考核方法。对学科知识服务进行考核可以有以下几种方法：

一是用户考评。用户包括教师和合作院系两个层面，他们是学科知识服务的对象，学科知识服务的最终目标就是要满足用户的知识需要，他们对学科知识服务的全过程有着最直观的感受，对学科知识服务的考核也最有发言权。因此，在考核工作中要充分尊重处于主体地位的用户评价，以用户的实际感受或满意程度作为考核的主要尺度，通过问卷或座谈等形式了解他们的反馈意见，将他们的意愿和认可度放在第一位。通过教师对学科馆员的考核包括：教师对学科服务的满足程度，以及用户信息获取能力的提升等。通过合作院系对学科馆员的考评包括：学科联络能力、资源组织和整理能力、服务水平、工作积极性、服务效果、深入学科的程度等。

二是学科馆员自评互评。学科馆员是学科知识服务的核心支柱，在学科知识服务中起着主导作用，他们接受用户的需求，与用户直接交流，为用户提供服务产品，对学科知识服务有着深刻的理解。让学科馆员进行自评互评既有助于他们发现自身的优势和不足，又能学习他人的工作长处和经验，扬长避短，更好地改善自身的学科知识服务工作。学科馆员之间的互评包括合作交流意识、协调组织能力、学习创新能力与工作积极性等方面。

三是学科知识服务考评小组综合评定。从管理者的角度对学科知识服务队伍进行测评是考核必不可少的部分。管理层应从全局出发，对学科知识服务团队及个人的工作进行考核，肯定其创造性劳动，指出其不足之处，以促进学科知识服务团队的良性发展。考核内容包括：服务数量与质量、创新能力、学习能力等方面。

7.2.2.2　激励机制

学科知识服务要跟得上教学科研的发展步伐，学科馆员要不断提高自身的专业知识和服务技能。成熟的激励机制可以激发学科馆员队伍自我潜力的挖掘，促进学科馆员素质和能力的不断提高，推动学科知识服务的持续发展。成熟的激励机制应该包括以下三个方面的内容。

一是职业激励，即对学科馆员职业生涯和事业发展的激励措施，可以有五种形式。组织激励：即吸纳学科馆员共同参与图书馆管理与决策，提高其工作积极性和主观能动性；肯定激励：即赞美和表扬学科馆员的工作，激发其工作热情；薪酬激励：即将提高薪酬作为学科馆员工作进步的奖励；绩效激励：即将激励和实绩挂钩的激励方式；目标激励：即通过设定工作目标以激发学科馆员斗志的方式。

二是能力激励，每个人都有发展自己、丰富自己能力的愿望，基于这一原因，能力激励也很有必要。能力激励可以有两种形式。培训激励：即将培训作为一种奖励，为表现优秀的学科馆员提供培训机会；学术研究激励：即鼓励学科馆员从事学术研究，并将科研成绩同年终考核、职称晋升、奖金发放结合起来。

三是环境激励，即为学科馆员创设一种宽松、和谐、竞争的环境氛围。环境激励也可以有两种形式。文化激励：即以和谐、友善、融洽的单位文化来增强学科馆员的归属感，激发其创造性的工作热情；竞争激励：即营造良好的竞争环境来增强学科馆员进取心，鼓励其工作开拓创新。

7.2.3　建立人才培养机制

学科馆员是实施学科知识服务的核心动力，是将图书馆和用户联系起来的桥梁和纽带，在整个学术信息交流体系结构中是组织者和保障者。因此，学科馆员的培养显得至关重要。只有建立起系统完备的人才培养机制，才能实现学科知识服务的长期可持续发展。

7.2.3.1　制定科学系统的培养规划

对于学科馆员的培养要有一整套切实可行的培训计划，要根据学校的专业设置和学科发展情况，制定科学合理的人才培养方案，有计划、有步骤、有重点地对学科馆员实施培养。

首先要制定学科馆员遴选标准，确定培养目标，明确学科馆员人选；其次要立足于图书馆现有中青年业务骨干，选拔不同业务特长的人才，挖掘其潜力，补充其不足，制定培养计划；第三要建立人才培养中的梯队结构，按工作岗位需求程度和年龄结构，对各类人员分期分批进行培养。

特别要加强对学科馆员的选拔，拓宽学科馆员选拔途径。目前，我国大学图书馆学科馆员主要从具有多年图书馆工作经验，或学历较高的馆员中选聘。学科馆员往往一人身兼数职，一人身兼多个学科。在学科馆员数量不足的情况下，可以拓宽学科馆员的选拔途径，不仅可以从馆内选拔具备发展潜力的人员进行培养，也可以考虑招聘馆外人员。

7.2.3.2　创造良好的人才培养条件

创造良好的人才培养条件，要从以下几个方面入手：一要为人才成长创造各种有利条件，营造和谐融洽的工作氛围，采取各种奖励措施，鼓励学科馆员自学提高；二要建立培训制度，对学科馆员进行专业知识、技能和学科知识的培训，以培养出能力高、素质强、能快速适应学校学科发展需要的图书馆业务骨干；三要建立继续教育管理机制，加强学科馆员的继续教育，鼓励学科馆员终身学习、在职进修、在职学习；四要开展多种形式的学术活动，鼓励学科馆员开展科研工作、参加学术会议。

目前我国图书馆学、情报学课程体系落后于实践，图书馆学、情报学专业学生所学的知识不能及时反映社会信息环境的变化，也不能满足高校图书馆用户对学科馆员知识及技能的要求。而图书馆员所具备的第二专业背景也大多与本校科研人员的研究方向存在差异。面对这种情况，非常需要图书馆有针对性地对学科馆员进行培训。培训的内容主要应包括：（1）个人技能：

包括沟通方法、协调能力、团队精神、判断思维、职业道德等；（2）专业知识：包括图书馆学、情报学的基本理论知识、信息搜集和组织的方法和学科领域新进展等；（3）教学技能：包括教学设计、教学实施和教学方法等；（4）计算机技能：包括计算机基础知识、网络技术相关知识、常用软件的使用方法等；（5）学科知识：应根据学科馆员具体服务的学科，对其所需掌握的学科内容进行培训。此外，为了丰富学科馆员的知识外延，还可邀请校外专家来图书馆举办讲座，丰富其知识储备。

7.2.3.3　开辟宽阔的人才引进渠道

建立人才培养机制，不仅需要立足于对现有人员的提高和培养，而且还要加大引进力度，引进一批高层次人才，可以通过选留毕业生和校外招聘等多种渠道，筛选和聘任专门人才；同时还可以聘请图书馆学和其它学科的专家兼任学科馆员，以增加和充实学科服务队伍中的专业技术人才，并将其纳入到人才培养体系中来，保证人才机制的持续性和稳定性。充足的人员配置，是提高学科服务质量的基础，只有在拥有足够数量学科馆员前提下，学科知识服务才能深入开展。

7.3　大学图书馆开展学科知识服务的影响因素

大学图书馆在具备了相应的主、客观要素能力条件下，学科知识服务工作能否顺利开展并收到显著效果，也还是会受多方面因素的影响。大学图书馆要充分了解这些因素并积极采取改善措施，以确保学科知识服务工作顺利落实。

7.3.1　对学科馆员任职资格和能力的明确要求

各大学图书馆都规定了学科馆员的任职资格和工作职责，在选拔学科馆员时也都有一定的条件和标准，但各个图书馆标准和要求不尽相同。我国学科馆员的任职资质缺乏统一标准，在对学科馆员任职资格和能力要求方面，基本上只笼统要求为"熟悉图书馆的馆藏结构、资源建设，同时具有一定的学科背景"。这种模糊的要求，使得各校选拔出来的学科馆员能力参差不齐，各校服务效果良莠不齐，影响了高校图书馆整体学科知识服务水平。

要改变这一现象，就要强化对学科馆员任职资格和能力的要求，尝试建立学科馆员资格认证制度。

　　计算机技术和网络技术的发展，信息用户对信息需求的趋势不断专业化和精细化，学科服务工作对学科馆员的专业素养也提出了更高的要求。学科馆员不仅要具备图书情报专业知识和技能，掌握一门学科的专业知识，更加需要不断学习新技术、新应用的能力，才能适应用户信息需求的变化，更好地开展学科知识服务。

　　在国外，特别是欧美国家，较早已建立图书馆员职业资格证书制度，如英国从 1885 年起对图书馆员进行资格考试，日本也从 1951 年开始陆续对图书馆专业人员进行资格认定。我国目前还没有图书馆职业资格认证制度，图书馆在选拔人员时主要根据图书馆对人员专业、素质的需求，自行拟定选拔标准。

　　为了提高图书馆整体服务质量和水平，应该从国家层面自上而下，建立统一的图书馆员资格准入认证制度。中共中央《关于建立社会主义市场经济体制若干问题的决定》就曾指出："要制定各种职业的资格标准和录用标准，实行学历文凭和职业资格两种证书制度"①。《劳动法》在第六十九条规定："国家确定职业分类，对规定的职业制定职业技能标准，实行职业资格证书制度"②。《职业教育法》第八条也规定："实行学历证书、培训证书和职业资格证书制度"③。这些都是实行学科馆员资格认证制度的法律依据和政策保障。

　　中国高等教育文献保障体系（CALIS）的第三期项目已经启动，内容就是"馆员素养培训与资质认证"，并出台了《中国高校图书馆学科馆员资质认证标准（草案）》。标准（草案）规定了认证范围、能力指标体系、认证条件、认证程序、认证机构及职责、专业技能测试流程等具体认证内容和认证措施，只待完善后付诸实施。"学科馆员资质认证将从源头上保证高校图书馆学科服务人员的质量，改善目前我国高校从事学科服务的人员素质良莠不齐的现状，为我国高校图书馆提升学科服务水平提供人力资源上的保障④。"

---

　　① 中共中央《关于建立社会主义市场经济体制若干问题的决定》. 中共十四届三中全会 1993 年 11 月 14 日通过.

　　② 中华人民共和国劳动法. 1994 年 7 月 5 日第八届全国人民代表大会常务委员会第八次会议通过.

　　③ 中华人民共和国职业教育法. 第八届全国人民代表大会常务委员会第十九次会议于 1996 年 5 月 15 日修订通过.

　　④ 资料来源：上海交通大学图书馆《中国高校图书馆学科馆员资质认证标准草案》，2012 年 2 月 22 日发布

7.3.2　对学科服务工作的规范管理

学科知识服务工作的深入开展，需要制定科学合理的工作制度。对大学图书馆的全面学科服务工作来说，要有完善的工作方案、组织机制、规章制度、考核标准和激励措施等。

从目前开展学科知识服务的大学图书馆来看，一些馆对学科服务工作的管理不够规范，还有部分"985 工程"大学图书馆还没有成立学科服务组织，学科服务多由主管咨询服务的馆领导主持，学科馆员多为兼职，学科服务工作与部门岗位业务工作因冲突而受影响，这些都严重制约了学科知识服务工作的深入开展。

要改变这一状况，图书馆需要根据本馆人员的学科背景和业务专长，加强统筹管理，合理配置服务人员和服务团队，建立优化合理的学科知识服务管理机制。

首先要设定学科服务管理部门，有明确的业务主管馆长，统一管理，协调工作。大学图书馆因读者服务量较大，很难像某些科研院所图书馆那样，设定专职的学科服务部门，学科服务工作多由信息咨询部或学科分馆以及相关部门的人员分别承担。学科服务人员比较分散，又分属于不同的业务部门，工作上的协调尤为突出，统一管理就显得非常必要。需要在主管馆长协调下，指定某一部门如咨询部，具体协调学科服务工作，落实安排具体工作任务，处理日常事务性的问题。

其次要合理安排学科服务人员，按学科服务工作性质设立专职和兼职人员，各有侧重承担工作。专职学科馆员则专门负责常规学科服务业务，比如信息咨询工作、学科资源建设工作、学科培训工作等等。专职学科馆员应该是多面手，熟悉并掌握图书馆主要业务工作。兼职学科馆员负责某些专题或专类的学科服务工作，如学科信息技术的应用、某些专题学科综述等。兼职学科馆员在某些信息服务技能方面较为擅长，能解决比较专深的问题，可以给常规学科服务工作锦上添花。当然，随着学科馆员知识技能的完善，无论专兼职学科馆员，都应该具有较全面的服务能力，能够承担各项学科服务工作。

另外，有基础和条件成熟的大学图书馆，也可以考虑改变机构设置，以学科知识服务为主线设定部门和岗位。要打破图书馆按传统业务流程设定部门的惯例，根据学科知识服务的要求，重新规划部门职责和分工；按照学科知识服务工作的实施措施，重新设定部门的管理和隶属关系。在这方面，上海交通大学图书馆的经验值得借鉴。

7.3.3 对学科服务的量化考核和有效激励措施

学科服务是一项专业性很强的信息服务工作，尽管很多图书馆已经明确制定了学科馆员的工作要求和考核标准，但对学科馆员的工作绩效却没有详细考核标准，更没有完全做到量化考核。此外，学科服务缺乏相应的激励机制，学科馆员的工作业绩未能得到量化评估和积极反馈，他们的工资待遇也没有因为承担复杂性、专业性、不可替代性的学科服务工作而有所提高，还是混在图书馆"大锅饭"中，工作干多干少、干好干坏一个样。

这些局限使得学科馆员岗位失去了应有的吸引力，学科馆员工作的热情和积极性难以充分调动起来，极大地阻碍了学科服务广泛推广，导致大多数学科服务只停留在口头上。因此，建立一套客观、严谨、注重实效的考核评价与激励机制已迫在眉睫[①]。

首先，要制定详细的考核指标，目标考核和量化考核相结合。考核指标的设定要结合学科服务工作职责，将学科工作职责体现在考核指标中，形成考核点。在考核点中，考核服务效果要采用目标考核办法，通过学科用户、其他学科馆员、学科馆员主管和考评小组的反馈和评价得出考核结果；考核点中能够用量化指标进行评定的，要实施量化考核。量化考核更加客观，也更具操作性，还可以汇总后得出对学科服务团队的整体考核结果。

其次，要引入第三方评价机制。为了能够站在一个客观、公正的角度对图书馆学科服务水平和馆员的工作质量做出有效的评价，必须要引入第三方评价。第三方可以是咨询公司、其他图书馆的工作人员、图书馆学领域的专家、其他用户等，凡是与图书馆、学科馆员、合作院系没有直接关系的人员都可以担任第三方。第三方对学科馆员服务状况做出的评价是一个综合性的评价，包括服务的质量和水平、馆员自身的综合素质等方面。

在对学科服务工作实施严格考核后，对优秀学科馆员和服务团队的奖励激励机制一定要完善、有力度。在精神层面，图书馆应为优秀学科馆员创造良好的个人发展空间，帮助他们进行职业生涯设计，提供更多定期培训和参与交流与合作的机会。在物质层面，要真正落实绩效奖励，大胆给予奖金鼓励。如果人人都吃大锅饭，就会出现滥竽充数的学科馆员。精神和物质两方

① 初景利. 我国图书馆学科服务的难点与突破 [J]. 中华医学图书情报杂志，2012（4）：1 - 4.

面的激励，能够调动学科馆员学习和工作的积极性，保证学科馆员服务的质量。

7.3.4　信息技术的引进利用

学科知识服务工作的深度与学科馆员的能力有很大关系，但在学科馆员能力得以充分发挥的情况下，先进的信息技术能否应用于学科服务工作，学科知识服务工作的深度和效果则大不相同。目前开展学科知识服务的大学图书馆，基础性学科知识服务工作都能胜任和完成，但某些专深或智能化的学科知识服务工作却没能展开。

多年来图书馆形成的习惯思维，认为经费是用来购买资源的，对于信息技术上的投入很难从全馆常规经费中划拨，系统和技术所需软硬件的投入往往借助于专项经费解决。但是，学校财务的专项经费要平衡全校所有院系和机构，且申请需要层层审批，如果未获批准，那么图书馆的软件平台和硬件设施的更新便遥遥无期。没有先进的信息技术和设备支持，学科服务要向高端学科知识服务发展便失去了动力和支撑，许多高层次的学科知识服务工作只能是纸上谈兵，无法落实。

大学图书馆要重视信息技术在学科知识服务中的应用，不能只满足于提供基础的学科服务，要向高端学科知识服务发展，引进学科知识服务技术和平台。目前图书馆开展学科知识服务方式不一，有的通过图书馆网站建立学科博客和学科网络资源导航；有的则在其他平台如新浪博客、新浪微博、腾讯微博上建设本馆的学科博客、微博。这些服务方式散落于物理和虚拟空间的各个角落，内容不一、建设重复，用户利用起来很不方便。图书馆要转变僵化的思维，与学校充分沟通，请求学校加大对图书馆经费的投入，并在图书馆常规经费中划拨软硬件设置经费。在充分调研试用的基础上，大胆引进图书馆信息现代化所需的技术和设施，改善和更新图书馆的"软环境"，加强服务内涵建设，用现代信息技术撑起图书馆学科知识服务的脊梁。

7.3.5　学科资源的覆盖情况

高等院校学科专业设置各有侧重，每所大学都有各自重点建设的学科和专业。与学校学科建设工作相对应，大学图书馆在资源建设中也会根据学校重点学科情况制定相应的资源采购方案，优先保障重点学科，非重点学科在经费允许情况下予以考虑。尽管各学校对资源建设的资金投入在逐年增加，但资源购置经费涨价幅度更大，资源购置每年都有缺口，图书馆在购置资源时，也只能首先满足重点学科的资源需求。虽然图书馆有时也会针对某新建学科加急补充购买一些资源，但因资源出版具有时效性，很多学科资源已无法弥补。长此以往，大学图书馆馆藏资源学科分布的不均衡便日益凸显出来。资源的欠缺，使学科知识服务难做"无米之炊"，对于馆藏学科资源较少的院系，学科知识服务工作的开展受到一定制约。

要改变这种情况，图书馆当然寄希望于学校能够增加对图书馆的经费投入，全面满足各学科资源经费的需求。但就目前我国高校发展情况看，要达到这一目标尚需时日，图书馆只能自找解决措施。首先，图书馆要充分与院系沟通，达成共同购置学科资源的共识。院系一般都有专项课题经费和科研经费，经费中有部分可用于购置资源。院系教师往往利用这部分经费购买个人教学科研所需书刊资料，或者利用这部分经费建设或购买专题数据，供科研团队使用。图书馆若能与院系达成共识，将这部分经费集中起来，用于批量购置某学科所需书刊或大型数据库，无疑能使经费发挥出最大效益，既补充了图书馆所缺学科资源，又能使相关专业的用户共同利用这些资源。其次，图书馆要借助馆际互借和文献传递服务，帮助学科用户及时获得本馆未收藏的学科资源。

客观上，经费的不足使得学科资源欠缺，制约了学科知识服务的开展；但在主观上，大学图书馆要用超强的学科知识服务能力弥补学科资源不足，创新服务方式，让学科用户获得满意的服务。

第8章 案例研究

学科知识服务是国内外大学图书馆，特别是研究型大学图书馆积极探索并实施的信息服务新举措。本研究选取部分国内外大学图书馆开展学科知识服务的情况做出分析，以此为本研究提供案例，并对我国大学图书馆学科知识服务工作的开展提供借鉴。

8.1 美国康奈尔大学图书馆的学科知识服务

8.1.1 学科知识服务概况

康奈尔大学（Cornell University）有七个本科生学院和七个研究生学院，约有 2 800 名教师、11 000 名职工、14 000 名本科生和 7 000 名研究生，是著名的常春藤盟校成员，在世界范围内享有极高的学术声誉。康奈尔大学图书馆（以下简称康图）在北美研究型图书馆协会（ARL）排名中位居前十，该馆拥有 800 万册馆藏，由 20 个分馆和近 500 位馆员组成，是美国著名的研究型大学图书馆。

康图的学科服务开展较早，现在大约有 50 名学科馆员，来自于主馆的多个部门以及各个专业分馆。在康图主馆，学科馆员隶属于一个名为 CRIO（Collections, Reference Instruction and Outreach）的部门。康图有 20 个专业分馆，均设学科馆员，这些馆员按不同专业负责相关院系的学科服务，由各个分馆负责管理相应的学科馆员。也有少量专业分馆没有设置学科馆员，则由康图主馆的学科馆员负责这些分馆，例如人文与社会学科学院没有专业分馆，则由主馆研究与学习服务部的学科馆员负责相关工作[①]。

康图早期开展的学科服务主要集中在馆藏建设、参考咨询、教学培训和院系联络四个方面。近年，图书馆有了巨大变革，学科服务得以不断发展，

---

① 范爱红. 学科服务发展趋势与学科馆员新角色：康奈尔范例研究［J］. 图书情报工作，2012（5）：15－20.

学科馆员的角色也在发展变化的环境中不断演进，工作范围逐渐扩展到资源
发现与管理、数字工具与资源数字化、学术出版与传播、科研数据管理等学
科知识服务领域，学科馆员提供的不再仅仅是传统的参考咨询服务，还包含
更深层次的学科知识服务①。

8.1.2　已开展的学科知识服务工作

康图非常重视学科知识服务工作，《迈向2015：康奈尔大学图书馆2011
－2015战略规划》②这本书中指出，图书馆专业人员要加强与用户的联系，
更有效地向他们提供专业服务和学科知识，迎合用户的研究需求。当前康
图的学科知识服务工作主要围绕"学科资源建设"、"科研活动支持"、"课
程教学和培训"、"发展合作"以及"数字出版与开放获取"五个方面展
开，充分体现了以用户为中心、以服务为主导、深入过程、主动参与的学
科服务精神。

8.1.2.1　学科资源建设

从事学科知识服务，资源建设是基础保障和首要任务。同时，学科资源
建设过程中也蕴含着学科知识服务的重要内容。在康图，院系学科资源的选
择是学科馆员的一项重要职责，因此，学科馆员也被称为选书馆员（Book Se-
lector）③。学科资源建设涵盖了纸本资源建设和数字资源建设两个方面的内
容，学科馆员采取用户需求驱动采购模式，负责为对口院系用户采集资源。
每位学科馆员都掌握一定数量的资源采购经费额度，在额度范围内，学科馆
员可决定所负责学科需要购买的资源。

（1）纸本资源建设

在纸本资源建设方面，学科馆员主要借助一种名为ITSO CUL（Integrated
Tool for Selection and Ordering at CUL）的工具进行，该工具将采选与订购集为
一体，并以网页的形式将最新的书目信息提供给学科馆员。学科馆员听取学
科用户意见确定要采选的书目，并提交给采访馆员（还可以向其他学科馆员

---

① 李力. 国外研究型图书馆学科服务的发展态势及启示——以康奈尔大学为例 [J]. 图书馆学
研究，2013（14）：82－85

② 许德山编译. 迈向2015：康奈尔大学图书馆2011－2015战略规划 [J]. 图书情报工作动态，
2011（3）：10－15

③ 范爱红. 美国康奈尔大学的学科馆员工作模式及其启示 [J]. 图书馆杂志，2008（2）：63－
66

推荐书目）。之后，负责采编的馆员提交所选定出版物的订单，并且将选定的书目记录直接批导入馆藏 OPAC①。这种方式将资源选择和订阅过程转移到了网络上，节省了图书馆的时间和资金。学科馆员还参与了该工具的早期开发，对其功能提出了建设性意见。

（2）数字资源建设

在数字资源建设方面，康奈尔大学图书馆推出了"数字馆藏注册"（CUL Registry of Digital collections）计划。这一计划由学科馆员直接参与，注册的数字馆藏由元数据支撑、按系统方式组织，可以通过多种途径查询，极大提高了数字资源的发现能力，促进了数据收割、联邦检索和信息维护。学科馆员负责注册数字馆藏资源清单的维护，因此，他们必须了解所负责学科的学术发展方向和用户文献需求②。

8.1.2.2　支持科研活动

全方位地对科研活动予以支持，是学科知识服务的重要体现。目前，康图的分馆体系发生了重大转变，从按院系设置分馆转向了支持跨学科研究的图书馆群（Library Cluster）③。图书馆成为了一个为科研提供支撑服务的整体，并努力融入科研活动的全过程，在科研过程的每个阶段对师生提供支持和服务，成为研究者必不可少的合作伙伴。这些支持和服务主要包括：在科研筹备阶段，提供基金申请咨询与帮助，促进跨学科合作研究；在科研进行阶段，提供深度学科咨询和专业化学科服务，指导用户使用各种科研工具，如 RSS，Facebook，Social Bookmarking 等；在科研成果产出阶段，为用户提供学术出版传播、成果和产权保护指导以及数字化服务；在科研结束阶段，提供科研数据监管和存档服务等。其中，比较有代表性的服务有以下几项。

（1）VIVO 的应用

VIVO（http：//vivo. cornell. edu）是 2003 年康图和康奈尔大学计算机专家联合发起的一个基于开源语义和本体结构的 web 发现工具，它是一种社交型科研联盟网，风格类似 Facebook。但它并不是一个纯社交网站，而是由一

---

①　范爱红. 学科服务发展趋势与学科馆员新角色：康奈尔范例研究［J］. 图书情报工作，2012（5）：15 - 20

②　范爱红. 学科服务发展趋势与学科馆员新角色：康奈尔范例研究［J］. 图书情报工作，2012（5）：15 - 20

③　黄金霞. 解读 2010 年美国学术型图书馆的十大发展趋势——以美国康奈尔大学图书馆为例［J］. 图书情报工作，2011（1）：93 - 96

些有着共同研究兴趣、专业的科研人员组成的社交网络。起初只针对生命科学，提取与该学科相关的科研项目、研究基金、教学课程、相关出版物、学术活动及实验室与研究环境等信息，从而促进校内学术交流，后来逐步扩展到覆盖所有学科。VIVO 平台的优势在于其开放性，科研人员利用 VIVO 平台可以发现其他人的研究兴趣和内容，获取网络社区的推荐和建议，并据此来选择自己的合作者。它打破了以往研究者只能通过知识或者偶然发现找到项目合作机会的局限性，拓宽了科研人员寻求合作的途径。2009 年，美国国家卫生研究院（NIH）向 VIVO 提供了 1 200 万美元的资助。借此机会，康纳尔大学与华盛顿大学、印第安纳大学等七所大学联合将 VIVO 发展为美国跨学科科学家网络 VIVO Web[①]。

（2）参与数据监管

近年来，科研数据的收集、长期保存、共享和访问成为美国研究型大学图书馆的新任务，这为学科馆员融入教师的科研过程提供学科知识服务提供了机遇。为了给图书馆是否参与数据监管提供战略分析和建议，康图在 2006 年成立了数据工作组。2010 年，康奈尔大学组建研究数据管理服务组，图书馆是其主要成员，为学校提供存储备份、数据分析、元数据加工和数据发布等各种研究数据的管理服务。不仅如此，学科馆员还面向教师开展数据咨询服务，使得他们能够按照基金申请要求制定研究数据的管理计划，并且参与编制数据保存标准，参加数字仓储的建设[②]。近年，康图进一步致力于数据检索挖掘工具的研发，建立了一个名为 DataStar 的数据仓储，用来存储农业与生态学科相关的研究数据[③]，在公布和存储方面，对元数据的质量提高有所帮助，并加强了研究人员的科研合作和数据分享。

8.1.2.3　支持教学工作

康图非常重视对学校教学的支撑作用，开展了丰富多样的课程教学和培训服务，主要形式有以下几种。

（1）合作授课

康图的学科馆员与教师合作开展授课，将信息素养教育嵌入大学课程教学中。这种合作又分为两种形式：

---

①　VIVOWEB［EB/OL］. http：//vivoweb. org/，2014 - 01 - 01.

②　范爱红. 学科服务发展趋势与学科馆员新角色：康奈尔范例研究［J］. 图书情报工作，2012（5）：15 - 20

③　DataStaR［EB/OL］. http：//datastar. mannlib. cornell. edu/，2014 - 01 - 01.

一种是学科馆员担任教学助手。学科馆员根据课程对文献资源的需求，负责 1－2 讲相关内容的讲解，除此之外，还为课程提供信息服务，辅导学生掌握相关的信息检索技术。

再有一种形式就是学科馆员与教师共同开设课程。这种形式由学科馆员和教师共同设计课程内容和作业，共同参与讲授。这对学科馆员的专业知识提出了更高要求，更加具有挑战性，康奈尔大学 2007 年推出的本科生信息素养计划就是此形式实践的成功案例。

本科生信息素质计划是由图书馆和负责本科教育的副教务长办公室共同出资、教学中心和信息技术中心共同参与的一项课程培训计划，旨在从深层改变大学教育面临的学生信息素质降低状况。它通过重新设计本科生课程标准，将研究技能整合到本科生课堂中，使本科生获得核心信息素养，提高科研创造能力。这一计划分为几个步骤进行：一是图书馆、教学中心和信息技术中心对本科生教师进行一周的集训，协助他们对所开设课程的大纲、作业及评估标准进行规划设计；二是集训后为参与的教师发放 1 000 美金，支持他们继续完成课程改革和新教学工具的开发；三是在随后一年里，与教师继续保持沟通，为他们提供深度咨询，不断完善这些课程，同时，为了引导本科生在科研活动中更好地利用文献资源，培养他们的信息获取、鉴别和利用能力，学科馆员也向其提供信息素养培训和咨询。这一计划对教师教学和学生学习产生了非常积极的影响，不仅帮助学生提高了信息素养，而且充分体现了图书馆的学科知识服务能力，使学科馆员与教师及学校其他部门建立起了一种深度、创新的合作关系。

（2）开设讲座

康图开设了一系列讲座，内容十分丰富，主要可以分为三类：一是有关信息素养教育方面的讲座，如数据库检索知识、数据管理规划、数字化出版、信息跟踪等；二是有关一些常用技术工具软件的使用培训，如文献管理工具、网页制作软件、音视频和图像处理软件、办公软件等；三是学科讲座，即特别为某一个学科或领域特设的讲座，一般是由学科分馆举办，如法学分馆举办的 LexisNexis 数据库培训讲座。这些讲座不仅有效提高了教师和学生的信息素养，而且有助于他们在第一时间了解各自研究领域的新发展。

（3）制作课程指南（LibGuides CMS）

LibGuides 是由美国 Springshare 公司利用 web2.0 技术开发的一款适用于图书馆学科服务的管理与发布系统，它有两种基本的形式，一种是学科指南（LibGuides），一种是课程指南（LibGuides CMS），康图制作的指南均属于第二种。截至 2014 年 1 月 1 日，康图的学科馆员编写了 1 147 个 LibGuides CMS，包含了文献管理、随堂资料、专业资源、知识产权、写作案例等内容，涵盖课程相关的基本研究方法和重要学科资源，为学生学习该门课程提供了学术指导。同时，学科馆员还在教学平台上参与学生的讨论，解答他们在课程学习中遇到的问题。

8.1.2.4　寻求合作发展

以合作来发展学科知识服务，是康图进行学科服务的重要理念。康图不仅注重内部各部门之间的合作，而且与世界范围许多大学和机构都建立了广泛的战略合作伙伴关系。

（1）馆内合作

学科馆员要胜任学科知识服务工作，就要参与采编、信息技术、数字化加工服务、数字出版服务等几乎所有图书馆部门的工作。因此，与馆内其他部门合作就成为了学科馆员工作不可或缺的部分。学科馆员通常需要加入到馆内跨部门的项目团队中，例如，康图有一个负责发现、配置、传播、评估电子工具的馆外馆工作小组（Library Outside the Library Group），参与的馆员负责开发一些科技工具，帮助用户随时随地地使用图书馆的服务，打破时间和空间的限制。而这些工作已经超越了学科馆员所在部门的业务范围，内部的通力合作就变得尤为重要。

（2）馆际合作

康图与国内外许多研究型图书馆都建立了合作关系，其中最值得一提的是康图与哥伦比亚大学图书馆的合作 2CUL。该合作于 2009 年开始，受安德鲁·梅隆基金会的资助，两馆进行深度合作，开展了一系列活动。因为两馆的英文缩写均为 CUL，故称为 2CUL，且 2CUL 与 too cool 同音，也代表了两馆间的合作是一件既"酷"又令人振奋的事情。两个馆的合作涉及人员、资源、技能、品牌优势等方面，合作领域包括资源建设、技术服务和基础设施等。例如：两馆一起共享一位具有交叉学科背景的学科馆员，该学科馆员精通斯拉夫语、熟悉东欧研究，由其承担两馆相关学科的研究支持和资源建设工作。此外，两馆还建立了南亚学科的合作，发挥各自的优势，分别为两校用户提供深度咨询服务。

（3）与其他机构的合作

近年来，康图还与 Google、Hathi Trust、Microsoft 和 Amazon 等机构进行合作，开展馆藏数字化建设。目前已完成数字化的图书约有 30 万册，覆盖诸多领域。在数字资源建设过程中，学科馆员在资源选择方面发挥了主要作用，他们组成工作组，借助图书馆管理系统和相关分析工具，如 WorldCat，选择可进行数字化的资源，确定资源甄选标准、流程和文献转移的方法等等。此外，还成立了一个专门进行分析与评估数字资源保存、发现和访问模式的学科馆员工作小组。

8.1.2.5　推动数字出版与开放获取

新的学术出版模式，促进了数字出版的发展。为了推动学术成果的交流、传播与开放获取，康图积极倡导开放获取与数字出版，主要把精力放在建立开放存取为主的学术交流新体系。

为此，康图的学科馆员参与了与此相关的一些项目：（1）arXiv. org。arXiv. org 是免费的网络预印本存储库，涉及数学、物理、计算机、天文学等多个学科，影响力较大，它对用户和提交者免费开放，是为科研工作者公布研究成果搭建的平台。（2）Project Euclid。Project Euclid，康图和杜克大学出版社共同管理的非营利性在线出版平台，由康图创建，康图与杜克大学出版社共同管理，是一种新型的学术交流形式，主要目的在于强化统计学、物理学等相关学科的知识交流，促动专业期刊和出版商之间的充分合作，实现低成本的网络出版。（3）eCommons@ cornell。eCommons@ cornell 是康奈尔大学的机构知识库，保存了本校科研人员的学术论文、会议文献、工作文档、技术报告、研究数据和音视频等数字研究成果，在对这些科研成果长期保存的同时，也在知识产权法范围内提供共享服务。

除上述项目，学科馆员还大力宣传开放获取理念和出版模式，积极为师生提供学术出版方面的法律咨询，并参与学术出版相关工作，如电子丛书的管理编辑工作等。此外，学科馆员还参与创建和管理机构知识库，制定收藏规划，鼓励并协助教师将自己的学术成果提交到机构知识库中，有的学科馆员还将自己搜集的学科数字资源整理并收录其中，使图书馆的学科知识服务变得更加专业化、更加有深度。

8.1.3　对学科馆员学科知识服务能力的要求

在学科知识服务中，学科馆员扮演着教学科研人员学术合作伙伴的角色，参与教学和科研活动的各个环节，这就对他们的能力和素质提出了更高要求。康图对学科馆员主要有以下五个方面的要求。

8.1.3.1　精通相关学科知识

在康图，每个学科馆员负责掌控一定额度的学科资源采购经费，负责学科资源的选择和购买，通常需要他们了解本学科资源的采购需求。这样就要求学科馆员必须具备相关学科的知识，熟悉馆藏学科资源现状，了解院系学科资源需求和学科发展动向，只有这样，才能做出学科资源购买和建设的正确决策。此外，康图的学科馆员还承担着制作课程指南的任务，这也对他们的学科专业知识提出了更深更广的要求。

8.1.3.2　具备科研能力

学科知识服务要求学科馆员融入科研活动全过程，成为科研人员的合作伙伴，为教师和研究者提供专业化的学科咨询，让他们了解所在学科研究领域的新动态、新发展，要实现这一目标，学科馆员就必须具备较强的科研能力，在了解学科需求的基础上，通过对某一学科及其相关领域文献进行深入研究，利用信息分析工具，对学科发展现状和发展态势等进行定量和定性分析，从而为用户的科研战略方向给出建设性意见。

8.1.3.3　具备信息素质教育能力

康奈尔大学图书馆启动了培训活动和课程教学服务，学科馆员可以和教师进行合作，共同研究和讲授科研内容，而且还将信息分析能力嵌入大学课程教学中，还需要开设一系列有关数字工具和学科知识的讲座，在迎新期间也要组织多场新生参观和迎新讲座，为学生深入介绍图书馆门户网站和电子资源的利用方法，这就要求学科馆员具备较好的教学能力，协助使用者提高信息检索和分析的能力，培养使用者的检索文献技能，在信息筛选、分析、整理和评价等方面都有所涉及。

8.1.3.4　具备沟通联络能力和团队合作能力

康图强调以合作理念发展学科服务，不仅注重馆内各部门之间的团结协作，而且也积极开展馆际合作以及与微软、谷歌等机构的合作。学科馆员往往需要走出本部门的业务范围，深入院系，或成立专门的工作组来推动合作，这就要求学科馆员具备良好的沟通联络能力和团队合作能力，与院系、其他研究型图书馆和研究机构保持密切的联系，在协同工作的同时，也提供了更全方位的学科服务。

8.1.3.5　向用户提供有关学术成果出版、传播和保存指导的能力

近年来，康图开展了很多致力于学术成果在线出版和传播方面的工作，

以期实现学术成果的开放获取和长期保存，如参加了 ArXiv. org、Project Euclid 和 eCommons@ cornell 等多个在线出版与开放获取项目。这就要求学科馆员必须具备向用户提供有关学术成果出版、传播和保存指导的能力，能够为教师和科研人员提供版权咨询，让用户了解自己作为作者的权利，帮助用户进行科研数据管理，并为其学术成果的出版和长期保存提供技术上的支持和指导。

8.1.4　学科馆员的考核与培训

8.1.4.1　学科馆员的考核

康图突出学科馆员的职责，注重实效。学科馆员没有固定的名称，其称呼随工作职责而定，如负责物理与天文学科的称为 Physics & Astronomy Librarian，负责化学学科的则称为 Chemistry Librarian；同一名学科馆员，开展不同工作时，其称呼也不一样，如开展学科资源建设时，称为 Book Selector，进行学科咨询时，称为 Subject Specialist，负责院系联络时，则称为 Library Liaison，开展读者培训时，称为 Instructor[①]。

康图向每一位学科馆员都发放了聘任书，里面规定了学科馆员的工作内容、工作要求和工作方法。每年图书馆都会对学科馆员的年度工作进行考核，收集学科馆员一年来的工作信息资料，对其进行分析评价，最后，对本年度在教学培训、科学研究、深入院系的服务中表现出色的学科馆员进行奖励。总体来说，康图的考核比较人性化，以鼓励为主，鼓励那些肯于钻研未知专业知识的学科馆员，努力为学科馆员创造一个有益于发展的环境。

8.1.4.2　学科馆员的培训

康图向来重视对学科馆员培训工作，建立了长效培训机制，开展了一系列丰富多彩的培训活动，涉及信息素养教育、信息技术应用、知识产权保护、数字出版与开放获取等多个方面。其中，比较有特色的培训项目有以下三种。

（1）培训周活动。2011 年 5 月，康图专门组织了培训周，对学科馆员进行了 30 多场培训活动，涉及信息素养教育、新技术工具的使用、文献信息管理等多个方面，有效提升了学科馆员的知识服务能力。考虑到有越来越多其他专业的人员到图书馆工作，并承担学科服务工作，图书馆还专门设置了职

---

① Judy Ruttenberg. New Roles for New Times: ARL Publishes Report on Transforming Liaison Roles in Research Libraries. [EB/OL]. http://www.arl.org/, 2013 - 01 - 01.

业发展计划和职业生涯规划方面的培训，为其职业发展指明了方向。

（2）建立图书馆员联系网络，提供在线学习平台。康图为馆员精心设计了员工网站（http：//www. library. cornell. edu/staffweb/home. html），内容包括专门的图书馆委员会报告、康图政策、业务通讯、统计资料、培训和专题研讨会信息，可供馆员进行在线学习和交流，借以提高业务水平。

（3）科研基金项目申请培训。教会学科馆员使用高性能信息处理工具来辅助科研基金项目的申请；指导学科馆员如何与科研人员进行交流，加强与院系和科研项目间的联系，推动跨学科的研究合作等等。

康图目前正致力于为学科馆员开发专门的馆外服务和辅导培训服务的监测系统，努力为学科馆员学习馆外的新服务和新技术提供更多的培训机会。

8.2　新西兰奥克兰大学图书馆的学科知识服务

8.2.1　学科知识服务概况

奥克兰大学是新西兰最大、拥有最多专业且最有名望的大学，共有七个校园、八个院系和 40 000 余名在校学生。奥克兰大学图书馆（以下简称奥图）也是新西兰最大的大学图书馆系统，在新西兰数字资源的保存和发展方面发挥着重要作用。奥图是典型的"总分馆"模式，除总馆外，还设有 12 各专业分馆、4 个信息共享空间（ Information Commons） 和 1 个远程存储库（ Off – campus）。

根据联合国教科文组织发布的数字，新西兰 7 所主要综合性大学共藏书590 万册，其中奥克兰大学就有 280 万册，其馆藏实力可见一斑。最大的总馆主要服务对象是艺术、自然科学、商业和经济领域的师生和研究人员，提供有 1 506 个学习空间和上百万册纸本书刊，包括著名的新西兰和太平洋资料馆藏。其他 12 个学科分馆则拥有新西兰境内相应学科领域的一流馆藏，并提供1 681 个学习空间。奥图还与奥克兰区域健康理事会签署了合作协议，向其职工提供图书借阅服务。

早在 1991 年，奥图就针对文学院英语系设立了学科馆员岗位，开始了学科服务工作。1998 年，又在各个学科分馆均设立了学科馆员。奥图特别重视学科服务的开展，专门成立了学科服务部（Faculty Services） 组织和管理学科服务工作。学科服务部由一个业务副馆长直接主管，包括文学信息学科部、科学信息学科部、教育信息学科部、商业信息学科部、法律信息学科部、医学信息学科部、工程信息学科部、创造艺术与工业信息学科部等 8 个学科部门，共有 50 名学科馆员，面向全校 59 个学科开展学科知识服务。

8.2.2 已开展的学科知识服务工作

为满足用户的专业化和个性化需求，大学图书馆学科馆员的角色正在发生变化，由专注于学科馆藏资源建设，逐渐向信息素养教育合作者、科研支持者、新技术应用与跟踪者转变，学科服务也进一步深化为学科知识服务。奥图也紧跟时代发展步伐，开展了一系列有特色的学科知识服务工作。

8.2.2.1 学科资源建设

在奥图，学科资源的选购与馆藏建设主要是由相应学科的学科馆员负责完成。不同学科的资源采购方式略有不同，总体来说，每年购买图书、期刊、电子资源的预算由各学科服务部门的主任负责制定，在此基础上，每位学科馆员又有各自的学科经费预算，有权决定其学科资源的采购。

对于纸质资源的选购，学科馆员首先要浏览出版商信息，并且要征集对口院系的需求和建议，再依据自身掌握的学科专业知识，对所要购买的学科资源进行选择，最后交给采访部门进行采购。而对于数字资源的订购，学科馆员要事先组织用户试用，再结合试用反馈提出购买意见，提交书目服务部，由主管馆长来决定是否需要购买。

奥图的经费比较充足，虽然电子资源购置费用较高，但在购买学科资源时还是优先考虑电子资源，特别是买断式的电子资源，其次才是纸质资源。近年来，奥图约五分之四的经费用于电子期刊、电子书和数据的订购，只有五分之一的经费用来购买纸本图书。而所有学科资源的订购，既有学科馆员的选择，又有教师、研究人员和学生的推荐，是学科馆员和用户协同合作的成果。

8.2.2.2 教学支持服务

奥图为学科用户提供了全方位的教学支持服务，比较有特色的是下面几项服务。

（1）参与院系专业课程的规划和设计

在奥图，学科馆员不仅定期参加院系全体会议及各种与教学有关的活动，而且还与专业教师共同规划、设计课程，帮助教师改进课堂教学，使信息资源、检索方法和教学内容或课题研究紧密结合在一起，从而提高教学质量。学科馆员与院系、专业教师之间这种深度合作是奥图在教学支持服务上的一大特色，也代表了学科知识服务发展的方向。

（2）提供教学创新的支撑工具 Clicker（课堂应答系统）

Clicker 一种由手持键盘、无线主控基站和数据处理软件三部分组成的教学系统，可以支持课堂中的实时反馈和师生互动。通过该系统，学生可以利用手持键盘实时回答老师提出的问题，有助于提高学生出勤率，鼓励学生主动参与到课堂中去，促进交互式课堂教学的实现。奥图免费向师生提供 Clicker，并提供使用指导，激发了师生对研讨式教学的兴趣。

（3）提供信息素质教育

奥图支持教学的另一项服务是信息素质教育，主要有两种形式：一种是学科性的信息素质教育，即以学科馆员为主体，学科馆员向服务院系开展信息素养教育方面课程或培训；另一种则是非学科性的信息素质教育，即以教学培训部门为主体，学科馆员配合有关部门，开设通识性信息素养讲座，如博士生基本技能系列培训、新生培训等。无论哪种形式的教育，学科馆员都投入了大量的智力和精力，认真规划每门课程，制作形式丰富的培训课件，努力将信息素养教学内容嵌入到专业课程中去，并通过任务式教学、小组讨论等形式提高学生参与的积极性，实现协作式学习。

（4）教学服务工具的支持和使用指导

为更好地辅助教学工作，奥图向学科用户提供了很多数字化、网络化教学服务工具，并对用户进行使用方法培训，帮助用户掌握这些教学服务工具，提高备课效率。比较有代表性的教学服务工具有：（1）多媒体课件制作软件。奥图购买了 BB Flash 软件来进行多媒体教学的录制，将电脑显示屏上的所有操作和教师的讲授声音保存下来，加工成为多媒体教学课件，丰富了课堂教学形式，受到了师生的欢迎。（2）培训预约与评估系统。奥图设计了课程网上预约系统（Library Courses Booking），学生可以对图书馆开设的课程或培训进行网上预约，工作人员还在这一系统里设计了网络反馈表，在课程或培训结束之后，学生可以对课堂教学在网络上进行匿名式打分、写评语，而教师可以通过这些评价来调整自己的教学。

8.2.2.3　科研支持服务

奥图非常重视对科研活动的参与和支持，有些学科馆员甚至成为院系教学委员会的成员，深入到了教学科研一线，与教师和研究人员协同完成科研任务。而且，学科馆员在院系开设新专业时，也会担任专业组成员，参与新专业建设。这些都体现了奥图科研支持服务工作的广度和深度。在提供的众多科研支持服务中，比较有代表性的是如下两个项目。

（1）博士生研究能力培养项目

奥图博士生研究能力培养项目（Doctoral Skills Programme）的对象是核心科研群体——博士研究生，该项目是为提高这一群体的科研能力和水平而设计实施的系列能力训练，简称 DSP。DSP 分为初始、中期和最后三个阶段，每个阶段设计了有针对性的培训内容①。博士生可通过在线注册来进行选课和学习。它包含三方面的课程：①首日课程（Induction Day），即由图书馆、研究生院教学培训中心和学生服务中心在博士生刚入学后为其安排的交流联谊性质的课程，由在校博士生代表与新博士进行交流，使新博士尽快适应新的学习环境。从 2007 年开始，首日课程被列为所有新进博士生的必修项目。②核心课程（Core Course），主要包括学术资源检索、研究技巧、写作与投稿、学术规范和文献管理软件应用等 18 门必修课程，其中很多课程是由图书馆员来进行教学。③附加课程（Additional Course），即围绕博士生的一些拓展性技能开设的可选修的 20 门课程，如面试指南、就业指南等②。

（2）研究支持服务系统

2009 年，奥图从英国引进了用于学术出版和成果管理的 Symplectic Elements 系统，在此基础上，图书馆与科研处合作了 Research Output 项目，以此对与学术成果相关的各类活动予以重点支持。Symplectic Elements 可以跟踪学科用户的学术出版、内容管理和学习情况，并能够与 Web of Science、PubMed 等系统及本地机构知识库方便地进行链接，使用户能够实时便捷地掌握学习与科研进展的轨迹与成效。例如，利用该系统与奥图机构知识库 Research Space 进行链接，帮助用户录入和管理本人的科研成果。此外，Symplectic Elements 还支持与 SCI、EI 等引文数据库的链接，方便地获取这些数据库中本校有关研究成果的收录及引用情况，为学校的科研成果评估提供依据。

除了这两个项目以外，奥图还开展了许多常规特色服务项目，为教师、研究者和学生的科研活动提供了有力支持，比如：开展对用户进行参考文献管理及相关软件使用等培训，指导 ISI InCites 工具的学习和使用，参加全国性"新西兰引文项目（PBRF）"，推出"学科关键研究工具（vital research tools

---

① DoctoralSkillsProgrammeBookingSystem ［EB/OL］. http：//www. library. auckland. ac. nz/booking/doctoral/index. asp，2014 - 01 - 01

② 郭晶，余晓蔚. 学科服务的特色与进展：奥克兰大学图书馆范例研究 ［J］. 图书情报工作，2012（5）：26 - 31

by subject）"，使用 Turnitin 检测软件以防止学术剽窃等。这些都反映出，奥图的学科知识服务已经深入到了学校科研活动的各个环节。

8.2.3　对学科馆员学科知识服务能力的要求

奥图对学科馆员的能力要求较高，这从它发布的一则学科馆员招聘广告的内容上就能看出。2008 年，奥图法律分馆需要招聘一位有图书情报学历背景的法学学科馆员，招聘时，专业和学科方面的要求是："具有法律及相关学科的本科学历，法律本科优先录用；图书馆硕士学历且具有 2 年以上参考咨询工作经验"；另外还有一些相关要求，如：要具备良好的语言表达能力和丰富的课堂教学经验；具备网页制作技能；有出色的研究能力和跟踪新技术发展的能力；有较强的公关能力；具有较强的用户服务意识等。奥图教学培训部部长王晓力更是明确提出了奥克兰大学图书馆对学科馆员知识服务能力要求，即：学科馆员需要有本专业硕士及以上学历；熟练掌握专业文献资源的检索方法和技巧；能够及时了解本学科的最新的研究动态和方向；熟悉现有学科资源及分布情况；全方位掌握图书馆各项规定章程和运作流程；可以针对相关学科专业的用户开展信息获取的教学和培训等①。

从 2008 年到现在，奥图学科知识服务又有了新的发展，对学科馆员的知识服务能力也有了一些新要求，综合王晓力提出的学科馆员能力要求和近年来奥图开展的学科知识服务工作实践，可以看出，奥图对学科馆员的学科知识服务能力有如下要求。

8.2.3.1　具备图书情报学知识和对口学科领域的专业知识

在奥图，学科馆员承担着学科资源馆藏建设的重要任务，必须同时具备图书情报学知识和对口学科领域的专业知识，全面了解该学科建设与专业发展方向，还要对图书馆的各种知识和规定有全面的了解，只有这样，才能为图书馆的学科馆藏建设提供合理化的推荐和建议。

8.2.3.2　具备教学能力和公关能力

奥图的学科馆员需要参与院系专业课程的规划和设计，还要讲授大量的信息素养教育课程，这就要求学科馆员在教学方面的能力较强。另外，学科馆员要深入对口学科的教学，需定期参加院系会议等各种与教学相关的活动，并能够与院系开展合作，因此必须具备较强的公关能力和沟通联络能力。

---

① 王晓力. 国外高校图书馆学科馆员服务模式［J］. 图书情报工作，2008（2）：20－23

8.2.3.3　具备科研能力

奥图学科知识服务的特色之一就是提供了大量科学研究支持服务，几乎参与了科研活动的全过程，因此，学科馆员必须具备科研能力，熟悉科研过程、科研方法和科研标准，熟练掌握基本的科研工具，能够及时跟踪掌握最新的科研信息，为用户提供科学研究方面的支持。

8.2.3.4　具备信息技术应用能力

与其他大学图书馆相比，奥图在学科知识服务中更强调各种信息技术的应用，加入了许多信息技术工具和平台，如 Clicker、ISI InCites 分析工具、Turnitin 检测软件、BB Flash 软件、Symplectic Elements 系统、图书馆课程预约系统等，学科馆员不仅要熟练掌握这些新的信息技术工具，而且要为学科用户提供使用咨询和指导，帮助他们在最短时间内学会利用这些新技术。

8.2.4　学科馆员的考核与培训

8.2.4.1　学科馆员的考核

在奥图，每个学科馆员都有一本工作职责书（job description），各学科服务岗位的职责非常明确，有严格的管理制度和量化的服务统计系统（自行开发的 DASL 系统）。对学科馆员的考核既有量化数据，又有分析总结。

学科馆员对职责范围内的工作及时记录、存档，统计数据则上传到统计系统；定期年份学科服务负责人（学科分馆馆长或学科部部长）将要根据学科馆员所负责的工作内容，开展总结工作，定期考核学科馆员，并结合其工资的晋级；学科服务部门递交总结情况和考核的结果，由上级部门批示报告，学科馆员年终是否能够实现工资晋级及工资涨幅最终将由馆长决定①。奥图对学科馆员的这种考核，已与学校对教职工的绩效考核接轨，成为员工总体考核的一部分。

8.2.4.2　学科馆员的培训

奥图对学科馆员进行培训的机构有两个，一个是奥克兰大学的教工培训机构，另一个是图书馆培训委员会。每一位学科馆员都要经过两个培训部门全面培训后方能上岗。为了让学科馆员能达到学科的知识服务工作的素质和水平要求，奥图培训机构使用 6 个月的时间开展了访谈调研，调研对象为学

---

①　李力. 奥克兰大学图书馆学科服务的组织与发展［J］. 新世纪图书馆，2013（8）：79 - 82

科馆员，了解了他们的业务技能需求，在此基础上设计了一系列有针对性的培训。

（1）培训内容

奥图对学科馆员主要从以下四个方面进行培训：

1）教学能力。学科馆员需要承担大量课程教学任务，教学能力是其必不可少的一项技能。每位学科馆员都需要学习掌握基本的教学理论。奥图培训委员会还为学科馆员设置了模拟课堂，使他们能够边学边练、活学活用。

2）信息素养。学科馆员的一项重要工作任务就是为学科用户提供信息素养教育，这就要求学科馆员自身首先具备较高的信息素养。为此，新就职的学科馆员必须参加信息素养相关培训，全面了解掌握信息素养的相关内容，掌握将信息素养融入课程教育的方式方法，同时还要学会分析对口院系的实际情况，包括课程结构、信息素养教育现状等，能够有针对性地开展信息素养教育。

3）新技术。学科馆员是图书馆新信息技术的应用者、关注者，为此奥图为学科馆员提供一系列新技术方面的培训，如"馆员 E – skills 训练"项目，帮助学科馆员掌握 blog、RSS、wiki、Twitter、social bookmarking、mashup 等 Web2.0 工具以及如何应用它们开展学科知识服务。

4）职业素养。包括交流沟通能力、语言表达能力、写作技巧等等，使学科馆员能够更好地与学科用户沟通、交流和合作。

（2）培训方式

针对不同的培训内容，奥图对学科馆员的培训方式灵活多样。

1）远程培训。即借助网络和视频等形式对学科馆员进行培训，打破了时空限制，使学科馆员的学习更加自由灵活。

2）模拟课堂。为新学科馆员提供实践场所，通过点评指导，巩固他们在培训中学到的理论知识。

3）内部培训。即先培训各个学科服务部门选出的代表，再由代表培训部门其他学科馆员，从而形成自上而下的培训链，提高学科馆员的整体素质。

4）自学教程。设置一些自学课程，鼓励学科馆员进行自学，提高自身的理论水平，优化自己的知识结构。

5）会议交流。积极为学科馆员提供各种交流的机会，包括参加国内外学术会议、参观学习、交流访问等，并邀请专家到馆举办专题讲座。

8.3　中国人民大学图书馆的学科知识服务

8.3.1　学科知识服务概况

中国人民大学图书馆（以下简称人图）学科服务制度建立于 2004 年，是在咨询部开展的学科联系工作基础上建立起来的。在该制度中，提出了学科馆员的岗位职责、任职条件、考核办法、培训方法以及制度的实施办法。2006 年正式开展学科服务工作，有 22 人参与学科服务工作，人员来自咨询部（负责服务方面的联系）、采编部（负责资源方面的联系）和经济与管理分馆，定名为学科联系人，负责联系 14 个院系，主要开展图书馆资源宣传、服务推广和听取资源订购建议等工作。

2010 年，根据学校教学科研的发展需要，人图对学科服务工作进行了优化调整，按学校学科群设置及学科特点组建了 6 个学科服务组，即：人文学科组、经济学科组、社会学科组、法政学科组、理工学科组和机关服务组，服务面涵盖全校所有院系和机关部处。每个学科组配备相应学科背景的学科馆员若干名，设组长 1 人，以学科组为单位，协同开展学科服务工作。首先是人员的协同，每个小组配备具有相应或相关学科背景的人员，其中既有擅长信息服务的馆员，又有擅长资源建设的馆员；其次是工作的协同。中国人民大学按学科情况共设有 5 个学部，每个学部下有 3－6 个院系。每个学科组负责一个学部（机构组负责机关职能部处），走入院系开展学科服务时，不再是以往的个人"单兵独战"，而是几个人分工负责，充分发挥每个学科馆员的服务优势，形成优势互补。

2010 年组建学科服务组之初，6 个组共有 25 名学科馆员，来自咨询部、采编部、系统部、报刊部、借阅部、经济与管理分馆和办公室等部门。发展至今，已有 44 名学科馆员，来自全馆各个业务部室，主要开展面向学科用户的专业化、个性化知识服务。

8.3.2　已开展的学科知识服务工作

人图学科知识服务工作在"融入一线，嵌入过程"目标下，主要开展了学科用户联络、学科资源建设、用户信息素养培训、学科导航和学科动态跟踪等项目服务①。

8.3.2.1　学科用户联络

各学科服务组与对口院系定期联系，建立重点用户档案。学科馆员通过学校和院系网站了解院系学科分布情况，熟悉对口院系学科设置；掌握对口院系用户情况，建立重点用户档案，将教师和研究生以上用户作为重点服务对象，根据其需求，提供学科化服务；搜集学科用户的意见和建议并将图书馆的资源与服务信息及时传递给他们。

8.3.2.2　学科资源建设

学科馆员参与学科资源建设，包括制定建设策略、甄选学科资源、进行学科资源利用统计及评估等。

为了推动学科资源的建设，学科馆员定期将筛选的最新书目发给院系教师，征集教师的推荐意见。为方便教师推荐，学科组与相关院系合作，在院系教师办公区举办书展，学科馆员现场解答师生有关图书推荐的问题，以保证准确了解教师的教学需求、科研需求，保障了推荐图书的学术质量②。各学科组还通过组织电子资源需求调查和学科主文献调查等，充分了解教师对各类学科资源的需求。现已初步形成了由"学科馆员—学科用户—采访馆员"组成的学科资源建设体系。

8.3.2.3　用户信息素养培训

学科馆员定期向用户开展信息素养培训，主要包括学科资源及信息服务的利用方法等内容。对于新订购的学科资源，要求学科馆员在一个月内将其相关内容及利用方法告知用户。

对学科用户培训的形式主要有两种。一是将信息素质教育嵌入院系专业课教学。在学科馆员的努力下，部分院系的教师已经在其专业课程中留出固定的课时给学科馆员，主要用于讲授专业文献检索的相关知识；二是开办学科专题讲座。人图每学期都举办"图书馆资源与服务专题讲座"，为了更好地加强对学科用户的培训，在这部分讲座中特别设置学科专题部分，由各学科组根据所负责院系用户对资源和服务的需求情况设计专题，并组织培训内容。

---

① 资料来源：中国人民大学图书馆学科馆员工作方案. 2010 年

② 宋姬芳，祝小静. 打造高校图书馆专业化学科服务团队——中国人民大学图书馆学科馆员工作剖析［A］. 校图书馆的创新与实践［C］. 北京：科学技术文献出版社，2012.9

8.3.2.4 学科导航

学科馆员时时关注对口学科的发展动向，及时将学科动态、馆藏及网络学科资源等信息进行筛选、整合，并以学科导航的形式展现出来，推送给院系用户。

在 lib2.0 理念的指导下，人图充分利用 CALIS 三期学科服务子项目引进的 LibGuides 平台，挖掘 Libguides 系统的特点和优势，在现有系统和技术基础上开展学科信息导航服务。各学科组根据所负责院系学科分布情况，首先选择重点学科，按学科重组资源和服务，建立集成的资源环境与服务环境，搭建学科导航平台，实现学科馆员与用户随时随地、无障碍沟通与互动。目前 6 个学科组已完成经济统计学、环境科学、科技哲学、财务会计、马克思主义理论、物理学、图书馆学/情报学、社会保障、中国现当代文学、民商法、历史学等 11 个学科 Guides 的建设。

8.3.2.5 科研跟踪服务

各学科组依据对口学科的实际情况，向院系师生提供定题检索服务、核心期刊投稿指南、科技查新及收录引用检索服务等。

为了解院系科研情况，人图鼓励学科馆员参加院系学术研讨活动，旁听院系的专业课程，准确把握和挖掘用户的科研需求，并借此提升学科馆员学科知识服务能力，为图书馆学科知识服务的水平的提高奠定基础。现在，已有部分学科馆员能够直接参与院系科研项目，成为课题组成员。部分学科组每年为院系提供教师论文收录引用情况，参与到了院系科研考评工作中。

8.3.3 对学科馆员学科知识服务能力的要求

作为学科服务的主体，学科馆员是图书馆做好学科服务的关键，因此要求学科馆员具备较高的素质和较强的能力。人图根据学科服务工作的需要，结合本馆人员的实际情况，对从事学科服务的馆员提出了如下方面要求[1]。

（1）对学科馆员学历和专业背景的要求，原则上要求具有硕士及以上学历或副高及以上职称，有对口学科或相关学科知识，且具有一年以上的图书馆工作经验；根据人员实际情况和专业背景可适当放宽条件。

对于学历的要求是"原则上研究生以上"，没有特别强调必须是研究生。因为目前人图六十年代出生的很多业务骨干不具有研究生学历，这种情况在

---

① 资料来源：中国人民大学图书馆学科馆员工作方案．2010 年

国内大学图书馆也比较多见。但要求"副高以上职称"，以此体现对学科馆员实际业务能力和水平有较高要求。

对于专业背景的要求，人图要求有相关专业背景又不局限于此。近年来，图书馆开始吸引各类学科专业的应届毕业生到馆工作，一定程度上缓解了图书馆学科专业人员不足的现状，但也并不能为所有院系配备完全对口专业的服务人员。所以在选择从事学科服务工作的馆员时，首选相关专业的馆员，次选相近专业的馆员，没有相同或相近专业馆员时，只能选择其他专业的馆员，同时鼓励并给他们创造条件，在学科服务实践中进一步充实专业方面的知识。

（2）精通图书馆学、情报学的理论与知识，全面了解图书馆馆藏资源、利用方式和手段，熟练掌握各类信息检索工具与技术，能够引导与帮助用户获取和利用文献信息。

这是要求学科馆员要具备图书情报专业知识和技能。国内图书馆从业人员的学科背景，有图书情报背景的，更有其他学科背景的，和国外图书馆从业人员有所不同，并不是在某学科背景基础上，再有一个图书情报专业背景。所以人图在学科馆员能力要求方面，只强调要拥有图书情报学的理论知识，没有要求一定是图书情报专业背景。但又特别要求馆员掌握信息检索的各种技能，表明非图书情报专业人员在图书馆专业知识和技能方面也要具备较强能力。

（3）了解多种学科知识，特别是具备所服务学科的专业知识，熟悉学科资源及分布，了解学科发展现状、动态和信息需求。

这是对学科馆员实际工作能力的要求。学科背景和专业背景都是表面现象，能否真正从事学科服务工作，还要看其实际工作能力。很多非学科专业的馆员，在实际工作中积累了很多工作经验，对学科资源非常熟悉，对学科专业的了解也很专深，能够顺畅地和院系老师探讨专业问题，协助其解决专业资源和服务方面的问题。因此这些实际业务工作能力对学科馆员也必不可少。

（4）具有较强的语言表达能力，能够熟练地应用中英文读写；具备很强的公关和交流沟通能力；具有独立开展工作的能力。

这项要求学科馆员在学科知识服务工作中必须具备一定的交流沟通能力。学科馆员在全面了解用户需求的基础上，将用户所需信息传递给用户，从而完成学科服务工作。在这个过程中，学科馆员能否与院系以及师生顺畅沟通，了解其需求；再用语言或文字把用户所需信息准确表述出来，在整个服务过

程中至关重要。如果没有良好的交流表达能力，再好的信息也不能为用户
接受。

（5）具有很强的用户服务意识，有团队协作的能力和敬业、奉献精神。

这是对学科馆员职业素养方面的要求。图书馆是教学科研的服务部门，
教师、学生和科研人员是图书馆员服务的用户。强调馆员的服务意识和敬业
精神，既是职业要求，也是做好服务工作的根本。同时，图书馆的工作环环
相连，互为支撑，不是某一个馆员能够独立完成的，特别是学科服务工作，
特别需要部门和人员的通力配合。

8.3.4　学科馆员的考核与培训

8.3.4.1　学科馆员的考核

以保护学科馆员积极性和工作热情为原则，人图的学科馆员考核以激励、
督促为主，无论是对学科团队还是学科馆员，重在考核工作而不是考核人员，
达到以考核促动学科服务工作的目的。对学科馆员的考核采用个人总结、学
科组评价、馆考核小组综合评价的方式，由点及面，多视角、全面考核。

（1）考核周期

结合个人岗位工作考核情况，人图每年在年底对学科馆员的工作进行总
结、考核，以此作为学科馆员获得奖励、续聘、解聘的依据。

（2）考核流程及内容

1）个人工作总结。每年年底，每个学科馆员要进行本人学科服务工作总
结，填写《学科馆员绩效考核表》。

2）学科服务小组考评。以学科服务小组为单位进行本年度学科服务的工
作总结，进行组员互评和组长考评，考评结果报馆学科服务考核小组。

3）馆学科服务考核小组考评。馆学科服务考核小组成员由相关馆领导、
部室主任、学科服务小组组长等组成，根据学科馆员工作总结、各学科组总
结和考评结果，并结合抽查院系用户反馈意见等方式，对每个学科馆员的工
作进行考核评定。

4）考核总结及评价。通过以上环节的考评，由馆学科服务考核小组对每
位学科馆员的工作做出评价，评选出优秀、合格、不合格的学科馆员。对优
秀和合格的学科馆员给予精神及物质奖励；对不合格学科馆员给予相应的批
评和指导，下一年度将不再续聘为学科馆员，待工作合格后才能再恢复其学
科馆员资格。

8.3.4.2　学科馆员的培训

人图非常重视对学科馆员的培训，除了组织本馆力量开展培训，也非常注重借助与外界的交流和合作，拓展培训内容。

（1）常规业务培训

对学科馆员的常规业务培训主要围绕图书馆基础工作及资源与服务的利用而开展，使其全面了解馆内各部门主要业务工作，掌握馆藏资源的购置及分布情况，以及信息服务的种类和申请利用方式。

（2）新资源/服务培训

图书馆每年都会有新增加的书刊或数据库资源，也会拓展新的服务方式，这些都是学科馆员新资源/服务培训的内容。这类培训讲求及时性，一旦有新内容马上展开，使学科馆员在第一时间掌握新资源的特点和使用方法，以及新服务如何申请，及时告知学科用户知晓并加以利用。

（3）学科知识培训

学科知识培训是为了弥补和充实学科馆员相应的学科知识而开展。人图为学科馆员提供到对口院系听课的机会，每人每学期可选听 1 - 2 门院系专业课。同时，为了使学科馆员及时了解对口学科发展动态，鼓励其积极参与对口院系的学术会议、专题讲座等各种学术交流活动。

（4）拓展培训

对于国际国内学术会议机会，尤其是学科服务方面的业务交流和培训，尽量多安排学科馆员参加。特别是中国高校文献资源保障系统（英文简称CALIS）组织的学科馆员培训，自第一期开始，人图每期派学科馆员骨干参加，骨干培训后再对其他学科馆员进行培训，达到共同提高的目的。

8.4　案例启示

通过对以上三所大学图书馆开展学科知识服务案例的研究，可以看到大学图书馆学科知识服务的发展有以下三个趋势：

一是图书馆的角色已从传统意义上的服务提供者转变为学术合作伙伴，在学校的教学科研中发挥着越来越重要的作用，而这一角色的转变很大程度上是通过图书馆开展学科知识服务实现的。

二是图书馆的学科知识服务越来越多地融入最新的信息技术和通讯技术，诸如开源软件、云计算、移动互联技术、发现工具、社交网络等。

　　三是图书馆的学科知识服务对馆员的知识、技能和素质提出了更高更新要求，要求其具备越来越全面的能力。学科馆员不仅要具备图书情报专业知识，还需要掌握对口学科专业知识，同时还需具备文献与信息整合能力、信息素质教育能力、学习和跟踪新技术的能力、沟通联络能力、团队合作能力、自主创新能力和独立的科研能力等等。

第9章 结论与展望

9.1 结　论

概括来说，本研究主要的工作、提出的观点和结论包括如下几个方面。

（1）学科知识服务是大学图书馆功能转型的重要促动因素

众所周知，图书馆的三大业务工作是资源建设、读者服务和技术应用。随着现代信息技术的迅猛发展，大学图书馆所面对的社会环境和信息环境都发生了巨大变化。首先是馆藏资源结构发生的改变，馆藏不再局限于传统的纸质资源，形成了纸质资源、数字资源和网络信息资源三足鼎立的局面，且数字资源和网络信息资源在馆藏资源建设中的比重逐年增加，并越来越受到重视。其次是业务工作越来越离不开网络信息技术的应用，从纸本书刊的手工编目到联机编目，从人工借还到实现馆际互借，信息技术全面渗透到图书馆核心业务工作。面对资源和技术的变化，大学图书馆传统服务功能就显得与图书馆发展不相适应，服务功能的转型迫在眉睫。挑战与机遇并存，恰恰是资源和技术的这种变化，也给大学图书馆信息服务的发展带来新契机，使其服务功能转型有了实现的可能。

在数字化、网络化环境下，高校图书馆数字资源和网络资源量丰质优，用户可以借助计算机设备和网络环境，不必亲临图书馆就可以查阅馆藏资源，同时由于教学科研工作的需要，不断希望图书馆能够提供满足其教学科研所需的资源和服务。如此，图书馆传统的信息服务方式已不能适应用户需求的变化。大学图书馆需要一种全新的服务方式，能够在图书馆和用户之间搭建起有效沟通的桥梁，使图书馆的服务融入到用户教学、科研和学习的全过程，并随用户需求的变化而持续跟进。这项服务使图书馆不再单纯是物理意义上的馆舍，而真正成为支撑学校教学科研的信息资源中心、信息服务中心和学习中心。

学科知识服务的目标是根据用户的信息需求，在泛在环境中，筛选和提炼知识信息，通过各种智能手段满足学科用户不同的教学科研需求。它是一项全方位、多层次、开拓性的图书馆主动参与式服务，是图书馆创新精神和个性化服务的具体体现。正是这种服务的开展，真正促成了大学图书馆从传统到现代功能的转变。

（2）在大学图书馆学科知识服务工作中，馆员学科知识服务能力重要性越加凸显

学科知识服务是图书馆针对某一学科、某一专业、或者某一特定用户需求提供学科知识资源的服务，要以学科馆员的学科背景和图书情报学知识为基础，运用各种信息服务工具，对学科专业知识进行甄别、筛选、搜集、整理、分析和重组，为用户提供所需要的专业知识。

业界普遍认为：图书馆服务所发挥的作用，5% 来自图书馆的建筑物，20% 来自信息资料，75% 来自图书馆员的素质。学科馆员作为学科知识服务的主体，其能力对服务效果至关重要。学科馆员的学科背景有助于学科资源的鉴别和选择，直接关系到学科知识服务的质量；学科馆员良好的沟通协调能力是开展学科知识服务的助推剂；学科馆员掌握信息技术的能力可以影响学科服务水平的高低。随着学科知识服务工作的推进和深入，学科馆员学科知识服务的能力越来越重要。

（3）要对学科馆员要提出全面的能力要求

学科知识服务的目标就是要满足学科用户的需求，无论用户提出什么需求，只要是教学科研所需的，学科馆员就应该具有满足用户需求的能力。高校用户已经不再满足于获得图书馆的文献资源、用户培训等基础性服务，更加需要学科馆员能够提供课题信息跟踪、专业发展趋势分析或学术出版指导等更学术性更广泛的知识服务。

对于学科用户来说，学科馆员最好是"全科医生"，在为其提供学科服务方面，无所不能。要满足学科用户日益增长的需求，学科馆员就要不断完善自身的知识结构，提高知识技能。近年来，大学图书馆不断通过各种途径，选留博、硕士毕业生，充实到图书馆各主要业务岗位，甚至一线借阅服务岗位，这些人员的基本素质高，学习能力强。有了高素质的人才，图书馆对从事学科知识服务的馆员提出更高标准能力要求便有了可能。大学图书馆应当对其能力提出全面要求，并辅以切实可行的机制和措施，使学科馆员达到全部能力要求。

随着学科知识服务专业化程度越来越高，学科用户需求更加多样化，大学图书馆如果不能在人员和机制等方面全面提升，就很难适应学科用户需求的变化，已经开展的学科知识服务也会停滞不前。

（4）必须统筹协调大学图书馆的学科知识服务工作，有全方位的保障措施

大学图书馆的学科知识服务工作是一项系统工程，仅仅有了对学科馆员学科知识服务能力的全面要求还远远不够。严格的服务机制和规范、切实可行的深化服务方式、持续有效的激励和培训考核机制等措施，对于学科知识服务工作的实施更加重要，这些措施也是学科馆员服务能力得以充分发挥的支撑与保障。

同时，各项措施不是独立存在、各自发挥作用，需要大学图书馆将这些措施协调起来，统筹考虑和实施，使各项措施相互促进，产生叠加效果，把学科知识服务作为图书馆服务的系统工程，让学科馆员的服务能力和图书馆的各项保障措施协同作用，全方位保障图书馆学科知识服务工作的开展。

大学图书馆人员素质不断提高，人才培养与队伍建设等人力资源管理机制不断完善，已成为图书馆提供学科知识服务的优势所在，这些优势必将推动大学图书馆学科服务能力的不断提升。

9.2　展望

开展学科知识服务工作是大学图书馆功能转型的促动因素，对于大学图书馆学科知识服务能力的全面研究，特别是对学科馆员学科知识服务能力的全方位研究，是当前图书馆领域比较前沿的一个研究课题。本书虽然从全方位角度，提出了大学图书馆学科知识服务主观要素能力（即学科馆员从事学科知识服务应具备的相关知识和技能），以及学科知识服务客观要素能力，并从理论研究、调研分析和实例验证等方面进行多重检验，但由于学科知识服务发展变化较快，现有理论研究成果尚未形成体系，也欠缺大量实践运用，需要后续的研究者继续予以关注和完善，笔者也会继续在这些方面做进一步深入研究和探讨。

（1）对大学图书馆学科知识服务能力的动态跟踪研究

随着大学图书馆学科知识服务工作的开展，会有更多服务需求呈现到学科馆员面前，学科馆员的能力需要不断充实和增加。同时，大学图书馆所面临的信息环境和服务条件也会更加复杂和多变，如何构建更加优化合理的保障体系需要不断摸索和完善。所以，要始终关注学科用户对大学图书馆学科服务的需求变化，适时调整对学科馆员的能力要求和图书馆落实学科知识服务的举措。

（2）对学科知识服务量化考核和能力评价的研究

在对学科知识服务的考核中，最难操作的是量化考核。量化指标和能力指标比较容易设定，但指标权重值设定的依据涉及多项因素，需要综合考虑相关各方面因素和环节，并且要借助其他学科的研究和工具。所以，如何科学、规范实行学科知识服务量化考核，进而展开对学科知识服务能力的综合评价，还需要在理论和实践层面上进一步探讨。

参考文献

一、专著

[1] 初景利，邵正荣编．图书馆知识服务战略研究［M］．北京：北京图书馆出版社，2004

[2] 初景利等．复合图书馆理论与方法［M］．上海：上海交通大学出版社，2009

[3] 郭晶．图书馆学科化服务研究与进展［M］．上海交通大学出版社，2013

[4] 谷琦主编．网络信息资源组织管理与利用［M］．北京：科学出版社，2008

[5] 梁瑞华．高校图书馆知识服务体系研究［M］．河南大学出版社，2010

[6] 梁瑞华．高校图书馆知识服务体系研究［M］．河南大学出版社，2010

[7] 卢盛华等．图书馆知识管理与知识服务［M］．吉林文史出版社，2009

[8] 陆建江，张亚非等．智能检索技术［M］．北京：科学出版社，2009

[9] 盛剑锋．图书馆知识管理与服务研究［M］．科学出版社，2012

[10] 王红．图书馆数字参考咨询研究［M］．武汉出版社，2006

[11] 吴慰慈．图书馆学概论［M］．北京：北京图书馆出版社，1985

[12] 徐克谦．网络环境下高校图书馆的建设与服务［M］．人民教育出版社，2002

[13] 袁懿．图书馆知识整合与知识服务研究：以西部社会科学院图书馆为例［M］．社会科学文献出版社，2012

[14] 张晓林主编．走向知识服务［M］．四川大学出版社，2001

[15] 展晓玲，高兴国．数字图书馆的服务转型［M］．甘肃民族出版社，2008

[16] Allan Mirwis. Guide to Subject Encyclopedias：User Guide, Review Citations and Keyword Index［M］．Phoenix：Oryx Press，1999

[17] Alison Brettle, Christine Urquhart. Changing Roles and Contexts for Health Library and information Professionals［M］．Londen：Facet Publishing，2012

[18] Irene Doskatsch. Subject Librarianship：The Future Way？：Proceedings of a Seminar Conducted by the University of South Australia Library 11 – 12 July 1991［M］．University of South Australia Library，1992

[19] Lionel Roy McColvin. The Librarian Subject Guide to Books：History, travel & description［M］．University of California，2008

[20] Sutton S. Future service models and the convergence of functions：the reference librarian as technician, author and consaltant［M］．New York：Haworth Press，1996.

二、论文

[21] 艾玲．高校图书馆学科知识服务模式建设分析［J］．知识经济，2009（7）：170

–171

[22] 陈恩满．基于 CNKI 的学科知识服务平台构建与学科化服务研究［J］．图书情报工作，2009（15）：96 – 100

[23] 陈鹤阳．关于学科化知识服务新模式——SKC 的构建［J］．图书馆工作与研究，2013（1）：70 – 72

[24] 陈永平．论学科馆员的核心能力［J］．图书馆理论与实践，2008（4）：10 – 11

[25] 爨会英．高校学科馆员素质与能力再探讨［J］．图书馆工作与研究，2010（7）：39 – 41

[26] 曹醒东．对当前高校图书馆文献资源建设的思考［J］．科学之友（B 版），2007（9）：81 – 82

[27] 陈喜沾．论现代信息技术对图书馆的影响及对策［J］．大众科技，2005（9）：231 – 233

[28] 晁蓉．高校图书馆对高校科技创新支持功能的资源内涵［J］．现代情报，2007，27（11）：173 – 175.

[29] 崔林．防治学术不端维护学术诚信——网络时代高校图书馆功能的新拓展［J］．图书馆建设，2010（8）：67 – 70.

[30] 陈雅，李文文，郑建明．泛在知识环境下我国高校数字图书馆集成服务平台构建［J］．情报科学，2011，29（11）：1605 – 1607，1120

[31] 曹静仁，李红．泛在知识环境下的图书馆嵌入式学科服务［J］．图书馆论坛，2011，31（3）：117 – 119.

[32] 陈雪芳．现代信息杖术条件下高核图书馆的转型与对策［J］．图书与情报，2006（4）：73 – 75

[33] 陈永平．论学科馆员的核心能力［J］．图书馆理论与实践，2008（4）：10 – 11

[34] 初景利，张冬荣．第二代学科馆员与学科化服务［J］．图书情报工作，2008（2）：6 – 10，68.

[35] 初景利．我国图书馆学科服务的难点与突破［J］．中华医学图书情报杂志，2012（4）：1 – 4.

[36] 范爱红．提供学科化知识服务，构建学科化信息环境［J］．图书馆服务的学科化与个性化［C］．首都师范大学出版社，2008

[37] 符瑞锐．中美图书馆学科馆员素质标准比较研究［J］．图书馆学研究，2011（5）：48 – 51

[38] F 范青．图书馆与多媒体技术［J］．图书与情报，1995（3）：45 – 46，41

[39] 范广兵，初景利．泛在图书馆与学科化服务［J］．图书情报工作，2008（1）：105 – 108

[40] 冯润玲．高校图书馆提高信息服务效益新探［J］．科技信息（学术研究），2007（2）：136，138

[41]　费晓炜. 高校学科馆员咨询服务工作初探 [J]. 图书馆建设, 2007 (1): 77 – 80.

[42]　范玉红. 基于构建学科服务团队管理模式的高校图书馆管理机制研究. 上海高校图书情报工作研究, 2013 (2): 13 – 17

[43]　范爱红. 提供学科化知识服务, 构建学科化信息环境 [A]. 图书馆服务的学科化与个性化 [C]. 北京: 首都师范大学出版社, 2008: 433

[44]　范爱红. 学科服务发展趋势与学科馆员新角色: 康奈尔范例研究 [J]. 图书情报工作, 2012 (5): 15 – 20.

[45]　范爱红. 美国康奈尔大学的学科馆员工作模式及其启示 [J]. 图书馆杂志, 2008 (2): 63 – 66

[46]　高洁. 传统图书馆在数字图书馆冲击下的生存与变革 [J]. 津图学刊, 2002 (1): 20 – 21

[47]　高海峰, 任树怀. Web2.0 技术在高校图书馆学科般中的应用—以上海大学图书馆学科馆员平台建设为例 [J]. 图书情况工作, 2007 (4): 115 – 118.

[48]　高波. 文献信息资源共建共享模式新论. 中国图书馆学报, 2002 (6): 25 – 28.

[49]　郭瑞芳. 泛在知识环境下高校图书馆信息资源的构建 [J]. 情报资料工作, 2010 (4): 55 – 58

[50]　郭晶, 陈进. IC2: 一种全新的大学图书馆服务模式 [J]. 图书情报工作, 2008 (8): 115 – 118

[51]　郭晶, 黄敏等. 上海交通大学图书馆学科服务创新的特色 [J]. 图书馆杂志, 2010 (4): 32 – 34, 19

[52]　郭晶, 余晓蔚. 学科服务的特色与进展: 奥克兰大学图书馆范例研究 [J]. 图书情报工作, 2012 (5): 26 – 31

[53]　何丹青. 高校图书馆学科化知识服务发展策略研究 [J]. 图书馆工作与研究, 2010 (1): 15 – 17

[54]　韩金, 盛小平. 基于网络平台的高校图书馆学科化知识服务调查分析—以 "985 工程" 高校为例 [J]. 图书馆, 2013 (1): 66 – 68

[55]　胡立耘. 大学图书馆转型简论 [J]. 上海高校图书情报学刊, 1998 (4): 10 – 13

[56]　胡小丽. 国内图书馆基于 LibGuides 学科知识服务平台的应用调查与对策研究 [J]. 图书馆学研究, 2013 (6): 81 – 86

[57]　侯君洁. 高校图书馆学科知识服务需求调查与分析——以图书情报学科为例 [J]. 内蒙古科技与经济, 2012 (17): 126 – 128

[58]　何丹青. 学科化知识服务的动因分析与机制研究 [J]. 情报理论与实践, 2009 (4): 26 – 28

[59]　黄亚丽. 浅议高校图书馆的知识服务与学科馆员素质 [J]. 农业图书情报学刊, 2006 (12): 93 – 95

[60]   胡立耘. 大学图书馆转型简论 [J]. 上海高校图书情报学刊, 1998 (4): 10 – 13

[61]   黄琛. 从信息服务到知识服务——论网络环境下我国图书馆服务模式的发展 [J].
        科技情报开发与经济, 2007 (28): 31 – 33

[62]   韩丽, 薛海波. 国外移动图书馆服务现状及我国的发展策略 [J]. 现代情报,
        2010 (11): 75 – 77.

[63]   黄金霞. 解读 2010 年美国学术型图书馆的十大发展趋势——以美国康奈尔大学图
        书馆为例 [J]. 图书情报工作, 2011 (1): 93 – 96

[64]   金燕. 高校图书馆学科服务管理机制的构建. 图书馆学刊, 2013 (2): 29 – 31

[65]   贾丽侠. 研究型大学学科知识服务的条件支撑与保障 [J]. 情报资料工作, 2011
        (4): 87 – 89.

[66]   鞠文红, 辛希孟. 网络环境下信息资源建设的新理念及其实践和发展前景 [J].
        中国图书馆学报, 2001 (4): 15 – 18.

[67]   柯平. 图书馆知识管理的发展方向 [J]. 图书情报工作, 2010 (9): 5 – 8, 13

[68]   林晓华, 林丹红. 基于用户信息需求的中医药学科知识服务实践案例 [J]. 中华
        医学图书情报杂志, 2013 (2): 36 – 40

[69]   李春旺. 学科化服务模式研究 [J]. 图书情报工作, 2006 (10): 14 – 18

[70]   李海兰. 高校图书馆功能转型探析 [J]. 中国成人教育, 2008 (9): 78 – 79.

[71]   李海兰. 高校图书馆在社区教育中的功能定位 [J]. 中国成人教育, 2008
        (2): 75

[72]   李力. 国外研究型图书馆学科服务的发展态势及启示——以康奈尔大学为例 [J].
        图书馆学研究, 2013 (14): 82 – 85

[73]   李力. 奥克兰大学图书馆学科服务的组织与发展 [J]. 新世纪图书馆, 2013
        (8): 79 – 82

[74]   李坤, 徐志明. 知识服务: 现状、发展及未来的憧憬 [J]. 图书馆建设, 2009
        (6): 38 – 40

[75]   李伟超, 牛改芳. 智能代理技术分析及应用 [J]. 情报杂志, 2003 (6): 29 – 33

[76]   李秀娟. 尼奥式突围: 转型中的图书馆——基于哈佛图书馆重组的思考 [J]. 图
        书馆, 2013 (6): 13 – 15

[77]   李仲良. 数字化环境下如何打造高校图书馆的核心竞争力 [J]. 情报理论与实
        践, 2009, 32 (2): 75 – 78.

[78]   刘崇学. 高校图书馆开展知识服务探讨 [J]. 图书馆学研究, 2004 (2): 82 –
        83, 33

[79]   刘广明. 大学类型与教师智能结构的发展 [J]. 高校教育管理, 2007 (1): 54
        – 58

[80]   刘佳, 李贺. 数字图书馆知识服务能力理论与实证研究 [J]. 情报理论与实践,
        2012 (9): 74 – 78.

[81] 刘雅静，王衍喜等．具有知识服务与可持续发展的 ISCAS 群组知识平台设计与应用 [J]．现代图书情报技术，2012（7/8）：19－26

[82] 刘小景．泛在图书馆理念下的图书馆移动信息服务研究 [J]．图书情报，2011（5）：72－74

[83] 芦金梅．泛在知识环境下高校图书馆学科馆员制度探究——以沈阳师范大学图书馆为例 [D]．吉林：东北师范大学，2011

[84] 卢晓君．网络环境下图书馆知识服务体系构建研究 [J]．科技信息，2012（14）：416

[85] 陆莉．"211 工程"高校图书馆学科服务现状调查与分析 [J]．图书馆学研究，2013（4）：59－63

[86] 陆颖隽，郑怡萍，邓仲华．美国图书馆的云服务 [J]．图书与情报，2012（3）：16－21.

[87] 穆颖丽．基于数字图书馆知识服务的能力建设 [J]．情报科学，2013（6）：67－70

[88] 聂曼曼．新信息环境下复合图书馆信息资源建设模式发展研究 [D]．河南科技大学，2012.

[89] 欧阳瑜玉．美国著名大学图书馆学科服务的特点 [J]．图书馆建设，2010，12：73－76

[90] 彭亚飞．国内高校图书馆学科服务存在的问题及对策 [J]．现代情报，2012（8）：78－80，117

[91] 任俊为．知识经济与图书馆知识服务 [J]．图书情报知识，1999（1）：28－30

[92] 任萍萍，任通顺．嵌入能力理论的数字图书馆知识服务能力解析 [J]．情报资料工作，2013（4）：78－82

[93] 任树怀，高海峰，季颖斐．基于图书馆 2.0 构建学科知识服务平台 [J]．大学图书馆学报，2007（3）：58－62

[94] 冉曙光．应用型本科院校重点学科文献资源保障研究 [D]．东北师范大学，2011

[95] 任玉兰．中医药高校图书馆提升学科知识服务能力对策与建议 [J]．中国中医药信息杂志，2013（4）：6－8

[96] 沈小玲．基于学科知识管理的高校图书馆学科知识服务 [J]．情报探，2009（9）：119－121

[97] 盛剑锋．基于学科馆员制度的学科知识服务研究 [J]．大学图书情报学刊，2009（5）：10－14

[98] 沈蓉．网络环境下高校图书馆传统服务方式的转变 [J]．科学咨询，2006（8）：38－39

[99] 宋恩海，袁琳．移动的书海：国内移动图书馆现状及发展趋势 [J]．中国图书馆学报，2010（9）：34－48.

[100] 宋玉艳,衣健铭. 高校图书馆文献资源建设中存在的问题及对策 [J]. 吉林师范大学学报 (人文社会科学版),2010 (2):106 – 108

[101] 宋姬芳,祝小静. 打造高校图书馆专业化学科服务团队——中国人民大学图书馆学科馆员工作剖析 [A]. 校图书馆的创新与实践 [C]. 北京:科学技术文献出版社,2012.9

[102] 孙波. 泛在知识环境下我国图书馆信息资源建设策略研究 [D]. 东北师范大学图书馆学,2009.

[103] 孙坦,黄国彬. 基于云服务的图书馆建设与服务策略 [J]. 图书馆建设,2009 (9):1 – 6.

[104] 孙翌,郭晶. 基于博客的高校图书馆学科化知识服务平台实证研究 [J]. 图书与情报,2009 (5):104 – 108

[105] 唐晓应. 现代高校图书馆服务职能研究 – 以高等职业院校为例 [D]. 长沙:湖南师范大学,2007

[106] 《图书情报工作》杂志社. 知识服务推动图书馆转型——2012 知识服务专家论坛纪要 [J]. 图书情报工作,2012 (3):5 – 11

[107] 王红霞. WorldCat Local 资源整合与服务集成及其启示 [J]. 现代情报,2010,30 (3):45 – 47,54.

[108] 王贵海. 学科馆员能力云及能力云模型的设计与应用 [J]. 图书馆学研究,2013 (10):87 – 93

[109] 王华伟,张然,任红超. 高校学科知识服务体系构建初探——以武汉理工大学材料学科为例 [J]. 情报理论与实践,2012 (9):1 – 4

[110] 王磊. 国内图书馆学科服务现状可视化分析 [J]. 图书情报工作,2013 (2):136 – 142

[111] 王晓力. 国外高校图书馆学科馆员服务模式 [J]. 图书情报工作,2008 (2):20 – 23

[112] 王运显. 我国学科馆员素质指标体系构建问题探讨 [J]. 图书馆学研究,2010 (应用版)2:91 – 94,24

[113] 王哲. 网络环境对我国高校图书馆的影响与对策 [J]. 改革与开放,2012 (12):189

[114] 王哲. 网络环境对我国高校图书馆的影响与对策 [D]. 长春:东北师范大学,2007

[115] 吴凤玉. 面向学科的高校图书馆知识服务研究 [J]. 图书馆学研究,2005 (8):29 – 31

[116] 吴吉玲,罗兰珍. 浅论高校图书馆学科化知识服务 [J]. 情报理论与实践,2009 (7):101 – 103

[117] 吴吉玲,罗兰珍. 浅论高校图书馆学科化知识服务 [J]. 情报理论与实践,2009

(7)：101 - 103，112

[118]　吴利萍．高校图书馆学科化服务的影响因素及发展对策 [J]．现代情报，2009
　　　(3)：100 - 103

[119]　吴琦．基于 4C's 理论的学科馆员能力 [J]．贵图学刊，2009 (1)：12 - 13

[120]　吴新年．图书馆知识服务能力体系结构及关键影响因素分析 [J]．图书与情报，
　　　2009 (6)：41 - 44，77.

[121]　吴文花．试论高校图书馆学科化服务的可持续发展 [J]．情报资料工作，2009
　　　(4)：96 - 98.

[122]　夏秋萍．高校图书馆学科知识服务现状分析和发展研究 [J]．现代情报，2010
　　　(1)：93 - 95

[123]　夏秋萍．高校图书馆学科知识服务模式研究 [J]．继续教育研究，2010 (10)：
　　　171 - 172

[124]　肖希明．藏书发展模式的选择：拥有还是存取？[J]．图书馆论坛，2002 (1)：
　　　56 - 59

[125]　徐璟，郭晶．高校图书馆学科化知识服务模式探究 [J]．图书情报工作，2010
　　　(17)：14 - 18

[126]　徐锐．我国高校图书馆学科化服务的实践和策略研究 [J]．图书情报工作，
　　　2011 增刊 (1)：124 - 12

[127]　许德山编译．迈向 2015：康奈尔大学图书馆 2011 - 2015 战略规划 [J]．图书情
　　　报工作动态，2011 (3)：10 - 15

[127]　颜世伟．学术服务团队：高校图书馆学科化服务模式探索 [J]．现代情报，
　　　2010 (2)：62 - 64，67

[128]　杨汉妮，韩小明．学科馆员——图情教授的协同服务模式 [J]．武汉理工大学
　　　学报 (社会科学版)，2005 (3)：421 - 424.

[129]　杨含斐．网络环境下图书馆信息服务的转型研究 [D]．湘潭大学图书馆
　　　学，2008.

[130]　杨灵芝．泛在环境下图书馆服务创新研究 [J]．情报科学，2012 (3)：347
　　　- 351

[131]　杨薇薇．近十年来国内图书馆知识服务研究综述 [J]．现代情报，2009 (8)：
　　　221 - 225

[132]　杨勇．高校图书馆自助式学科知识服务平台构建研究 [J]．情报科学，2008
　　　(12)：1844 - 1847

[133]　俞芙蓉．传统图书馆转型的思考 [J]．图书馆论坛，2001，Vol. 21 (3)：15
　　　- 17.

[134]　于丽、张勇．学科馆员专业能力及培养途径探析 [J]．现代情报，2013 (2)
　　　137 - 151.

[135] 于丽，张勇．学科馆员专业能力及培养途径探析［J］．现代情报，2013（2）：137 - 139

[136] 曾尔雷．美利坚大学图书馆营销活动及其启示［J］．情报理论与实践，2008（1）：158 - 160

[137] 张桂山．大学图书馆学科馆员知识结构与知识层次需求研究［J］．科技情报开发与经济，2011（19）：62 - 64.

[138] 张静，姜永常．知识构建：数字图书馆知识服务能力的根本保障［J］．情报理论与实践，2010（9）：28 - 31.

[139] 张建中，向英明等．美国研究型大学图书馆建设的现状分析［J］．图书馆，2009（5）：80 - 82

[140] 张展．图书馆员知识服务能力评价体系构建［J］．江西图书馆学刊，2011（3）：10 - 11

[141] 张晓林．走向知识服务：寻找新世纪图书情报工作的生长点［J］．中国图书馆学报，2000（5）：32 - 37

[142] 张晓林．构建数字化知识化的信息服务模式［J］．复印报刊资料，2004（3）：97 - 100

[143] 张晓林．重新认识知识过程和知识服务［J］．图书情报工作，2009（1）：6 - 8

[144] 张正禄．我国图书情报界云计算研究述评［J］．国家图书馆学刊，2010（3）：74 - 96.

[145] 赵萍，马江宝．论图书馆的知识服务及其实现［J］．图书馆学研究，2005（18）：32 - 35

[146] 郑立新，肖强．图书馆员的知识服务能力建设［J］．情报探索，2011（4）：17 - 19.

[147] 周朴雄，秦雷．基于 Agent 和 LBS 的移动信息推送服务研究［J］．情报杂志，2012（6）：173 - 176

[148] 周倩，刘勇．图书馆知识服务理论与实践概论［J］．情报理论与实践，2005（4）：379 - 382

[149] 褚峻．智能代理技术及其对图书情报工作的影响［J］．情报理论与实践，2000（1）：62 - 64.

[150] 朱芸．推送技术：网络个性化信息服务的关键技术［J］．情报探索，2007（12）：58 - 59

[151] 祖芳宏，杨文华．学科馆员制度与参考咨询人力资源开发［J］．图书馆学刊，2005（3）：98 - 99.

[152] 知识服务推动图书馆转型——"2012 知识服务专家论坛"纪要［J］．图书情报工作，2012（3）：5 - 11

[153] AbbieLandry. Ten must reads for new academic librarians［J］. Reference Services Re-

view, 2005, 33 （2）: 228 - 234

[154] Alice Keller. Subject Librarians in the United Kingdom: Shifting the Focus from Collections to Users [J] . Bibliothek, 2012, 36 （1）: 11 - 23.

[155] ArabyGreene. Managing subject guides with SQL Server and ASP. Net [J] . Library Hi Tech, 2008, 26 （2）: 213 - 231

[156] Barbara J. D'Angelo. Integrating and assessing information competencies in a gateway course [J] . Reference Services Review, 2001, 29 （4）: 282 - 293

[157] Barbara Jenkins, Elizabeth Breakstone, Carol Hixson. Content in, content out: the dual roles of the reference librarian in institutional repositories [J] . Reference Services Review, 2005, 33 （3）: 312 - 324.

[158] Beagle D. Concetualizing an information commons [J] . Journal of Academic Librarianship, 1999, 25 （2）: 82 - 89.

[159] Berdish L. and C. Seeman. A Reference - Intensive Embedded Librarian Program: Kresge Business Administration Library's Program to Support Action - Based Learning at the Ross School of Business [J] . Public Services Quarterly, 2010, 6 （2 - 3）: 208 - 224.

[160] Bracke, M. S. Emerging Data Curation Roles for Librarians: A Case Study of Agricultural Data [J] . Journal of Agricultural & Food Information, 2011, 12 （1）: 65 - 74.

[161] Brenda L. Seago. School of Medicine CBIL librarian: an educational informationistmodel [J] . Reference Services Review, 2004, 32 （1）: 35 - 39

[162] Cooke L. , M. Norris, et al. Evaluating the Impact of Academic Liaison Librarians on Their User Community: A Review and Case Study [J] . New Review of Academic Librarianship, 2011, 17 （1）: 5 - 30.

[163] Daniel G. Dorner, James Revell. Subject librarians' perceptions of institutional repositories as an information resource [J] . Online Information Review, 2012, 36 （2）: 261 - 277

[164] Doug Goans, Guy Leach, Teri M. Vogel. Beyond HTML: Developing and re - imagining library web guides in a content management system [J] . Library Hi Tech, 2006, 24 （1）: 29 - 53

[165] Drewes K. and N. Hoffman. Academic Embedded Librarianship: An Introduction [J]. Public Services Quarterly, 2010, 6 （2 - 3）: 75 - 82.

[166] Eileen Shepherd. In - service training for academic librarians: a pilot programme for staff [J] . The Electronic Library, 2010, 28 （4）: 507 - 524

[167] Eun - Ja Shin, Young - SeokKim. Restructuring library organizations for the twenty - first century: the future of user - oriented services in Korean academic libraries [J] . Aslib Proceedings, 2002, 54 （4）: 260 - 266

［168］　Gang（Gary）Wan, Dennis Clark, John Fullerton, Gail Macmillan, Deva E. Reddy, Jane Stephens, DanielXiao. Key issues surrounding virtual chat reference model: A case study ［J］. Reference Services Review, 2009, 37（1）: 73 – 82

［169］　Glassman, N. R. and K. Sorensen. From Pathfinders to Subject Guides: One Library's Experience with LibGuides ［J］. Journal of Electronic Resources in Medical Libraries, 2010, 7（4）: 281 – 291

［170］　Gold etc, . Knowledge Management: An Organizational Capabilities Perspective ［J］. Journal of Management Information Systems, 2001（1）: 185 – 214.

［168］　Ielleen R. Miller. Turning the tables: a faculty – centered approach to integrating information literacy ［J］. Reference Services Review, 2010, 38（4）: 647 – 662

［171］　Ilene F. Rockman. Distinct and expanded roles for reference librarians ［J］. Reference Services Review, 2005, 33（3）: 257 – 258

［172］　Jacqueline Mooney. Working with LibGuides: student or corporate centre design? ［J］. Reference Reviews, 2012, 26（1）: pp. –

［173］　Jennifer Thomas. Future – proofing: the academic library's role in e – research support ［J］. Library Management, 2011, 32（1, 2）: 37 – 47

［174］　John Rodwell. Dinosaur or dynamo? The future for the subject specialist reference librarian ［J］. New Library World, 2001, 102（1）: 48 – 52

［175］　John Rodwell, Linden Fairbairn. Dangerous liaisons: Defining the faculty liaison librarian service model, its effectiveness and sustainability ［J］. Library Management, 2008, 29（1, 2）: 116 – 124

［176］　Joseph C. Rizzo. Finding your place in the information age library ［J］. New Library World, 2002, 103（1182, 1183）: 457 – 466

［177］　Julia Leong. Academic reference librarians prepare for change: an Australian case study ［J］. Library Management, 2008, 29（1, 2）: 77 – 86

［178］　Kellam L. M. , R. Cox, et al. Hacking Blackboard: Customizing Access to Library Resources through the Blackboard Course Management System ［J］. Journal of Web Librarianship, 2009, 3（4）: 349 – 363.

［179］　Kobzina N. G.. A Faculty – Librarian Partnership: A Unique Opportunity for Course Integration ［J］. Journal of Library Administration, 2010, 50（4）: 293 – 314.

［180］　KranichN, Schement J R. Information commons ［J］. AnnualReview of Information Science and Technology, 2008, 42: 547 – 591.

［181］　Michele R, etal. Changing the Face of Reference: Adapting Biomedical and Health Information Services for the Classroom, Clinic, and beyond Tennant ［J］. Medical Reference Services Quarterly, 2012, 31（3）: 280 – 301.

［182］　Michele R. Tennant. Bioinformatics librarian: Meeting the information needs of genetics and bioinformatics researchers［J］. Reference Services Review, 2005. 33（1）: 12 -19

［183］ Ramirose Ilene Attebury, Joshua Finnell. What do LIS students in the United States know about liaison duties［J］. New Library World, 2009, 110（8, 9）: 325 - 340

［184］ Richard Battersby. Teaching quality assessment: the role of the subject librarian［J］. Library Review, 1996, 45（5）: 26 - 33

［185］ Richard Biddiscombe. Learning support professionals: the changing role of subject specialists in UK academic libraries［J］. Program: electronic library and information systems, 2002, 36（4）: 228 - 235

［186］ Ricardo Andrade, RaikZaghloul. Restructuring liaison librarian teams at the University of Arizona Libraries, 2007 - 2009［J］. New Library World, 2010, 111（7, 8）: 273 -286

［187］ Simmons M. and S. Corrall. The Changing Educational Needs of Subject Librarians: A Survey of UK Practitioner Opinions and Course Content［J］. Education for Information, 2010, 28（1）: 21 -44.

［188］ Susan Porter. Chat: from the desk of a subject librarian［J］. Reference Services Review, 2003, 31（1）: 57 -67

［189］ St Clair C. Knowledge services: Your company's key to performance excellence［J］. Information Outlook, 2001, 5（6）: 5 -8

［190］ Tammy S. Sugarman, ConstanceDemetracopoulos. Creating a Web research guide: collaboration between liaisons, faculty and students［J］. Reference Services Review, 2001, 29（2）: 150 - 156

［191］ Theresa S. Arndt. Reference service without the desk［J］. Reference Services Review, 2010, 38（1）: 71 -80

［192］ Trickey K V. Information Organization on the Web? It Is Basically About Respect and Trust［J］. Library Review, 2008（2）: 135 - 137.

［193］ Tumbleson, B. E. and J. J. Burke. When Life Hands You Lemons: Overcoming Obstacles to Expand Services in an Embedded Librarian Program［J］. Journal of Library Administration, 2010, 50（7 -8）: 972 -988.

［194］ Vanessa Warren. Using workforce structures to enable staff retention and development: An academic library case study［J］. New Library World, 2011, 112（1, 2）: 8 -18

［195］ Wyoma van Duinkerken, Jane Stephens, Karen I. MacDonald. The chat reference interview: seeking evidence based onRUSA's guidelines: A case study at Texas A& M University Libraries［J］. New Library World, 2009, 110（3, 4）: 107 - 121

［196］ York A. C. and J. M. Vance. Taking Library Instruction into the Online Classroom:

      Best Practices for Embedded Librarians［J］. Journal of Library Administration，2009，49（1-2）：197-209.

［197］ Zahra AZ，George G. Absorptive capacity：A review，reconceptualization and extension ［J］. Academy of Management Review，2002，27（2）：185-203.

三、其他资料

［198］ 百度百科. 微信［EB/OL］. ［2013-09-28］http：//baike. baidu. com/view/5117297. htm.

［199］ 比尔·盖茨. 云存储会比云计算更流行［EB/OL］.

［200］ CALIS 虚拟参考咨询子项目

［201］ 广东省立中山图书馆. 全国图书馆参考咨询联盟

［202］ 教育部. 普通高等学校图书馆规程（修订版）. 2002 年 2 月 21 日颁发

［203］ 孙坦. 学术图书馆与嵌入式知识服务［R］. 长春：2013 中国高校图书馆发展论坛，2013，6

［204］ 上海交通大学图书馆新版主页. ［2013-12-29］. http：//newweb. lib. sjtu. edu. cn/.

［205］ 上海交通大学图书馆《中国高校图书馆学科馆员资质认证标准草案》，2012 年 2 月 22 日发布

［206］ 中共中央《关于建立社会主义市场经济体制若干问题的决定》. 中共十四届三中全会 1993 年 11 月 14 日通过

［207］ 《中国图书馆年鉴 2011》

［208］ 《中国人民大学图书馆学科馆员工作制度（2004 年)》

［209］ 《中国人民大学图书馆学科馆员工作方案.（2010 年)》

［210］ 中国互联网信息中心. 第 33 次中国互联网络发展状况统计报告［EB/OL］. ［2014-2-13］. http：//www. cnnic. net. cn/hlwfzyj/hlwxzbg/hlwtjbg/201401/t20140116_43820. htm

［211］ 中华人民共和国劳动法. 1994 年 7 月 5 日第八届全国人民代表大会常务委员会第八次会议通过

［212］ 中华人民共和国职业教育法. 第八届全国人民代表大会常务委员会第十九次会议于 1996 年 5 月 15 日修订通过

［213］ 朱强. 机构知识库及其建设构想［EB/OL］. ［2013-12-26］. http：//tgw. lib. tsinghua. edu. cn/notice/267.

［214］ DataStaR［EB/OL］. ［2014-01-01］. http：//datastar. mannlib. cornell. edu/.

［215］ DoctoralSkillsProgrammeBookingSystem［EB/OL］.

［216］ Judy Ruttenberg. New Roles for New Times：ARL Publishes Report on Transforming Liaison Roles in Research Libraries. ［EB/OL］. ［2013-01-01］. http：//www. arl. org/.

［217］   LibGuides Community. http：//libguides. com/community. php? m = i&ref = libguides. com ［EB/OL］. ［2013 - 6 - 12］

［218］　LibGuides Community ［EB/OL］. ［2013 - 06 - 29］. http：//libguides. com/community. php.

［219］　Lynch C A. Institutional repositories：essential infrastructure for scholarship in the digital age ［R/OL］. ARL, no. 226, 2003：1 - 7.

［220］　Marshall J G. Competencies for Information Professionals of the 21st Century ［EB /OL］. ［2013 - 08 - 03］. http：//www. sla. org/pubs / compet. pdf.

［221］　Marshall J G. Competencies for special century ［EB /OL］. ［2012 - 08 - 03］. pubs / compet. pdf.

［222］　Mary Auckland. Re - skilling for Research ［EB /OL］. ［2013 - 8 - 14］. http：// www. rluk. ac. uk/content/re - skilling - research.

［223］　OCLC. OCLC announces strategy to move library management services to Web scale ［EB/OL］.

［224］　OCLC. Perceptions of Libraries and Information Resources （2005）

［225］　Richard K. Johnson. Enterprise Director Partnering with Faculty to Enhance Scholarly Communication ［J/OL］. D - Lib Magazine, 2002, Vol8 （11）. SPARC

［226］　The British Library's Strategy 2008 - 2011 ［M/OL］, 2013 - 6 - 1.

［227］　VIVOWEB ［EB/OL］. ［2014 - 01 - 01］. http：//vivoweb. org/.

大学图书馆学科馆员学科知识服务
能力调查问卷（调查表一）

　　大学图书馆学科服务开展至今，已从联络沟通、资源建设、参考咨询、教学培训为特征的传统学科服务发展到向学科知识服务延伸的新阶段。学科知识服务是指以学科馆员的专业知识和图书情报知识为基础，运用知识工具的智能和个人及团队的智慧，针对用户在知识获取、选择、吸收、利用、创新过程中的需求，对相关学科专业知识进行搜寻、判断、组织、分析、重组、融合、重用，为用户提供增值的知识和知识产品的服务。

　　为总结并提升学科馆员的学科知识服务能力，本研究在总结国内外相关理论和实践研究的基础上，归纳出学科馆员从事学科知识服务应具备的相关知识和技能，希望通过此次调查，了解这些能力在我国部分重点大学图书馆学科馆员和管理者心目中的重要性，以及学科馆员具备这些能力的现状和期望等。您的意见很重要，期待您的支持与配合，并致衷心谢意！

　　本次调查数据仅供课题研究之用，请您放心填写。

　　一、调查问题

　　1. 学科馆员从事学科知识服务应具备的知识和技能的重要性及馆员目前的能力水平

序号	知识和技能	请考虑未来2—3 年的发展趋势，对所列知识和技能的重要性打分：0. 不必要；1. 一般重要；2. 比较重要；3. 非常重要；N. 不清楚。	请对您目前具备的知识和技能的能力水平打分（仅学科馆员作答）：0. 不具备；1. 了解；2. 基本掌握；3. 熟练；4. 非常熟练。
1	学科领域或相关学科领域的专业知识		
2	图书馆学/情报学专业知识		
3	与用户良好交流沟通的能力		
4	与学科团队成员沟通协作的能力		
5	组织和管理学科服务工作的能力		
6	推广学科服务的能力		
7	娴熟的信息发现和文献检索技能		
8	整理、分析和提炼用户所需学科信息的能力		
9	熟练使用文献管理工具的能力		
10	指导用户检索文献和管理文献的能力		
11	具备提供有关信息开发和利用技术方面咨询的能力		
12	具备提供数字图书馆相关技术应用的能力		
13	具备元数据使用方面的能力		
14	组织特色（学科）资源库或学科机构知识库建设的能力		
15	培养用户敏锐信息意识的能力		
16	设计和实施用户信息素质教育的能力		
17	获取本单位和目标单位科研动态的能力		
18	跟踪所负责学科科研进程的能力		
19	学科分析与评价能力		
20	向用户提供国内外研究成果出版与传播方面相关信息的能力		
21	向用户提供研究成果长期保存方法咨询的能力		
22	向用户提供版权法和知识产权法方面问题咨询的能力		

2. 您认为除这 22 项之外，还有哪些*能力* 对于从事学科知识服务很重要？请写出：

3. 请从事学科服务的馆员作答

3－a. 请在 22 项*能力* 中选择您认为最重要的 3 项：＿ ，＿ ，＿＿。

3－b. 请在 22 项*能力* 中选择您认为重要程度最低的 2 项：＿ ，＿＿。

3－c. 在未来 2—3 年内，您希望参加哪些*能力* 的培训？

我希望培训的*能力* **序号**为：

3－d. 在未来 2—3 年内，您最希望获得哪些*能力* 的提高？（最多选 3 项）

我最希望提高的*能力* **序号**为：

二．个人信息

1. 请选择最符合您身份的一项：

A. 学科馆员，现已从事学科服务年

B. 其他馆员

C. 图书馆管理者（馆长＼副馆长）

2. 您所在的高校名称：

问卷到此结束，感谢您的作答！

大学图书馆学科知识服务客观要素能力情况调查（调查表二）

　　学科知识服务是大学图书馆服务发展的方向和趋势。在大学图书馆开展学科知识服务过程中，图书馆的资源状况和技术状况与服务效果密切相关，是图书馆学科知识服务中的客观要素能力。为了解大学图书馆学科知识服务客观要素能力的现状及存在问题，本研究特进行此次调查，希望由学科服务主管或负责人填写。您的意见很重要，期待您的支持与配合，并致衷心谢意！

　　本次调查数据仅供课题研究之用，请您放心填写。请在选项后打√，或将选项标红。

　　一、基本情况

1. 您认为贵馆学科专业资源：（　　　）

A. 覆盖本校所有学科；B. 覆盖所有重点学科；C. 覆盖部分重点学科

2. 您认为贵馆学科资源对开展学科知识服务的满足情况：（　　　）

A. 完全满足；B. 部分满足；C. 不满足

3. 贵馆对学科资源的整合情况（可多选）：（　　）

A. 采用知识发现系统搭建（统一检索平台）

B. 建立学科资源导航（指南）

C. 建设学科资源特色数据库

D. 建立学科机构知识库（即：在建设本校机构知识库基础上，与所服务的院系合作，建立院系或某学科的机构知识库。）

E. 其他，请列出

4. 贵馆开展的学科服务有（可多选）：（　　）

A. 学科信息联络（院系联络）

B. 学科资源建设（学科资源导航、学科资源荐购等）

C. 学科用户培训

D. 学科服务宣传

E. 学科定题服务（学科动态跟踪与推介等）

F. 融入学科教学或科研

G. 其他，请列出。

5. 贵馆以智能化手段开展的学科服务有（可多选）：（　　）

A. 个性化定制与推送服务；

B. 学科资源与学科服务集成服务

C. 智能化学科服务平台（能够通过对学科用户的智能分析，分析出他的资源需求，甚至是隐形需求，然后主动推送给用户）

D. 其它智能化服务，请列出：

E. 无

（注：智能化手段指能够通过技术手段主动分析、发现与满足读者的需求）

6. 贵馆开展学科服务的方式有（可多选）：（　　）

A. 面对面交流

B. 电话、Emai 等学科咨询

C. 即时通讯软件

D. 学科网页

E. 学科博客

F. 移动图书馆（手机图书馆）

G. 学科服务平台

H. 微博

I. 微信

J. 其他，请列出

7. 以上贵馆开展学科服务的方式，您认为效果比较好的有（列出所选序号）：

8. 您认为以上贵馆的学科知识服务方式中，技术手段给予支持的情况是：（　　）

A. 完全满足；　B. 部分满足；　C. 不满足

9. 贵馆学科服务的管理方式：（　　）

A. 设立专门的学科服务部门

B. 学科馆员来自不同部门，挂靠在相关业务部室管理

10. 您认为以上两种学科服务组织方式哪种更为有效？（填序号即可）（　　）

11. 贵馆学科服务的组织与实施方式：（　　）

A. 单一学科馆员面向一个或多个院系

B. 学科服务团队协作式，一个学科服务组（团队）面向一个或多个院系

C. 其他，请列出：

12. 贵馆学科服务实施中，是否有以下情况（可多选）：（　）

A. 学科馆员之间协作

B. 学科服务组之间协作

C. 本馆与其他单位合作

D. 本馆加入地区或全国性学科服务联盟

13. 您认为贵馆开展学科服务过程中存在的问题（可多选）：（　）

A. 人员素质参差不齐

B. 服务内容不够深入

C. 学科用户认可度低

D. 学科资源保障率低

E. 学科资源缺乏有效地整合

F. 与学科用户交流手段不够先进

G. 学科馆员之间缺乏合作

H. 与院系的联系或沟通有困难

I. 学科服务的管理水平低

J. 其他，请列出：

贵馆学科服务问题中，您认为最突出的 1 个问题是（填写序号即可）

14. 您认为目前开展学科服务面临的最大机遇与挑战分别是什么？

问卷到此结束，感谢您的作答！